BRASILIEN

AMAZONAS

TOURISTISCH, ÖKOLOGISCH UND KULTURELL

EMPRESA
DAS ARTES

BRASILIEN
AMAZONAS
TOURISTISCH, ÖKOLOGISCH UND KULTURELL

EMPRESA DAS ARTES
KULTUR IST EIN TEIL IHRES GESCHÄFTS

Verlagskonzept: Fábio Ávila
Allgemeine Koordinierung: Sérgio Simões
Verlagskoordinierung: Sílvia Vivona e Luciana Salgado
Grafisches Konzept, Kreation, Koordinierung und Umschlag: Marcelo Mario Design
Bildedition: Silvestre Silva
Haupttext: Ricardo Pandolfi und Reinaldo de Andrade
Ergänzende Texte: Beatriz A.G. F. Andrade und Tereza Eça
Technische Beratung: AmazonasTur und Carlos Fabio de Souza/Sebrae-AM
Geldmittelerfassung: Errefeme Serviços Editoriais e Culturais
Übersetzung: Alexandre Loeb Caldenhof
Textüberprüfung: Hedda Malina
Landkarten und Illustrationen: Sérgio Dieguez, Luiz Fernando Martini, Marcelo Garutti
Aquarelle: Meire de Oliveira
Redaktionsassistentinnen: Bianca Oliveira und Satya B.L.Caldenhof
Praktikanten: Lorena Regina Gondim, Paulo Yasha, Roberta Kalil Golze
Mitwirkung: EricaYaeko Inada (Kunstproduktionsassistentin), Rafael Carvalho Silva
(Kunstassistent), Patrícia Barboni (Komputergrafik)
Grafische Produktion: Wildi Célia Melhen, Willy Kiyoshi Okamoto
Komputer-Abschlußgestaltung: Publiarq Design
Vordruck: Bureau São Paulo
Druck und Nachbearbeitung: Stampato

HANDEL UND VERTRIEB
Grupo de Comunicação Três S/A
Rua William Speers, 1.088, cep 05067-900, São Paulo, SP. Tel. (11) 3618-4200
Exekutiv-Direktor: Carlos Alzugaray
Geschäfts-Direktor: Gregório França
Marketing-Geschäftsführerin: Patrícia Augusto

AUSSCHLIESSLICHER VERTRIEB FÜRZEITUNGSSTÄNDE IN GANZ BRASILIEN
Fernando Chinaglia Distribuidora S/A
Rua Teodoro da Silva, 907, Rio de Janeiro, RJ. Tel. (21) 3879-7766, Fax (21) 2577-6363

Die Verleger bemühen sich darum zu garantieren, dass die in diesem Führer enthaltenen
Informationen zum Zeitpunkt des Drucks aktualisiert sind. Einige Daten sind jedoch
Veränderungen unterworfen und die Verleger übernehmen keinerlei Verantwortung für
Vorkommnisse solcherart.

Leser, die daran interessiert sind Vorschläge zu machen, oder Berichtigungen mitzuteilen,
können an folgende Adresse schreiben:
Empresa das Artes, Rua General Jardim, 482 – 4° andar, conj. 42, Vila Buarque,
São Paulo, SP, Brasil, cep 01223-010. Tel. (11) 3797-2200, fax (11) 3151-4890.
Internet: www.empresadasartes.com.br. E-mail: f.avila@empresadasartes.com.br.

Touristenführer-Reihe Empresa das Artes für Öko-Tourismus in Brasilien
Herausgegeben im Jahr 2005 von Empresa das Artes

Vor Jahrhunderten wagten sich portugiesische, französische, spanische, englische und holländische Seefahrer auf der Suche nach Bodenschätzen und Gewürzen in das Gebiet, das sich später in den Bundesstaat Amazonas verwandeln sollte.

Schauplatz von Kämpfen zwischen den Ausbeutern verschiedener Herkunft, gilt der nun friedliche amazonische Urwald heute als eines der best erhaltensten Gebiete des Planeten, Dank der Naturschutzmentalität, die sich im Laufe der Zeit in der Region einbürgerte.

Der Bundesstaat Amazonas, der einen großen und äußerst vielseitigen Teil dieses Universalerbes beherbergt, läd alle diejenigen ein, welche die Naturschönheiten bewundern, sich in ihre Wälder, Flüsse und Seen vorzuwagen, und ihre reichhaltige Fauna, üppige Flora und ihr gastfreundliches, an volkstümlicher Tradition reiches Volk kennen zu lernen.

Fábio Ávila,
Herausgeber

Lieber Leser,

Der Bundesstaat Amazonas ist heute in einen modernen
Zusammenhang eingegliedert, bei dem die
Regierungstätigkeiten globale Aspekte und Konsequenzen
annehmen. Wir sind uns bewusst, dass unsere regionale
Realität Teil eines weltweiten Veränderungsprozesses ist.
In unserem eigenen Bereich sind wir bemüht, das
Wohlbefinden der gesamten Gemeinschaft zu garantieren,
indem wir Lösungsmodelle für unsere unmittelbare
Wirklichkeit vorschlagen und verwalten und dafür
garantieren, dass die Regierungsorgane, der
Unternehmersektor und die Bürgergemeinschaft
bei der Definition globaler, sektororientierter oder
regionaler Politiken und Richtlinien mitwirken, die den
Entscheidungsprozess über die Entwicklung gewährleisten.

Wir wissen, dass die Ausdrücke "selbsterhaltende
Entwicklung" oder "tragbare Entwicklung" nicht nur leere
Worte sind: sie bedeuten, dass die Entwicklung nicht um
jeden Preis erfolgen darf und schon gar nicht, wenn sie die
Umwelt der Städte oder Ländereien gefährdet, oder die
Lebensqualität. In diesem neuen Paradigma hat unsere
Regierung besonders eine Verpflichtung gegenüber der
Einlösung der Würde des Menschen und dem Interesse am
Aufbau einer besseren Gesellschaft übernommen.

So konnte es für den Tourismus auch nicht anders sein, denn dabei handelt es sich um eine wirtschaftliche, soziale und umweltbedingte Tätigkeit, die, wenn sie nicht unter dem Gesichtspunkt der Tragbarkeit erfolgt, dem Menschen und der Natur enormen Schaden zufügt. Da der Bundesstaat Amazonas geographisch gesehen der größte Staat Brasiliens ist und eine große Vielzahl natürlicher und kultureller Attraktionen bietet, außer der Grund-Infrastruktur, die von unserer Regierung erweitert wird, wenden wir eine Politik für den Tourismus an, die an einer ökologisch korrekten und sozial gerechten Ideologie ausgerichtet ist, wodurch das Auftreten neuer Investitionen und internationaler Anerkennung gefördert wird, die der sozial-ökologischen Verantwortlichkeit verpflichtet sind.

Im Amazonasgebiet in den Tourismus zu investieren bedeutet, in das Verbleiben des Menschen in seinem natürlichen Lebensraum mit Lebensqualität zu investieren und in die Erhaltung der Natur.

Carlos Eduardo Braga
Gouverneur des Bundesstaates Amazonas

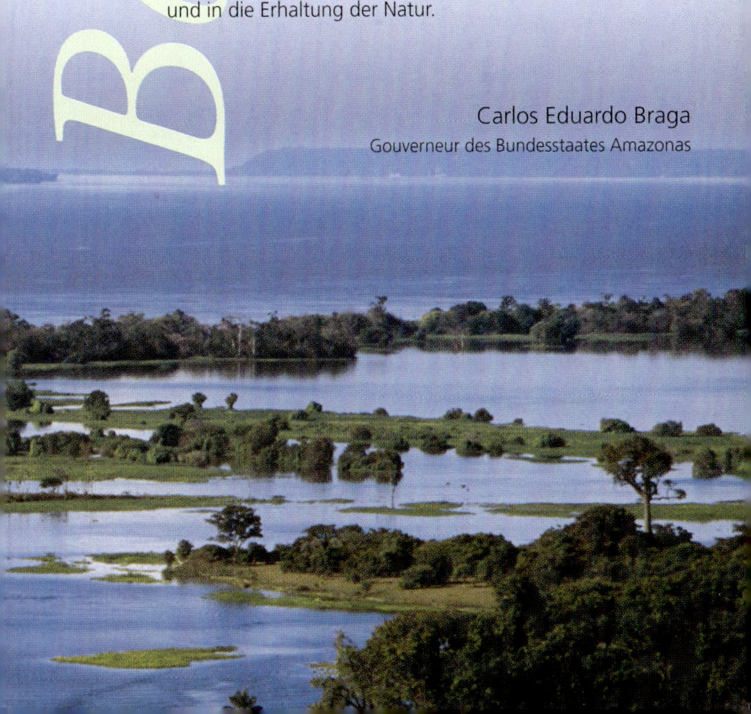

Lieber Leser,

Tourismus ist ein Sektor, der eine ausgeprägte Verzweigung aufweist, indem er direkt mehr als 50 wirtschaftliche Tätigkeiten anspricht. Dieser multidisziplinäre Aspekt und die wirtschaftlichen, sozialen, umweltbedingten, politischen und kulturellen Auswirkungen, die der Tourismus erzeugt, verlangen einen Planungs- und Verwaltungsprozess, der als Orientierung und Disziplinierung wirkt und fähig ist, ein leistungsfähiges Instrument zur Beschleunigung der lokalen Entwicklung aufzubauen, mit dem Ziel der Verbesserung der Lebensbedingungen der Bevölkerung, bei Berücksichtigung und Förderung der kulturellen Werte und rationeller Nutzung der natürlichen Ressourcen.

Dies alles erlaubt die Schaffung einer neuen Epoche im Tourismus des Amazonasgebietes, denn wir denken, dass

es wegen der Grandiosität des größten brasilianischen Bundesstaates, mit seinen geographischen Besonderheiten, unmöglich ist, die touristischen Aktivitäten ohne eine mittel- und langfristige Planung zu betreiben.

Das Vorhaben der Regierung Eduardo Braga, durch Vermittlung des offiziellen Organs für Tourismus für das Amazonasgebiet – AMAZONASTUR – ist es, Produkte zu erstellen, die als AMAZONAS-MARKENZEICHEN gelten können und die Ausweitung des internen Marktes, sowie den effektiveren Einschluss in den Weltmarkt erlauben. Alles, was wir im Amazonasgebiet zur Entwicklung und Förderung des Tourismus realisieren ist an der sozialen Verantwortung ausgerichtet, sei es als Tourist, Investor, Unternehmer und vor allem als Einwohner.

Touristische Grüße

Oreni Braga
Präsidentin der AMAZONASTUR

INHALTSÜBERSICHT

PRAKTISCHE INFORMATIONEN   242

BENUTZUNGS-HINWEISE

Die in diesem Führer enthaltenen Informationen werden dem Besucher helfen, seine Reiseroute durch die Städte des Bundesstaats Amazonas zu organisieren, die zu besuchenden Sehenswürdigkeiten auszusuchen, sowie die auszuübenden Tätigkeiten und die Städte, wo er unterkommen will.

AMAZONASGEBIET

Hier sind Tatsachen verzeichnet, welche die Geschichte des Bundesstaats Amazonas erzählen, seit seiner Entdeckung durch die Portugiesen, unter Berücksichtigung der wirtschaftlichen Zyklen.

REGIONALE ASPEKTE

Dieser Abschnitt gibt einen Überblick zu den materiellen und kulturellen Eigenheiten des Bundesstaats, in dem die Natur die Regeln bestimmt. Hervorgehoben wird die enorme Biodiversität der Fauna und Flora und das Vorkommen großer Flüsse.

MACHE DICH SCHLAU

Informationen und Kuriositäten zu Themen wie der amazonischen Kochkunst, den Indianervölkern, den amazonischen Legenden, der regionalen Folklore, dem Kunstgewerbe und der Architektur.

REISETIPS

Eine Zusammenfassung von Empfehlungen an den Reisenden. Tips für die Vorbereitung und Durchführung ihrer Reise, was beim Aussuchen der Reiseagenturen zu beachten ist, die Planung, die beste Jahreszeit, vorzunehmende Impfungen und Vermeidung von Krankheiten.

Wir haben die Städte ausgesucht, die touristische Möglichkeiten, natürliche, historische und kulturelle Attraktionen anzubieten haben. Die Hauptstadt Manaus mit ihrer Architektur und Geschichte, Parintins mit seinem großartigen Volksfest und noch viele andere Bezirke.

OPTIONEN FÜR FREIZEIT UND DIENSTLEISTUNGEN

In diesem Kapitel gibt es eine Übersicht der touristischen Tätigkeiten und Abenteuer-Sportarten, die in den Bezirken des Amazonasgebietes ausgeübt werden können. In den Texten gibt es eine Beschreibung jedes einzelnen und in einigen Fällen Tips zu ihrer Ausübung.

Hier findet der Reisende nützliche Informationen über die im Führer angegebenen Städte. Es handelt sich um Dienstleistungen wie Hotels, Restaurants, Touristenbüros und allgemeine Informationen.

Um bei der Vorbereitung Ihrer Reise behilflich zu sein, beinhaltet der Führer Land-Karten des Bundesstaates Amazonas, wobei man einen allgemeinen Überblick seiner Ausdehnung erhält. Das das wichtigste Transportmittel ist die regionale Flussschiffahrt.

Die Geschichte des Staates mischt sich mit der des gleichnamigen Flusses, des Amazonas-Gebietes und des Lehensgebietes Gross-Pará.

Laut dem Vertrag von Tordesilhas, gehörte das gesamte Amazonas-Gebiet der spanischen Krone. Im Jahre 1561 startete Pedro de Ursua, um den Amazonas zu befahren. Er wurde jedoch von einem Schurken, der ihn begleitete, ermordet, Lopo de Aguirre, der sich selbst zum Befehlshaber ernannte und die Expedition bis zur Mündung führte. Nach den Spaniern, drangen englische und holländische Abenteurer, noch am Ende des 16. Jahrhunderts, in das Gebiet vor, um es zu erobern. Ihr Einsatz war so gross, dass die Portugiesen, als sie in der ersten Hälfte des 17. Jahrhunderts in dem Gebiet auftauchten, dort bereits einen regen Handel englischer und holländischer Firmen vorfanden. Ausserdem waren die Franzosen ebenfalls daran interessiert, sich die Ländereien im Norden anzueignen. Verlockt durch die Zuckerproduktion in Brasilien, versuchten sie im Jahre 1612 eine Kolonie im heutigen Staat Maranhão zu organisieren.

Der Versuch scheiterte am starken Widerstand der Portugiesen und Spanier, aber das Interesse der Franzosen an den noch nicht von den Iberern besetzten Gebieten blieb bestehen.

Im Jahre 1580 war Phillip der II., König von Spanien in Portugal eingefallen, dessen Thron unbesetzt war, und hatte die portugiesische Krone genommen. Er vereinigte beide Länder und bildete somit de Iberische Union, die sich bis 1640 erstreckte. Auf diese Weise gerieten die portugiesischen Kolonien auf dem Planeten ebenfalls unter spanische Herrschaft. Vor diesem geschichtlichen Hintergrund erfolgte 1616 der grosse Feldzug des Kapitäns Francisco Caldeira de Castelo Branco gegen die im Amazonasgebiet ansässigen Engländer und Holländer, ein Kampf der sich über Jahre hinauszog.

Später, zwischen 1637 und 1639 wurde eine zweite Expedition durchgeführt, mit dem Ziel bis Quito in Peru vorzudringen. Ausser den Portugiesen und Spaniern, beuteten Franzosen, Engländer und Holländer weiterhin die Gegend auf der Suche nach Edelmetallen aus. Als die

Hütte der Indianer Curutu

Iberische Union sich 1640 auflöste, behielt Portugal seine Ober-herrschaftschaft und sein Interesse für die Region, da die Spanier den Portugiesen den Auftrag zur Besiedelung des Amazonastales erteilt hatten. Aber erst im Juni 1657 drang der Lehnsherr des neuen Gebietes, Bento Maciel Parente, ausgehend von São Luis, der Hauptstadt von Maranhão, in das amazonische Hinterland vor. Er setzte sich eine Zeit lang in dem Gebiet fest, wo sich heute die Stadt Manaus befindet.

Die Haupstadt von Amazonas hatte ihren Ursprung jedoch in einem „Lugar da Barra" genannten Dorf, das später, im Jahre 1669 gegründet wurde und erst Jahre danach der Sitz des Lehnsgebietes von São José do Rio Negro werden sollte. Aber nach der Durchreise Bento Maciels verstärkte sich die portugiesische Besiedelung des Gebietes.

Im Bereich des Rio Negro waren es die Manausindianer, zusammen mit anderen Stämmen, welche die Ansiedelung der Portugiesen erschwerten; im Gebiet des Rio Solimões und im Becken des Juruá versperrten die castillianischen Missionsstationen der Jesuiten den Weg. Dieses letztere Hindernis wurde zwischen 1691 und 1697 entfernt, als Inácio Correia de Oliveira, José Antunes da Fonseca und Antonio de Miranda den Rio Solimões beherrschten; Belchior Mendes de Morais nahm das Flussbecken des Napo ein und Francisco de Melo Palheta eroberte für den portugiesischen König das Gebiet des oberen Rio Madeira, alles Regionen, die vormals von den spanischen Missionen beherrscht wurden. Es waren jedoch die religiösen portugiesischen Dörfer, die in der Mitte des 17. Jahrhunderts gegründet wurden, die den Ursprung heutiger amazonischer Städte bildeten. Noch in der Zeit der „Entdeckung" Brasiliens, im Jahre 1500, waren die Spanier die ersten Europäer, die den Boden des Gebietes betraten.

Der König von Spanien hatte seit 1580, als die Vereinigten Iberischen Königreiche (1580-1640) gegründet wurden, seine Herrschaft über sämtliche portugiesische Kolonien ausgedehnt. Jedoch andere Faktoren riefen die portugiesische Gegenwart in dem Gebiet hervor. Der wichtigste war die Ankunft der Franzosen im Jahre 1612, als sie das Frankreich der Tag-und-Nacht-Gleiche gründeten, dort, wo sich heute die Stadt São Luís befindet.

Die Kämpfe zwischen den Portugiesen und den Eindringlingen dauerten bis 1615.

Kautschukzapfer im Alto Japurá

GESCHICHTE

Rio Negro

GEBIETSABGRENZUNGEN

Trotz der Unterzeichnung des Vertrags von Madrid am 13. Januar 1750, der den Herrschaftsbereich Portugals sehr weit nach Westen über die Grenzlinie von Tordesilhas ausdehnte, waren die Streitigkeiten zwischen Portugiesen und Spaniern um das Gebiet nicht beendet. So wurden unzählige Festungen an strategischen Orten errichtet, wie São José de Marabitanas (1762), am Rio Negro; São Francisco Xavier de Tabatinga (1776) an der heutigen Grenze zu Peru; São Joaquim do Rio Branco (1775), in Roraima; Castelo (1755), in Mariuá (Barcelos); Principe da Beira (1776), an den Ufern des Rio Guaporé, heutige Grenze Brasiliens zu Bolivien; Bragança (1768), am rechten Ufer des Rio Guaporé, heutige Grenze zu Bolivien und viele andere.

Gleichzeitig mit dieser Austreibung der Spanier gründeten die Portugiesen religiöse Ortschaften in den eroberten Gebieten, mit dem Ziel die Indianer zu bekehren und ihre Arbeitskraft in der Landwirtschaft und bei der Ausbeutung des Urwalds zu nutzen. Auf diese Weise verbreiteten sich zwischen 1687 und 1714 unzählige religiöse Ordensbrüderschaften im Amazonastal. Diese Mönche waren die wirklichen Verantwortlichen für den Beginn der rationalen Ausbeutung des Urwalds in diesem Gebiet. Kakau, Nelken, Zimt, und Medizinalpflanzen begannen auf dem Export-Programm der Kolonie zu stehen und zwangen die Mönche ihre Missionen in andere Gebiete zu verlagern. Francisco Xavier de Mendonça Furtado, Gouverneur von Maranhão wurde als Kommissar für die Abgrenzungen ernannt und als solcher musste er in dem Gebiet zwischen den Flüssen Negro und Japurá im Norden und Madeira und Javari im Süden eine Vermessung vornehmen.

Im Jahre 1754 liess Furtado sich in Mariuá nieder, wo er die gesamte Vermessung organisierte. Er blieb zwei Jahre dort und auf seine Anregung, trennte man im nächsten Jahr das neue Lehensgebiet São José do Rio Negro von dem Parás ab.

Tefé

Indianer schiesst einen Pfeil auf eine Wildkatze (Rugendas)

Das Gebiet des mittleren Amazonas begann in dieser Zeit effektiv besetzt zu werden. Deshalb gab es schon etwa 45 Kolonial-Ortschaften als im Jahre 1755 das Lehensgebiet von São José do Rio Negro geschaffen wurde und sein erster Gouverneur, Joaquím de Melo e Póvoas (1757) sein Mandat begann. Die Regierungszeit von Póvoas stand unter dem Zeichen der hartnäckigen Bekämpfung der Jesuiten, die er beschuldigte, die Indianer zu unterdrücken. Der wahre Grund war allerdings wohl die Tatsache, dass die Jesuiten den Handel mit Medikamenten im Landesinnern monopolisiert hatten, zu ungunsten der nicht religiösen Händler. Auf Grund dieses Tatbestands beschloss der Markgraf von Pombal der keinerlei Infragestellung der Autorität des Königs duldete, am 21 Juli 1759, den Jesuitenorden aus Portugal und seinen Kolonien auszuweisen und ausserdem die Beschlagnahme all seiner Besitztümer.

Die Tätigkeiten der Allgemeinen Handelsgesellschaft für Gross-Pará und Maranhão, mit dem ausschliesslichen Recht für den gesamten Handel und die Schiffahrt der Lehensgebiete während 20 Jahren, verursachte eine starke Lähmung der Ausbeutungsarbeiten des Urwalds von São José do Rio Negro. Dadurch erfuhr diese Lehenschaft den negativen Einfluss der Konkurrenz seiner östlichen Nachbarn. Erst nach der Auflösung der Gesellschaft, im Januar 1778, konnten die Regierungen des Rio Negro mit grösserem Erfolg die ökonomischen Aktivitäten des Gebietes fördern.

Nach dem letzten Viertel des XVIII. Jahrhunderts erlebte das Amazonasgebiet demzufolge eine Periode relativen Reichtums, wegen des Umstands, dass dort kleine Industrien und VerarbeitungsBetriebe geschaffen worden waren. Auch die Landwirtschaft und Viehzucht waren verstärkt worden.

Um den Verkehr und den gegenseitigen Handel mit Belém anzuheizen wurde im Jahre 1791 der Verwaltungsitz von Barcelos an den Zusammenfluss der Ströme Rio Negro und Amazonas verlegt auf die Festung São José do rio Negro, wo die Ansiedlung Barra, heutige Stadt Manaus gegründet wurde.

Thomas Ender

Im Jahre 1822, als Dom Pedro I die Unabhängigkeit Brasiliens erklärte behielten die Provinzen des Imperiums ihre inneren Grenzen und Vorrechte auf Selbstverwaltung. So war der heutige Staat Amazonas weiterhin nur ein Bezirk der Provinz Gross-Pará. Damit unzufrieden mobilisierten sich

Regierung eines militärischen Befehlshabers und eines Richters unterstellt. In diesem politischen Evolutionsprozess, spielte die Cabanagem – eine grosse und blutige Volksrebellion, die zwischen 1831 und 1840 im Amazonasgebiet stattfand und während derer unzählige Niederlassungen, einschliesslich Manaus, unter die Kontrolle der Revoltierenden gerieten – eine bedeutende Rolle. Erst im Jahre 1850 wurde der

Amazonas-theater

die Einwohner der Region und begannen um ihre Unabhängigkeit zu kämpfen. 1832 erhielten sie die Abtrennung ihres Bezirks von der Provinz Parás. Die Reichsregierung befand diese Bewegung jedoch nicht für gut, und obwohl die Revolutionäre einen Abgesandten nach Rio schickten, den Mönch José dos Santos Inocentes, wurde die neu geschaffene Provinz im folgenden Jahr als Bezirk des Oberen Amazonas benannt und der

Bezirk durch Reichsgesetz Provinz von Amazonas genannt und am 1. Januar 1852 eingerichtet. Ab 1852 wurden mit der Amtseinführung des ersten Präsidenten der Provinz von Amazonas, die grundlegenden öffentlichen Ämter eingerichtet und Steuern eingezogen. Die Steuereinnahmen waren jedoch so gering, dass die Reichsregierung veranlasst wurde zu bestimmen, dass Pará und Maranhão für die nächsten Jahre weiterhin Geld schicken sollten.

Coari

Zeitfolge

Der Spanier Francisco Orellana überquert die Anden und es beginnt die Erforschung des Amazonasstromes.

1542

Portugal greift im Amazonasgebiet ein und besetzt die Gegend im Herzen des Indianerstammes der Maués. Der Ort wird „Lugar da Barra" genannt.

1665

Lobo d'Almada überführt die Einrichtungen des Regierungssitzes von Barcelos nach São João da Barra do Rio Negro. Es entstehen die ersten wichtigeren städtischen Bauten (Regierungspalast, Krankenhaus, Kaserne, öffentliches Gefängnis, Fabriken für Kleidung, Kerzen, Wachs, Hängematten und Ziegelei) und die Strassen der Ortschaft. Die Bevölkerung siedelt sich am Flussufer an.

1791

Die Lehnschaft von São José do Rio Negro wird gebildet und der Provinz Pará unterstellt.

1757

Beginn der „Cabanagem", eine Revolte, die eine der wichtigsten Bewegungen der brasilianischen Geschichte werden sollte.

1835

Ende der „Cabanagem". Am 25. März wird diese blutige Episode der Geschichte Amazoniens beendet.

1840

Wegen einer grossen Trockenheit, die den Nordosten Brasiliens heimsuchte, suchten Tausende von Flüchtlingen in Amazonien eine neue Gelegenheit zum überleben.

1872

Am 5. September wird Amazonas zur Kategorie einer Provinz erhoben und wird unabhängig von Pará. Zur gleichen Zeit beginnt der Kautschukzyklus, der sich bis 1912 erstreckte.

1850

Die Volkswirtschaft gründet sich vorwiegend auf die Gewinnung des Latex der Seringueira (Gummibaum) und bewirkt grosse Veränderungen für die Stadt.

1890

In Manaus wird das Amazonastheater am 31. Dezember eingeweiht und spiegelt den Wohlstand wieder, in dem sich damals die Stadt befand.

1896

der Bau des Hafens von Manaus beginnt und ersetzt den Kai der Kaiserin der Provinz und die alten Lagerschuppen von Villeroy und Teixeira.

1902

Mit der Ausbeutung des Kautschuks nahm die Wirtschaft Amazoniens grossen Aufschwung. Im Jahre 1872 wurde der Nordosten Brasiliens von einer riesigen Trockenheit heimgesucht, was dazu führte, dass Tausende von Flüchtlingen im Amazonasgebiet eine neue Gelegenheit zum Überleben suchten. So sprang die Bevölkerungszahl von ungefähr 50 tausend auf über 250 tausend bei der Jahrhundertwende. Und die Kautschukerzeugung erreichte kurz vor 1900 den ersten Platz auf der Liste der brasilianischen Exporte. Es war der Höhepunkt des sogenannten Kautschukzyklus, der sich von 1850 bis 1912 erstreckte und dessen Niedergang mit der illegalen Ausfuhr von Kautschuk-Samen und Setzlingen aus dem Urwald durch die Engländer nach Malasien begann, das dadurch zum grössten Produzenten der Welt für Natur-gummi wurde. Im Jahre 1953, schuf die Bundes-Regierung das Kontrollamt zur Wirtschaftlichen Förderung Amazoniens (SPVEA), das zur Wahrnehmung politischer und verwaltungs-

GESCHICHTE

Tefé

GLEBARISMO

Das Jahrzehnt von 1930 wurde im Amazonasgebiet von einer Volksbewegung geprägt, die mit dem Namen Glebarismo in die Geschichte einging. Ab jenem Datum waren alle Bürger, welche die Staatsregierung ausübten Amazonier mit Ausnahme zweier Bundesvermittler während der Militärdiktatur (1964-1985, die sogenannten „bleiernen Jahre").

technischer Vorteile, Teile der Staaten von Maranhão, Goiás und Mato Grosso dem Amazonas-Gebiet einverleibte und so das

Rechtmässige Amazonien gründete. Da diese Behörde jedoch keine positiven Ergebnisse erbrachte wurde sie 1966 in das Bundes-Kontrollamt für die Entwicklung Amazoniens umgeändert (SUDAM). Mit der Schaffung der Sudam und der Suframa (BundesKontrollamt der Freihandelszone von Manaus) förderte man die Industrialisierung mit der Einrichtung von Montage-Werken für elektronische Apparate, Uhren und Motorräder. Die Entdeckung von Erdölvorkommen im Urwald 1987 und die weltweite Diskussion über die ökologische Frage bewirkten eine Veränderung im wirtschftlichen und politischen Bild der Region. Dieses Bild beginnt sich zu ändern durch die Ausbeutung des Öko-Tourismus Amazoniens.

Zeitfolge

Mit der Einführung asiatischer Produkte in den Weltmarkt erfährt die regionale Volkswirtschaft einen Rückgang und eine Minderung im Bevölkerungs-Zuwachs.

1920

São Gabriel da Cachoeira

Schaffung des Nationalparks des Pico da Neblina im Bezirk von São Gabriel da Cachoeira. In diesen Bergen befindet sich der höchste Giopfel Brasiliens, der Pico da Neblina mit 3.014 m Höhe und auch der zweithöchste des Landes, der Pico de Março mit 2.992 m Höhe.

1979

Schaffung des Nationalparks des Jaú, der die Bezirke von Novo Airão und Moura einschliesst. Dieser Park gilt als einer der Parks mit der reichhaltigsten Biodiversität.

1980

Schaffung der Unentgeltlichen Universität von Manaus, der ersten Brasiliens, mit 5 Fakultäten: Wissenschaften, Ingenieurswesen, Pharmakologie, Zahnmedizin und Rechtswissenschaften, mit einem Lehrkörper von 38 Lehrern und 159 Studenten.

1909

Das brasilianische Amazonien bekommt den Namen Amazônia Legal und es werden ihr die Staaten von Maranhão, Goiás und Mato Grosso eingegliedert.

1953

Schaffung der SUDAM – Superintendência do Desenvolvimento da Amazônia. (Amt zur Förderung Amazoniens).

1966

Einrichtung der Freihandelszone von Manaus, welche die Industrie beschleunigt und Einwohner der Gegenden anlockt.

1967

Manaus hat 284.118 Einwohner.

1970

Einrichtung des Nationalparks Amazonas. Ermöglichung von wissenschaftlicher Forschung, Ausschöpfung der Ausbildungskompetenz und Schaffung von Erholungsmöglichkeiten.

1974

Mit einem relativen Bevölkerungs-Zuwachs von 6% im Jahr von 1980 bis 1990, hat Manaus jetzt 1.100.000 Einwohner.

1990

Der kontrollierte Hochbau wird in Stadtteilen von Manaus erlaubt, gegen Bezahlung von Gebühren, die in den Ausbau der Infrastruktur von Armen-Vierteln investiert werden.

1995

AMAZONASHYMNE

Jorge Tufic (Text)
Cláudio Santoro (Musik)

Auf dem Gebiet der Geschichte spricht die
Vergangenheit von Krieg, von Trauer oder
Freude, es ist der Sieg, der seine Flügel breitet,
über das grün des Friedens, der uns leitet.
So kam es, dass in dunklen Zeiten der
Eroberung, gestützt auf Kanonen, unsere
Völker, freie Menschen, ihre Wiege in diesen
Boden pflanzten.

Amazonas der Tapferen, die ohne Stolz noch
falschen Adel, denen spenden, die träumen,
deinen Gesang von Legenden, denen,
die kämpfen, mehr Leben und Reichtum.

Heute wird die Zeit zur Klarheit, es trimphiert
nur die Hoffnung im Kampf, nicht mehr das
Mysterium der Wälder, man hört die Geräusche
des Morgens.
Das Wort wird zur Tat und die Fahne,
die vom Volke geboren, muss auf ihrem Tuch die
Freiheit preisen und wieder die Ketten
zerreissen.

Amazonas der Tapferen, die ohne Stolz noch
falschen Adel, denen spenden, die träumen,
deinen Gesang von Legenden, denen,
die kämpfen, mehr Leben und Reichtum.

Die Zukunft erscheint so strahlend An diesen
Flüssen aus wilden Klagen, dass die Trommeln
des Ruhmes erwachen im Licht einer ewigen
Landschaft. Aber es ist das Schicksal der Starken
zu leben, so lehrt uns der Wald, wenn um's
Leben er kämpft, das in seinen Zweigen vibriert,
um seine Vögel, seine Farben, sein Fest.

Amazonas der Tapferen, die ohne Stolz noch
falschen Adel, denen spenden, die träumen,
deinen Gesang von Legenden, denen,
die kämpfen, mehr Leben und Reichtum.

FAHNE

Die Fahne besteht aus 3 horizontalen
Streifen, 2 weissen aussen und einem
roten in der Mitte. Auf der linken
Seite des oberen Streifens sind 25
Sterne in einem blauen Rechteck. Sie
symbolisieren die Bezirke des Staates
am 4. August 1897, als das Militär
des Amazonas sich einschiffte um in
Canudos zu kämpfen. Der grosse
Stern in der Mitte des Rechtecks steht für die Hauptstadt
Manaus. Heute besteht das Munizip Amazonas aus 62
Stadtteile, das Manaus beeinschliesst. Das weiss
bedeutet Frieden; das rot die Bereitschaft derVölker des
Amazonas, für die Verteidigung ihrer Ideale zu kämpfen
und das blau bedeutet der Himmel und die Konstellationen.

REISENDE UND NATURALISTEN

(...) Am späten Nachmittag kamen wir an eine Ortschaft auf einer Uferböschung und da sie klein zu sein schien, befahl uns der Kapitän sie einzunehmen. (...) Es gab in diesem Dorf ein Ruhehaus, in dem wir Geschirr verschiedenster

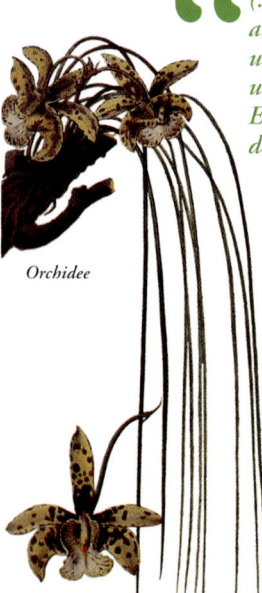

Orchidee

Peixe-boi (Ochsen-Fisch)

Delphin

Die Entscheidung zu reisen, die von den Naturalisten getroffen wurde, war unter verschiedenen Gesichtspunkten schwierig: abgesehen von den konkreten Gefahren, denen die Forscher während ihrer Abenteuer ausgesetzt waren, gab es noch das Problem, dass die Gemeinschaft der Wissenschaftler nicht einer Meinung über den Wert der Arbeit der Reisenden war. Aber diejenigen, die hierher kamen, weil sie von der biologischen und sozialen Vielfalt einer vom tropischen Urwald beherrschten Region angelockt wurden, trugen zu unserer Geschichte und zum Prozess unserer eigenen Entdeckung bei, mit ihren Zeichnungen, Gemälden und reichhaltigen schriftlichen Beschreibungen, die sie uns hinterließen. Portugiesische Entdecker, waren in den ersten Jahren des 16. Jahrhunderts im Amazonasgebiet, ohne die Eroberung des Territoriums durchzuführen. Franzosen, Spanier,

Engländer, Holländer und Irländer waren ebenfalls in der Region und wetteiferten ohne Erfolg um den Besitz der Ländereien mit anderen Entdeckern. Um die Engländer und Holländer, die sich im Gebiet niedergelassen hatten, zu vertreiben und die effektive Kontrolle auf die Fluss-Schifffahrt auszuüben, die das Innere des Amazonasgebietes mit dem atlantischen Ozean verband, gründete Francisco Caldeira Castelo Branco am 12. Januar 1616 die Stadt Santa Maria de Belém do Grão-Pará. Von Belém aus begannen die Portugiesen eine Reihe von militärischen Expeditionen durch das Amazonasgebiet. Diese Expedition, die später die portugiesische Herrschaft über das Gebiet garantierte, erbrachte außerdem wertvolle Landkarten und viele neue Informationen über Amazonien, das nun nicht mehr nur als in riesiger tropischer Urwald bekannt war, sondern als ein reichhaltiges Mosaik von Ökosyste-

Ausführungen vorfanden: es gab Vasen, enorme Tonkrüge mit mehr als 25 Arrobas (275 Liter) und andere kleine Behälter, wie Teller, Schüsseln und Kerzenhalter aus der besten Keramik, die man schon in der Welt gesehen hat...

(Bericht über die neue Entdeckung des berühmten großen Flusses durch Kapitän Francisco de Orellana) Zweisprachige Ausgabe. São Paulo, Verlag Página Aberta, 1992, S. 63 und 65).

Alfred Wallace
Englischer naturalist

men und Kulturen. Diese Art von „Mosaik des neuen Kontinents" lockte nicht nur Wissenschaftler an, sondern auch oft europäische Besucher die uns Dokumente ohne wissenschaftliche Genauigkeit hinterließen, da sie einem damals in Europa üblichen literarischen Genre folgten: der sogenannten *Reiseliteratur*. Einige dieser Berichte erzählten sogar von phantastischen Fabelwesen, welche die neuentdeckten Ländereien bevölkerten. Aber es war gerade durch diese von den Reisenden produzierte Literatur, dass Brasilien endgültig

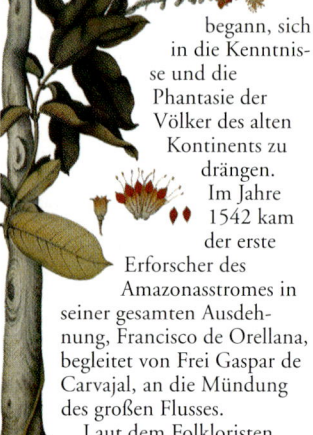
Orchidee

begann, sich in die Kenntnisse und die Phantasie der Völker des alten Kontinents zu drängen.

Im Jahre 1542 kam der erste Erforscher des Amazonasstromes in seiner gesamten Ausdehnung, Francisco de Orellana, begleitet von Frei Gaspar de Carvajal, an die Mündung des großen Flusses.

Laut dem Folkloristen Walcyr Monteiro, war Orellana der erste, der erzählte, dass er und seine Besatzung von einem Stamm von Frauen angegriffen wurde, als sie zum Mar Dulce kamen, dem heutigen Rio Amazonas. Diese Frauen wurden vom Frei, der ihn begleitete als sehr groß beschrieben, mit sehr heller Haut und langen Haaren, die zu Zöpfen geflochten und auf dem Kopf zusammengerollt waren, und die vollkommen nackt kämpften und nur Bögen und Pfeile trugen. Der Ursprung des Namens geht also zurück auf die berühmte Legende der Amazonen von Kapadozien, in Kleinasien, die genauso kriegerische und unabhängige Frauen beschreibt, wie die von Orellana angetroffenen. Von den Indianern als Icamiabas, oder

von Martius
Österreichischer naturalist

„Frauen ohne Ehemänner", bezeichnet, beschenkten diese Indianerinnen, die ohne die Anwesenheit von Männern lebten und die benachbarten Stämme beherrschten, diejenigen Männer, mit denen sie Geschlechtsverkehr hatten, mit kleinen Kunstgegenständen in froschähnlicher Form, die in einen grünen Stein geschnitzt waren, wie zum Beispiel Jade oder Nefrit. Diese Geschenke, wurden bei Mondritualen vergeben, den Besuchern um den Hals gehängt und von diesen bis zum nächsten sexuellen Treffen getragen.

Die wirklichen Amulette, befinden sich heute in Museen und privaten Sammlungen.

Ein Jahrhundert nachdem Pedro Teixeira sich in die Geschichte Brasiliens und des Bundesstaates Amazonas eingetragen hat, fuhr Charles Marie de la Condamine, ein französischer Naturalist, zwischen 1743 und 1744 den großen Strom hinunter, von Peru bis Französisch Guyana, was ihm erlaubte eine Karte des Verlaufs des Amazonas von den Quellen bis zur Mündung zu zeichnen. Seine Erforschung, zeigt auch die Karte, die laut der Anmerkung des Rodolfo Garcia in „História das Expedições Científicas" (Geschichte der wissenschaftlichen Expeditionen), die Fehler der Karte des Jesuitenpaters Samuel Fritz berichtigte, die im Jahre 1691 gezeichnet wurde und von La Condamine gelobt wurde, da der Pater nicht über die für diese Aufgabe angemessenen Instrumente verfügte. La Condamine war auch dafür verantwortlich, dass in Europa über den Naturgummi berichtet wurde, ein Produkt, das er in Pará gefunden hatte.

Im Juni 1799 begannen der Deutsche Alexander von Humboldt und der Franzose Aimé Bonpland gemeinsam ihre Reisen durch spanische Kolonien in Süd- und Mittelamerika. Ohne die Grenzen der Ländereien zu kennen, die dem portugiesischen oder spanischen Kaiserreich gehörten, wurde von Humboldt von einer portugiesischen Kontrolle erfasst, die ihn der Spionage bezichtigte. Nach acht Monaten freigelassen, ließ der Gründer der *Geografia Humana* in seinem Buch „*Voyage aux régions équinoxiales du Nouveau Continent*" die genaue Beschreibung des berühmten Kanals von Cassiquare verzeichnen, der das Becken des Rio Orenoco mit dem Amazonasstrom verbindet.

Aber seine wichtigsten Beiträge waren der Anstoß für die Figur der Reisenden Maler, welche die in europäischen Schulen gelernten Techniken bei der malerischen Darstellung der Landschaften des Neuen Kontinents anwenden sollten. Außerdem stand die Lobpreisung, die er den „glücklichen Tropen" darbrachte in direkter Opposition zur Schmähung, die Buffon aussprach, als er die Naturelemente und die amerikanische Bevölkerung beschrieb, indem er sie als minderwertig interpretierte und nicht als andersgeartet. Wenn von Humboldt und sein französischer Kollege Schwierigkeiten bei der Erforschung der portugiesischen Kolonie hatten, wegen der politischen Kämpfe, die

in Europa zwischen dem Französischen Reich und der portugiesischen Krone stattfanden, garantierten die guten Handelsbeziehungen zwischen Portugal und England größere Erleichterungen bei der Reise Alfred Wallaces und Henry Walter Bates' nach Amazonien.

Eine der wichtigsten in der Geschichte der Naturwissenschaften, begann diese Reise bei Ankunft der beiden Freunde in Belém im Jahre 1848. Daraufhin fuhren sie weiter nach Tocantins und trennten sich wegen einer Meinungsverschiedenheit, weil Wallace vor allem darauf aus war Fakten aller Art zu sammeln, die für die Erforschung der Herkunft und Evolution der Lebewesen interessant sein könnten, während Bates vor hatte sich exklusiv der Erforschung der Entomologie zu widmen. Also fuhr Wallace zum unteren Amazonas und den Nachbargebieten seines Mündungsdeltas, wie die Insel Marajó und der Fluss Capim. Bates hingegen fuhr bis zum Cametá. Später trafen sie sich an der Mündung des Rio Negro wieder und trennten sich abermals. Der erste fuhr den Rio Negro hinauf und Bates fuhr auf dem Rio Solimões weiter, bis zu unserer Landesgrenze mit Peru, entlang dem Flusse Javari.

Nach drei Jahren Forschung im Amazonasgebiet erlitt der große englische Naturforscher Russel Wallace auf der Rückreise in sein Heimatland Schiffbruch. Glücklicherweise entkam er lebendig und konnte im Jahre 1858 unabhängig und gleichzeitig mit Darwin die Hypothese der natürlichen Auswahl für die Herkunft der Arten formulieren. Aber bei dem Schiffbruch verlor er fast das gesamte im AmazonasGebiet gesammelte Material.

Bates seinerseits, mit dem Vorhaben sich in der entomologischen Forschung weiter zu bilden, widmete sich während elf Jahren den Feldarbeiten im Amazonas-Gebiet, wo er Informationen zur Vertiefung der von Darwin formulierten Theorie der Arten zusammenstellen konnte.

Ein Opfer der Malaria in Brasilien, kehrte der Naturalist nach England zurück und veröffentlichte drei Jahre später eine Artikel, der ihm akademischen Ruhm verlieh, wegen seiner Theorie über den Mimetismus. Auf Anregung Darwins, veröffentlichte Bates im Jahre 1832 ein Buch „The naturalist on the river Amazon", über Fauna und Flora des Amazonasgebietes und über die Lebensweise des amazonischen Menschen, in einer erzählenden Form geschrieben, die den wissenschaftlichen Diskurs mit literarischen Stil verband, wodurch es nicht nur in akademischen Kreisen Europas akzeptiert wurde, sondern auch vom allgemeinen lesekundigen Publikum, das es wie ein interessantes Abenteuerbuch las.

Andere Männer der Wissenschaft, wie Louis Agassiz, Von Martius und William Chandless, vereinten ihre Bemühungen mit Namen wie Alexandre Rodrigues Ferreira und João Martins da Silva Coutinho, welche Flora, Fauna, Böden und Unterböden, sowie die Lebensweise der Indianergruppen des Gebietes beschrieben haben. Alles in den Urwäldern und Gewässern des Amazonasgebietes gesammelte Material wurde vom Botanischen Museum aufgenommen. Man darf auch nicht Namen wie den des Manuel Urbano da Encarnação vergessen, der ein direkter Nachfahre von Mura-Indianern war und ein großer Pionierführer im Tal des Purus in Acre; des weiteren Auguste Saint-Hilaire, der das Land in der Zeit von 1816 bis 1822 bereiste und uns mehrere beschreibende und erklärende Werke über die Erforschung der brasilianischen Flora hinterließ, alle mit vielen Illustrationen.

> *Manaus ist eine entzückende Frau in zwei Altersstufen. Manaus war eine wunderschöne Jungfrau. Heute ist sie eine fruchtbare Frau, die in ihrer Gegenwart noch immer die Anwesenheit der Vergangenheit mitführt. In den goldenen Zeiten des Kautschuks schmückte sie sich: euer Theater, euer Denkmal zur Eröffnung der Häfen Amazoniens, euer Rio-Negro-Palast, sind noch die Juwelen dieser leichtfertigen Zeit*

Manoel Bandeira, veröffentlicht in der Zeitung Diário Oficial do Estado do Amazonas, vom 8. Juni 1924.

von Spix
Österreichischer naturalist

Chichá

WIRTSCHAFTLICHE ZYKLEN

Das Interesse der portugiesischen Krone für das Amazonasgebiet wurde erst durch die berühmte Expedition des Pedro Teixeira in diese unermessliche Region geweckt. Anfänglich widmete sich Portugal die Sammlertätigkeiten mit Hilfe der Arbeit indianischer Sklaven zu fördern und dabei übten die sogenannten „Befreiungstruppen" eine grundlegende Rolle bei der Gefangennahme von Indianern. Im Jahre 1669 garantierte die Gründung der Ortschaft, den Anfang der Besiedelung des Rio Negro und legte den Grundstein für die Ausbeutung der Reichtümer des Amazonasgebietes. Bis zur Mitte des zwanzigsten Jahrhunderts sollte die Region das Sammlermodell aufweisen, das am Ursprung ihrer Formation stand. Nachdem die portugiesische Herrschaft im heutigen Amazonasgebiet garantiert war, zwischen 1691 und 1697, blieb der Portugiesischen Krone die Aufgabe diesen unermesslichen Raum, den sie erobert hatte, zu nutzen und dafür war die Arbeit der Missionen von grundlegender Wichtigkeit. Außer der Bekehrung der Heiden zum katholischen Glauben, der Lehre der portugiesischen Sprache und der Organisation der Stämme, sahen die Hausregeln der Missionen (1686) vor, dass die Mönche sich auch der rationellen Ausnutzung der Arbeitskraft der Indianer bei Sammlertätigkeiten und Landwirtschaft widmen sollten.

DROGEN DES HINTERLANDS

Über verschiedene Teile des Territoriums verstreut, widmete sich jede Mission der wirtschaftlichen Ausbeutung ihrer Umgebung. Aber die Ausübung der Bekehrung der Heiden zum katholischen Glauben und die Erweiterung des Gewürzehandels

Kautschuksame

> **Die Gewinnung von Naturgummi wird immer mit den rudimentärsten Methoden erfolgen. Es wird eine typische Industrie des tropischen Urwald bleiben, sowohl in seinen technischen, wie in den wirtschaftlichen und sozialen Aspekten**

(JUNIOR, Caio Prado, *História econômica do Brasil*, S. 244, 1945).

bewirkten, dass die Missionen sich von einem Ort zum anderen fortbewegten. Auf diese Weise entstanden Dutzende von Ortschaften, deren wichtigste wirtschaftliche Tätigkeit das Sammeln von Naturprodukten war, wie zum Beispiel: Nelken, Zimt, Kakao, medizinische Kräuter, Urucu, aromatische Wurzeln, Puxuri, Hölzer, Anil, Vanille usw. Diese Produkte hatten als ihre größten Konsumentenmärkte England, Frankreich, Holland und Portugal selbst.

Die militärischen Feldzüge gegen die den Portugiesen feindlich gesinnten Indianerstämme, die Schaffung der Lehenschaft vom Rio Negro, unter Herrschaft von Joaquim de Melo e Póvoas, die hartnäckige Kampagne gegen die Jesuiten, sowie der Ankurbelung eines landwirtschaftlichen Zyklus beweisen, dass das 18. Jhd. lebenswichtig für die Verwirklichung der Projekte der portugiesischen Krone war. Nach der Periode, in der die „Generelle Handels-Kompanie von Grão-Pará und Maranhão" – geschaffen um den Export durch die systematische Entwicklung der Produktion jener Lehenschaften anzukurbeln – die Sammlertätigkeiten zum Stillstand brachte, von denen die Lehenschaft São José do Rio Negro lebte, kam mit ihrer Aufhebung eine Phase relativer wirtschaftlicher Stabilität, die sich von 1780 bis 1820 erstreckte. Zu dieser Zeit wurden die kleinen Industrien für Baumwollstoffe, Keramik und Kerzen, Tauwerkmanufakturen und Schildkrötenbutter geschaffen, ohne die Kaffee-, Tabak-, Mais-, Maniok-, Kakao-, Reis-, Baumwoll- und Zuckerrohrlandwirtschaft sowie die gesamte Viehzucht Tal des Rio Branco zu erwähnen.

Embaúba-Bäume

> *Brasilien war niemals mehr, als ein einfacher Rohstoffproduzent; das ganze eigentliche Geschäft des Naturgummis, von der Finanzierung und dem Handel, bis zur Manipulation und dem Konsum des Industrialisierten Produktes war dem Lande fremd*

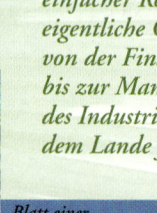

Blatt einer Buritipalme

Später erlaubte die Dampfschiff-fahrt, ein Ergebnis der Bemühungen des Baron von Mauá und des Alexandre Amorim, den Transport von Waren und Personen und das 19. Jh. sollte seinerseits geprägt werden von einer Periode der Gewinnung der sogenannten „Drogen des Hinterlandes" sowie dem berühmten Kautchuk-Zyklus, als die Sammler der genannten Gewürze begannen, die Flüsse Juruá, Purus und Juari auszukund-schaften. Es beginnen Menschen aus dem Nordosten Brasiliens einzu-wandern, wo sie dazu beitragen, Städte wie Lábrea, Humaitá und Eirunepé zu gründen. Es war der erste Anfang der Latexgewinnung aus dem einheimischen Gummi-baum (Hevea Brasilienses), der auf das Jahr 1840 zurückgeht und sich bis in das zweite Jahrzehnt des 20. Jh. erstreckte, eine Zeit in der das Amazonasgebiet sich der Welt als einziger Produzent dieser Ware vorstellte. Der zweite große Moment dieser wirtschaftlichen Periode ergab sich während des 2. Weltkriegs, als die verbündeten Kräfte, motiviert durch die Notwendigkeit der Versorgung mit Naturgummi, eine intensive Völkerwanderung finanzierten, indem sie Hinterland-bewohner aus dem Nordosten Brasiliens in Kautchuksammler im Amazonasgebiet verwandelten.

Im Jahre 1912 erreichte der Naturgummiexport in Brasilien seinen Höhepunkt und war dem Kaffee-Export ebenbürtig. Von diesem Zeitpunkt an kam der Abstieg, da unsere Industrie der Konkurrenz des orientalischen Produktes nicht standhalten konnte, die uns in wenigen Jahren aus den Weltmärkten drängte. Gleichlaufend

DAS AMAZONASTHEATER

Das erste Bauprojekt des Amazonastheaters ist vom 21. Mai 1881. Bis zur Grundsteinlegung am 14. Februar 1884 passierten jedoch viele Unannehmlichkeiten, von der Bestimmung des Kredits für den Baubeginn bis zur Auswahl des Ortes, wo das Gebäude errichtet werden sollte. Daraufhin wurden neue Pläne für die Weiterführung des Baus ausgearbeitet, die erst 1892 wieder aufgenommen wurde, mit Beginn der Regierung Eduardo Ribeiros, des Provinzpräsidenten von Amazonas. Dieser Regierungschef, der Kultur und Kunst verbunden, beschloss das Theater noch während seiner Regierungszeit einzuweihen, vor der Mandatsübergabe an seinen Nachfolger. In diesem Vorhaben wurde er unterstützt durch die während seines Mandats

mit diesem Abstieg entstanden Versuche einer wirtschaftlichen Neuordnung mit Schwerpunkt auf der Landwirtschaft, aber was wirklich vorrangig blieb, war wiederum die Sammlertätigkeit. Traditionelle Produkte aus dem Urwald, wurden wieder ein effektiver Teil der lokalen Wirtschaft. Im Jahre 1953 wurde die SPVEA – Behörde für den Plan zur wirtschaftlichen Aufwertung des Amazonasgebietes – gegründet, die mit ihren unbefriedigenden Ergebnissen bald im Jahre 1966 in die SUDAM (Behörde für die Entwicklung des Amazonasgebietes) umgewandelt wurde. So zeigte die Landesregierung, dass sie vorhatte, das Exportmodell von Naturprodukten aufzugeben, indem sie Gesetze zur Unterstützung der Privatinitiative erließ, Gelder bewilligte und mit Steuerermäßigungen die Einrichtung von Unternehmen auf dem Agroindustriellen Sektor förderte. In dieser Epoche gab es auch Investitionen in die Modernisierung der örtlichen Infrastruktur, mit dem Bau von Verbindungsstrassen. Diese neuen Ansätze erlaubten die Kolonisierung und wirtschaftliche Entwicklung des Bundesstaates, sowie die systematischere Ausbeutung von Mangan- und Zinn- und Erdölvorkommen, wogegen die internationale Bewegung zur Erhaltung des Amazonasgebietes kämpfte. Ab 1967 begann der wirtschaftliche Aufschwung sich auf die Freihandelszone von Manaus zu konzentrieren. Die Industrie hingegen suchte Alternativen vor allem im Export, mit dem Ziel, dem Staat den ersten Platz im Ranking der brasilianischen Exporteure zu ermöglichen. Der Ökotourismus ist heute eine der wichtigsten wirtschaftlichsten Alternativen im Staat und steht mit im Mittelpunkt des Regierungsplanes „Zona Franca Verde", der für eine anhaltende Entwicklungspolitik, eine rationelle Nutzung natürlicher Ressourcen sowie für die Aufwertung der Menschen und ihrer Kulturen steht.

Amazonastheater

stattfindende grösste Erweiterung der Kautschuk-Exporte, durch welche die günstigen Umstände für die Durchführng geschaffen wurden. Das Amazonastheater wurde schliesslich ofiziell am 31. Dezember 1896 eingeweiht, jedoch erst einige Tage später, am 7. Januar eröffnet, mit der Vorstellug der Oper *Gioconda*, von Amilcar Ponchielli. Für seine Erbauung wurde mit Gold aufgewogenes Material aus verschiedenen Ländern Europas eingeführt: Die Stahlverstrebungen der Wände kamen aus Glasgow; die Dachziegel aus dem Elsass – 36 tausend Schuppen aus emaillierter Keramik in den Farben der brasilianischen Fahne; die Eisengitter für die Logen, Friese und Balkone, sowie die Möbel im Stil Luis XV und die Kuppel-Struktur, kamen aus Paris; Carrara-Marmor, Statuen, Säulen, Kronleuchter und Kristallspiegel, Kerzenhalter und Porzellanvasen kamen aus Italien; lederne Stühle aus Russland. Der Bühnen-Vorhang stellt das Zusammentreffen der Gewässer der Flüsse Solimões und Negro dar, die den Amazonasstrom bilden, sowie die dortige Natur in all ihrer Pracht.

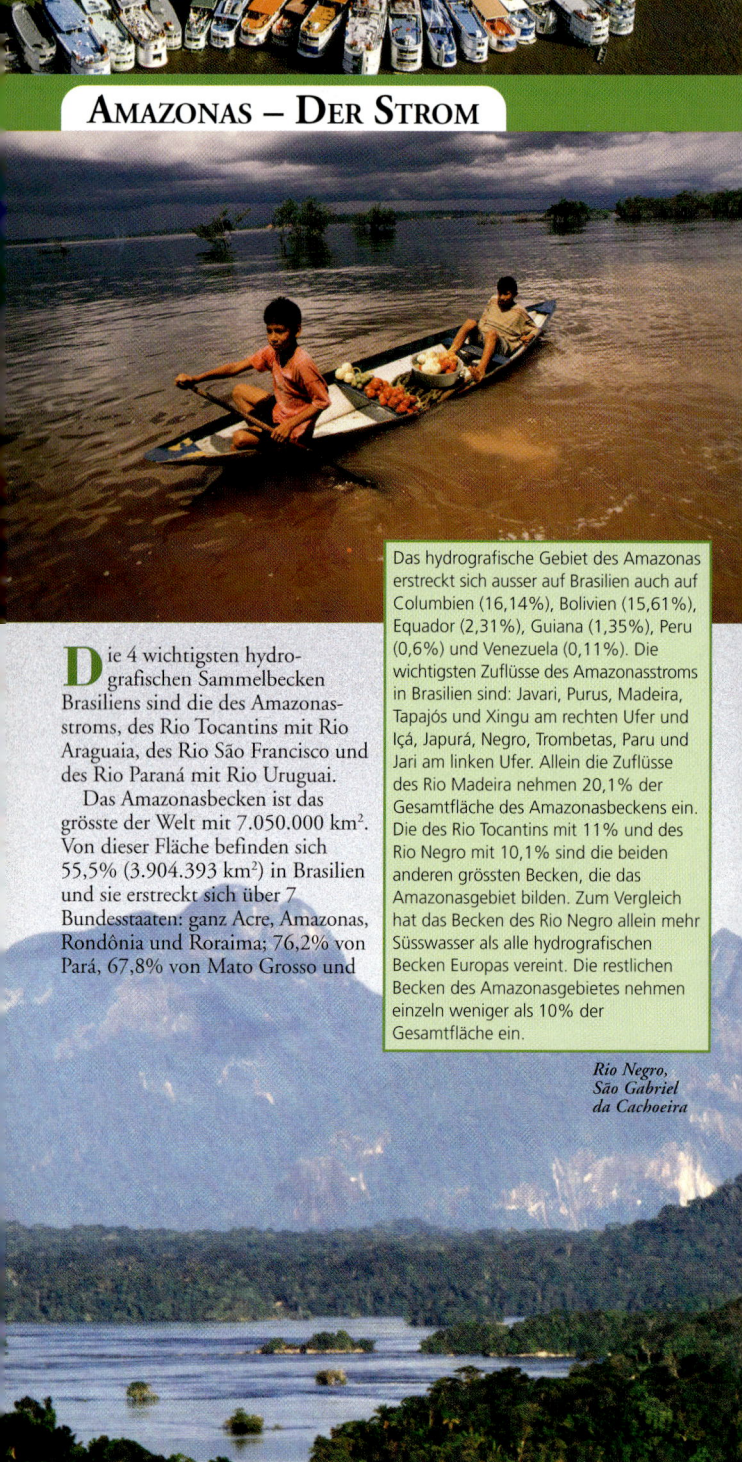

AMAZONAS – DER STROM

Die 4 wichtigsten hydrografischen Sammelbecken Brasiliens sind die des Amazonasstroms, des Rio Tocantins mit Rio Araguaia, des Rio São Francisco und des Rio Paraná mit Rio Uruguai.

Das Amazonasbecken ist das grösste der Welt mit 7.050.000 km². Von dieser Fläche befinden sich 55,5% (3.904.393 km²) in Brasilien und sie erstreckt sich über 7 Bundesstaaten: ganz Acre, Amazonas, Rondônia und Roraima; 76,2% von Pará, 67,8% von Mato Grosso und

Das hydrografische Gebiet des Amazonas erstreckt sich ausser auf Brasilien auch auf Columbien (16,14%), Bolivien (15,61%), Equador (2,31%), Guiana (1,35%), Peru (0,6%) und Venezuela (0,11%). Die wichtigsten Zuflüsse des Amazonasstroms in Brasilien sind: Javari, Purus, Madeira, Tapajós und Xingu am rechten Ufer und Içá, Japurá, Negro, Trombetas, Paru und Jari am linken Ufer. Allein die Zuflüsse des Rio Madeira nehmen 20,1% der Gesamtfläche des Amazonasbeckens ein. Die des Rio Tocantins mit 11% und des Rio Negro mit 10,1% sind die beiden anderen grössten Becken, die das Amazonasgebiet bilden. Zum Vergleich hat das Becken des Rio Negro allein mehr Süsswasser als alle hydrografischen Becken Europas vereint. Die restlichen Becken des Amazonasgebietes nehmen einzeln weniger als 10% der Gesamtfläche ein.

Rio Negro,
São Gabriel
da Cachoeira

31,3% von Amapá. Sein Quellgebiet wird bestimmt durch die Wasserscheiden der Hochebene Zentralbrasiliens, der Guianas und der Andenkordillere. Der Amazonasstrom, der wichtigste des Gebietes, hat auch die grösste Wassermenge (209.000 m²/s, was bedeutet, dass er alle 30 Sekunden einen Liter Wasser für jeden Bewohner des Planeten ins Meer giesst) und die grösste Länge der Welt mit 7.025 km von seiner Quelle im Süden Perus bei dem Vulkan Misti bis zu seiner Mündung im Atlantik an der Grenze der Bundsstaaten Pará und Amapá. Die Wasserhöhe des Amazonasstroms ändert sich im Laufe des Jahres. Der Unterschied zwischen der Hochwasserperiode (Mai und Juni) und der Trockenheitsperiode (Oktober und November) kann an einigen Stellen bis zu 29 m betragen, was etwa der Höhe eines achtstöckigen Hochhauses entspricht.

Dieser Unterschied der Wasserhöhe ist am grössten im mittleren Teil des Flusses und vermindert sich allmählich am unteren Amazonas, wo es weite überschwemmbare Ebenen gibt und die Abflussmöglichkeiten grösser sind. So ereichen die Unterschiede der Wasserhöhe zum Beispiel am Zufluss des Juruá bis zu 20 m

während des Jahres; in Manaus, am Zufluss des Rio Negro liegt das Mittel bei 10 m; in Santarém, am Zufluss des Rio Tapajós bei 6 bis 7 m und am Zufluss des Rio Xingu, erreicht der Unterschied bei Hochwasser ungefähr 4 m.

Die amazonische Ebene wird durch das, was die örtlichen Einwohner mit „Festland" bezeichnen, gebildet, ein niedriges Plateau, in dem die Flussbetten und Niederungen ausgehöhlt wurden. Letztere sind das Ergebnis der Ansammlung von Tonerde und Sand und werden mit einiger Regelmässigkeit bei Hochwasser der Flüsse überschwemmt. Diese Ebene wird im Norden durch die Hochebene der Guianas und im Süden durch die brasilianische Hochebene begrenzt. In nördlicher Richtung kommen zuerst sanfte Hügel und später folgen die bergigen Höhenzüge in der Nähe der venezuelanischen Grenze. In dieser Hochebene, genauer gesagt im Gebirge des Imeri, befinden sich die höchsten Berge Brasiliens, wie der Pico da Neblina (3.014 m), höchste Erhebung Brasiliens und der Pico 31 de Março (2.992 m).

> Die niedrigen Ländereien des Amazonasbeckens erstrecken sich über etwa die Hälfte des Gebietes. In Amazonien gibt es 3 verschiedene geomorfologische Einheiten: Die amazonische Ebene, die Hochebene der Guianas und die brasilianische Hochebene.

An der Südseite der amazonischen Ebene befindet sich die brasilianische Hochebene deren hügelige Oberfläche schon sehr durch die Erosion zerklüftet ist.

Die Vegetation, ändert sich auf Grund der Örtlichkeit, wo sie sich entwickelt. Das meist vertretene Ökosystem ist das des „Festland-waldes" (ombrophyler, dichter Festlandwald), der eine sehr hohe Mannigfaltigkeit und grossen Reichtum aufweist, mit hunderten von Pflanzenarten pro Hektar. Dort erreichen die Bäume bis zu 60 m Höhe und die Verfilzung ihrer Kronen bewirkt in einigen Regionen des Urwalds die völlige Undurchläs-sigkeit des Lichts, wodurch sein Inneres sehr feucht, dunkel und ungelüftet wird. Entlang der Flüsse mit dunkleren Gewässern, spriesst der Igapó-Wald, fast ständig überschwemmt – während 5 bis 7 Monaten im Jahr – und gebildet aus niedrigen Bäumen, Schligpflanzen und Gebüsch, mit etwa 60 bis 80 Arten pro Hektar. Sein Wahrzeichen ist die Victoria regia. Nach dem Festlandwald ist es die zweitgrösste im Aussterben begriffene Umwelt. Der überschwemmbare Wald der Niederungen – oder „Niederungs-wald" – wird, wie sein Name sagt, während der Hochwasserperioden überschwemmt mit klaren oder

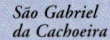

São Gabriel da Cachoeira

Die Flüsse mit schlammigem Wasser sind die freigibigsten in Bezug auf das Urwaldleben, denn sie bringen aus den Andenkordilleren und anderen Gegenden, durch die sie fliessen, Sedimente mit. Bei den Überschwemmungen lagern diese Flüsse auf dem Boden die aufgelösten Lehmsedimente ab, die sie während ihrer Reise aufgesammelt haben und düngen somit viele Kilometer Land im Umkreis ihrer Ufer. Ihre an Calzium, Kalium, Natrium, Magnesium und anderen Metallen reichen Gewässer, werden von der Uferbevölkerung als „weisses Wasser" bezeichnet und die Flüsse mit dieser Eigenschaft sind auch die fischreichsten.

Rio Negro

schlammigen Gewässern und wächst auf Lehmböden. Seine Vegetation enthält viele Kautschukbäume, Jatobás und Palmenarten.

Ausser der Mannigfaltigkeit der Wälder, gibt es im Amazonasbecken auch eine grosse Vielfalt an Flüssen. Einige Beispiele: die Flüsse Negro, Nhamundá und Maués haben dunkles Wasser, wie schwarzer Tee; Die Flüsse Solimões, Madeira, Branco, Juruá, Purus und Amazonas haben schlammig-gelbes Wasser und die Flüsse Tapajós und Xingu klares, durchsichtiges Wasser, das nach den ersten Regenfällen eine grünliche Färbung bekommt, wegen der grossen Anzahl von Moosteilchen, die es mit sich führt. Anders der Rio Negro, der keine gelösten Elemente aufweist. Wegen der mangelnden Mikrofauna fehlen Lebensmittel für die Fische, von denen es nur wenig gibt. Dieser Fluss weist nicht die Minerale aus den Anden auf, wie der Solimões-Amazonas, weil sein Quellgebiet sich in Kristall-formationen befindet, die arm an Kationen sind. Genau deshalb sind seine Gewässer sauer und fast unfruchtbar. Die Mannigfaltigkeit der Wälder und Flüsse des Amazonasbeckens ergibt sich aus ihrer gegenseitigen Beeinflussung. Die Wälder sind so, wie sie sind, wegen der Flüsse, von denen sie durchströmt werden und diese schulden in gewisser Weise ebenfalls ihre Eigenschaften den Wäldern, die sie umgeben. Obwohl die amazonischen Böden arm in ihrer Zusammensetzung sind, gibt es in den Niederungen, die während der Hochwasserperioden das von den Flüssen mitgebrachte organische Material und Mineralien empfangen, grössere Fruchtbarkeit, als in den übrigen Gebieten des Waldes. In den Trockenheitsperioden werden sie von der Uferbevölkerung zur Pflanzung ihrer Gemüsegärten genutzt.

DER GROSSE FLUSS

Die Zahlen über den Amazonasstrom sind beeindruckend. Sein Wasserausstoss zum Beispiel ist fast erschreckend: er giesst in jeder Sekunde etwa 175 Millionen Liter Wasser in den atlantischen Ozean. Jeden Tag gibt er mehr Wasser ab, als die Themse in London im ganzen Jahr. Das bedeutet, dass der Amazonas 20% des gesamten Süsswassers, das von den Flüssen des Planeten in die Ozeane abgeht, in den Atlantik giesst. Obwohl er etwa 4000 m über dem Meeresspiegel entspringt ist der Amazonas vorwiegend ein Fluss der Ebenen und hat wenig Gefälle. Zwischen Manaus und Belém an der Mündung, hat er auf einer Strecke von 1.646 km nur 2cm/km, das gleiche Mittelmass, das von der Stadt Benjamin Constant an der peruanischen Grenze bis zur Mündung auf einer Strecke von mehr als 3.000 km gemessen wird, auf welcher der Amazonas nur 65 m fällt. Auf brasilianischem Territorium wechselt seine Breite zwischen 6 bis 8 km und seine Tiefe liegt zwischen 20 und 200 Metern, jedoch in der Nähe der Mündung im Atlantik liegt sein Bett 500 m unter der Oberfläche.

Am mittleren und unteren Amazonas strömen seine Gewässer mit einer durchschnittlichen Geschwindigkeit von 2,5 km/h, welche auf der Höhe von Óbidos in Pará auf 7 bis 8 km/h ansteigen

kann. Dort fliesst der Strom durch seine engste Stelle auf brasilianischem Gebiet, mit ungefähr 2.600 m Breite und mehr als 50 m Tiefe. Mit Ausnahme des Mündungsdeltas, befindet sich die breiteste Stelle des Amazonas auf seinem unteren Teil, am Zufluss des Rio Xingu, wo er eine Entfernung von etwa 13 km von Ufer zu Ufer, ohne Inseln dazwischen, aufweist. In den Abschnitten mit flacheren Gewässern gibt es zahlreiche Inseln, die den Amazonasstrom in verschiedene Arme unterteilen. In der Regenzeit jedoch, wenn die grossen Hochwasser stattfinden, kann der Amazonas an bestimmten Stellen 40 bis 50 km breit, oder noch breiter warden.

Der Amazonas erhält dräniertes Wasser aus zwei verschiedenen Systemen: dem Parima (oder Guianischen), auf der nördlichen Erd-Halbkugel und aus der brasilianischen Hochebene, auf der südlichen Halbkugel. Die Flüsse des ersteren, Zuflüsse des linken Ufers

Parintins

ihnen, der nördliche, ist seine wirkliche Mündung. Der südliche Arm ist örtlich bekannt unter den Namen Rio Pará oder Bucht von Marajó und besteht aus einer unermesslichen Anzahl von natürlichen Kanälen, die sich zwischen den unzähligen Inseln befinden, die das Archipel von Marajó bilden, das grösste Fluss- und-Meer-Archipel der Welt.

Bestehend aus mehr als 2000 Inseln, umfasst dieses Archipel eine Fläche von etwa 50.000 km², grösser als die der Schweiz oder Hollands. Seine grössten Inseln sind Marajó mit 12 Bezirken, Caviana (5.000 km²), Mexiana (1.500 km²) und die Ilha Grande de Gurupá. Die Insel Marajó wurde nach Meinung der Sachverständigen durch die Anhäufung von Sedimenten, die der Amazonasstrom in den Atlantik ergiesst, gebildet. Das Volumen an Erde und Sedimenten ist so gross, dass Satelitenbilder anzeigen, dass die Küsten von französisch Guiana und vom Bundesstaat Amapá jedes Jahr in einer noch nicht gemessenen Proportion anwachsen.

des Amazonas, sind kürzer und haben Wasserfälle; die Flüsse des rechten Ufers sind länger – Juruá, Purus und Madeira zum Beispiel, sind über 3.000 km lang – und leichter mit Schiffen zu befahren. Sowohl das eine wie das andere System sind der Wirkung der Sommerregen ausgesetzt, jedoch zu wechselweisen Zeiten. So gibt es eine gewisse Ausgewogenheit in der Region und das Hauptsammel-Becken wird weniger belastet, obwohl die Zuflüsse des rechten Ufers – Flüsse, die aus dem Süden kommen – bei der Bestimmung der Folge und der Wasserhöhe der Hochwasser des Amazonas ausschlaggebend sind. Die Zuflüsse, haben einen noch geringeren Einfluss auf die Hochwasser, da ihre Gewässer hauptsächlich durch die Schneeschmelze in den Anden gespeist werden.

An seiner Mündung teilt der Amazonasstrom sich in 2 grosse Arme. Der breitere von

Wasserfall Pedra Furada

Anavilhanas

Im östlichen Teil der Insel Marajó gibt es vorwiegend offenes Flachland, während im westlichen Teil ein reicher Urwald spriesst, mit Edelhölzern und Palmen. Es gibt auch weit ausgedehnte, von Flüssen, Seen und Tümpeln überschwemmte, Niederungen, wo etwa 1.500 Fischarten leben. Einige von ihnen sind die grössten Amazoniens, wie der Pirarucu – mit bis zu 2,5 Metern Länge und 80 Kilo – ausser dem Tucunaré, Tambaqui, Curimatã und anderen.

POROROCA

Eine der erschreckendsten Erscheinungen Amazoniens ist die sogenannte Pororoca, das Ergebnis des Zusammentreffens der Gewässer des Atlantik mit denen der Flüsse, die im Amazonasdelta münden. Der Ausdruck Pororoca kommt aus der Sprache der Tupi-Guarani-Indianer und bedeutet „donnernd", genau das Geräusch, welche die Gewässer machen, wenn sie, entgegen aller Naturgesetze, die Flussläufe in grossen Wellen hinauflaufen, in Richtung der Quelle, wobei sie die Ufer-böschungen unterhöhlen, Bäume ausreissen und alles, was sich in ihrem Weg befindet, zerstören.

Die Pororoca kommt auch in anderen Kontinenten vor, aber nirgendwo ist sie so stark wie an der Küste von Amapá und Pará. Die Erklärung dafür ist, dass hier einige bestimmende Faktoren zusammen-treffen, wie das Vorkommen einer der höchsten Fluten des Landes und die Häufung der Alysischen Winde, die von Osten, gegen die Strömung des Amazonas blasen. Dazu kommt noch der Mondwechsel und so haben wir alle Bedingungen, damit ungeheure ozeanische Wassermassen den Durchfluss der Gewässer des Amazonas abblocken und ihre Richtung umkehren. Dadurch bilden sich dann ungeheure Wellen mit mehr als 3 Metern Höhe, die den Fluss hinauf laufen mit einer Geschwindigkeit von 20 bis 30 km/Std.

Minuten bevor die Pororoca kommt, wird es ganz still und alles schweigt – Vögel, Getier, Wind. Die erfahrenen Einwohner versuchen sich und ihre Boote in Sicherheit zu bringen. Das ohrenbetäubende Geräusch der Pororoca kann bis zu 2 Std. vor ihrem Durchmarsch gehört werden und ihr Einfluss auf die Höhe der Gewässer des Amazonas kann noch mehr als 1.000 km von von der Mündung bemerkt werden.

Flüsse Rio Negro und Solimões

Das Zusammentreffens der Gewässer des Rio Solimões mit denen des Rio Negro passiert etwa 10 km von der Stadt Manaus entfernt. Während der Solimões schlammiges Wasser mit Nährstoffen aufweist, zeichnet sich der Rio Negro durch dunkles und saures Wasser aus. Wenn die Gewässer der beiden Flüsse aufeinander treffen, vermischen sie sich nicht, sondern strömen Seite an Seite auf einer Strecke von etwa 6 km Länge. Dies passiert, weil jeder der beiden Flüsse bestimmte besondere Eigenheiten hat: während der Solimões mit 4 – 6 km/Std. fliesst, je nach der Jahreszeit, und seine Wasser-Temperatur ungefähr 28°C beträgt, fliesst der Rio Negro mit nur 2 km/Std. und die Temperatur seines Wassers beträgt 22°C. Ein weiteres „Wassertreffen" gibt es in Pará. Dort treffen sich die schlammigen Gewässer des Amazonas-Stroms mit den blau-grünen Gewässern des Tapajós und sie vermischen sich ebenfalls nicht auf einer Strecke von mehreren Kilometern.

Uferbau

Tucumã Frucht

Wenn man sich über einen Teller mit einem amazonisches Gericht beugt, befindet man sich fast wie vor einer Ikone. Nicht allein die plastisch atraktive Komposition von leuchtenden Farben, nicht nur die untadeligen Gerüche und der auffallende und angenehme Geschmack, erzählen uns die Gerichte der amazonischen Kochkunst von der Indianerkultur, die seit Jahrtausenden in jenen Wäldern erblüht. Luís da Câmara

Pfeffer

Cascudo bemerkt, dass Nereu do Vale Pereira in *Mandioca e Tradição* (Maniok und Tradition) schreibt: „Als die Portugiesen nach Brasilien kamen, trafen sie auf die Indianer, die in ihrer täglichen Ernährung mit grosser Häufigkeit die Maniokwurzel benutzten: aus ihr bereiteten sie eine Art Keks, oder ein grobes Mehl, das allgemein bei der Zubereitung der Speisen Anwendung fand. Aus der Gärung der Maniokmasse wurde der Tiquira, eine Art Schnaps, hergestellt. Viele typische Gerichte der Region haben die Maniok-wurzel zur Grundlage".

Fische, die es im ganzen Amazonasgebiet in ungeheuren Mengen gibt, sind eine weitere grundlegende Zutat der lokalen Kochkunst. Die Vielfalt ist beeindruckend. Laut dem Biologen

Fischsuppe

Sorva-Frucht

Pirarucu de casaca

begleitet vom weissen
Reis, Tucupisauce,
verschiedenen
Pfefferschoten und
Gewürzkräutern.
Solch eine anregende
Mahlzeit wäre nicht
vollständig, würde sie
nicht von regionalen
Fruchtsäften begleitet;
Cupuaçu, Açaí,
Tucum, Buriti und

Rodolfo M. Pereira, Umwelt-
Forscher des Brasilianischen
Instituts für Ersetzbare Natur-
Produkte, Ibama, „befindet sich
in diesem riesigen Komplex von
Flussbecken der grösste Teil der
Süsswasserfischarten Südamerikas,
wodurch das Gebiet als das
reichhaltigste der Welt in Bezug
auf die Ictiofauna gilt, mit etwa
60 Familien, einigen hundert
Gattungen und ungefähr
5.000 Arten". Tucunarés,
Pirarucus, Matrinxãs,
Pacus und eine
Unzahl anderer
Fische werden
täglich verzehrt:
gebraten, mit
Sauce, als Fisch-
suppe, als Moqueca (mit
Kokosmilch und Palmenöl
gekocht), gefüllt... und immer

vielen anderen, sowie Nachtischen,
Speiseeis, Süssigkeiten, Gelés,
Kompott usw., alles mit den
gleichen köstlichen Früchten als
Grundlage. Im Folgenden einige
Rezepte der schmackhaften
Kochkunst die uns von der
chef Débora Cordeiro geschickt
wurden (www.pratofeito.com.br).

Maracujá-
do-mato

43

Tucunaré

Fischsuppeaus

Gourmet: *Débora Cordeiro*

⬡ ZUTATEN

- 4 mittelgrosse Tucunaréfische, in Stücke geschnitten
- Saft aus 2 Zitronen
- 1/2 Esslöffel Salz
- gemahlener Pfeffer je nach Geschmack
- 20 Petersiliestengel
- 1/2 kg geschälte, ganze Kartoffeln
- 1/2 kg kleine, ganze Zwiebeln
- 1 kleiner Weisskohlkopf
- 4 ganze Paprikaschoten
- 6 ganze Eier
- 1/2 kg Tomaten
- 10 Korianderzweige

SAUCE
- 4 Esslöffel Olivenöl
- 2 mittelgrosse gehackte Zwiebeln
- 1/2 kg gehackte und entkernteTomaten
- Salz und Pfeffer je nach Geschmack

PIRÃO (MANIOKMEHLBREI)
- 5 Tassen des Kochwassers der Gemüse
- 1 Tasse Maniokmehl
- 1 Esslöffel Olivenöl
- 2 Esslöffel gehackte Zwiebeln
- 1 Esslöffel gehackter Koriander
- Salz je nach Geschmack

ZUBEREITUNG

Legen sie die Tucunaréstücke in einer Schüssel in die Lauge aus Zitronensaft, Salz, Pfeffer und Petersilie. In einem Topf mit Wasser kochen Sie die Kartoffeln, die Zwiebeln, den Kohl, die Paprikaschoten, die Eier und die Tomaten. Nehmen Sie sie heraus, wenn sie weich werden. Nachdem alles gekocht wurde, legen Sie die Fischstücke zum Kochen zusammen mit den KorianderZweigen in das Gemüsewasser. Zum Servieren nehmen sie die Fischportionen heraus, legen Sie sie auf eine Servierplatte und den Kohlkopf, die Eier u. die anderen Gemüse.

SAUCE

In einem Topf braten Sie die Zwiebeln in Öl, bis sie weich sind, geben Sie die Tomaten dazu, bedecken Sie den Topf und kochen Sie bei kleinem Feuer. Würzen Sie mit Salz und Pfeffer. Giessen Sie die Sauce über die Fischportionen.

PIRÃO

Lösen Sie das Maniokmehl im Gemüsewasser auf, geben sie diese Sauce einer Schwitze aus Olivenöl, Zwiebeln, Koriander und Salz zu. Kochen Sie den Brei bei ständigem Rühren, bis der Pirão cremig wird.

ERGIEBIGKEIT: 8 portionen

ZUBEREITUNGSZEIT: 2 stunden

Gourmet: *Débora Cordeiro*

ZUTATEN

- 1 kg gesalzener Pirarucu-Fisch
- 2 Esslöffel Olivenöl
- 1 mittelgrosse gehackte Zwiebel
- 2 geschälteund entkernte, gehackte Tomaten
- gehackte Petersilie von 6 Stengeln
- Murupi-Pfeffer ja nach Geschmack

KREM
- 2 Esslöffel Butter
- 2 mittelgrosse geriebene Zwiebeln
- 5 Esslöffel Weizenmehl
- 1 Liter Milch
- 5 Eigelb
- 1 Prise Salz
- 1/2 Teetasse geriebener Parmesankäse

Pirarucu im Ofen

ZUBEREITUNG

Legen Sie den Fisch über Nacht in Wasser, um das Salz zu entfernen. Fransen Sie ihn aus zu Stückchen. In einem Topf erhitzen Sie das Olivenöl u. braten Sie darin die Tomaten, Petersilie u. Pfefferschoten, zu-sammen mit den Fischstückchen. Kochen Sie bis der Fisch zart-weich ist. In einem anderen Topf, lassen Sie die Butter aus und braten Sie die Zwiebeln, bis sie schrumpfen. Lösen Sie das Mehl in der Milch auf und giessen Sie es unter Rühren in den Topf. Geben Sie allmählich die Eigelbe hinzu u. rühren Sie, bis Sie eine feste Krem erhalten. Stellen Sie das Feuer ab. In eine Hitzebeständige Form geben Sie die Hälfte der Zwiebelkrem, darüber den Fisch u. zuletzt bedecken Sie alles mit dem Kremrest. Bestäuben Sie mit dem Reibekäse u. stellen Sie die Form in den vorgeheizten Ofen (200°C) zum überbacken.

ERGIEBIGKEIT: 8 portionen

ZUBEREITUNGSZEIT:
1 stunden

Bananenkrem

Pacova Krem

ZUTATEN

- 4 gehackte Pacova-Bananen
- 3 Esslöffel Speiseöl
- 2 Esslöffel Butter

KREM
- 1 Dose gezuckerte Kondensmilch
- Die gleiche Menge Wasser
- 4 leicht geschlagene Eigelb
- 1 Esslöffel Butter
- 2 Esslöffel Maisena (Maisstärke) in ein wenig Wasser gelöst

BABA-DE-MOÇA ("MÄDCHENSPUCKE")
- 5 Esslöffel Zucker
- 5 Esslöffel Wasser
- 1/2 Tasse Kokosmilch
- 1 Dose Milchkrem
- 4 Eiweiss
- 2 Esslöffel Zucker

ERGIEBIGKEIT: 12 portionen

ZUBEREITUNGSZEIT: 2 stunden

ZUBEREITUNG

Schälen Sie die Bananen, schneiden Sie sie in schmale Streifen und braten Sie sie im Speiseöl, vermischt mit der Butter. Legen Sie sie auf ein Papierhandtuch. Bereithalten.

KREM

Mischen Sie alle Zutaten in einem Topf und Stellen Sie ihn auf das Feuer. Rühren Sie, bis Sie eine dicke Krem erhalten.

BABA-DE-MOÇA

Mischen Sie in einem Topf den Zucker mit Wasser. Stellen sie den Topf auf das Feuer u. rühren Sie, bis der Zucker aufgelöst ist. Wenn der Sirup dickflüssig geworden ist geben Sie die Kokosmilch bei, mischen Sie gut und kochen Sie weiter, bis alles eingedickt ist. Stellen Sie das Feuer ab u. lassen Sie den Topf abkühlen. Geben Sie die Milchkrem zu der erkalteten Baba-de-moça u. rühren Sie, bis alles vermischt ist. Schlagen Sie das Eiweiss zu Schnee und geben Sie den Zucker dazu. Geben sie der Baba-de-moça den Eierschnee zu u. rühren Sie bis eine Krem entsteht. Auf eine Servierplatte legen Sie eine Schicht Krem, danach die ge-bratenen Bananen u. darüber die Baba-de-moça. Stellen Sie die Nachspeise ins Kühlfach.

Gourmet: *Débora Cordeiro*

Macaxeira-Kuchen

Gourmet: *Débora Cordeiro*

ZUBEREITUNG

Sieben Sie das Mehl mit dem
Backpulver, dem Salz und dem
Zucker zusammen. Schlagen Sie
die Butter mit dem Zucker, geben
Sie die Eier dazu u. schlagen Sie
weiter. Geben Sie den Macaxei-
rabrei dazu u. die trockenen
Zutaten, die geriebene
Kokosnuss, die Kokosmilch u.
den Käse. Schlagen Sie bis alles
gut vermischt ist. Geben Sie die
Masse in eine eingeriebene,
rechteckige Kuchenform mit 26
x 40 cm und stellen Sie sie in
den vorgeheizten Backofen
(200°C), etwa 1 Std., oder bis
der Kuchen goldgelb ist.

ERGIEBIGKEIT: 32 portionen

ZUBEREITUNGSZEIT:
1 $^1/_2$ stunden

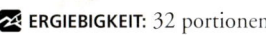

Guaraná-Kuchen

Gourmet: Débora Cordeiro

ERGIEBIGKEIT: 24 portionen

ZUBEREITUNGSZEIT: 2 stunden

ZUBEREITUNG

Erhitzen Sie den Backofen auf 180°C. Reiben Sie eine Form mit 27 cm Durchmesser und Mittlloch mit Butter ein. Im Rührgerät schlagen Sie die Butter mit dem Zucker u. den Eigelben bis Sie eine gleichmässige Krem erhalten. In einer anderen Schüssel, sieben Sie das Weizenmehl u. das Back-Pulver zusammen. In einer klei-nen Schüssel lösen Sie den Guaraná-Sirup im Wasser. Geben Sie das Weizenmehl zu der Krem dazu, wobei Sie mit dem Guaraná-Sirup abwechseln und immer weiter schlagen, bis alles gleichmässig vermischt ist. Schla-gen Sie das Eiweiss, bis es steif wird. Mischen Sie es unter die Masse. Geben sie alles in die vorbereitete Kuchenform u. stellen Sie sie etwa 1 1/2 Std. in den Backofen. Lassen Sie den Kuchen abkühlen, um ihn aus der Form zu holen.

DIE TIERWELT

SÄUGETIERE

Die lange Zeit geographischer Isolierung Amazoniens hatte die Entwicklung einer faszinierenden Vielzahl von Tieren zur Folge. Seit 25 Millionen Jahren, als die Landenge von Panama sich bildete, erfolgte ein ungewöhnliches Treffen der Tierwelt Nordamerikas mit der Südamerikas. Als Folge stammt heute die Hälfte der auf dem südamerikanischen Kontinent anzutreffenden Säugetiere aus Nordamerika. Es gibt sowohl Vögel, die wegen ihres bunten Gefieders und wegen ihres Gesangs relativ leicht aufzufinden sind, als auch Säugetiere, die diskretere Farben aufweisen, schweigsam sind und oftmals typisch nächtliche Gewohnheiten haben. Im Amazonasgebiet können grundsätzlich drei Arten von Tieren angetroffen werden, je nach ihrem Ursprung. Die erste Sorte sind die sogenannten endemischen Tiere, das heisst, solche, die es nur in einer bestimmten geographischen Region gibt. Die zweite Art sind jene, die, obgleich in anderen Regionen des Planeten anwesend, sich in ihren Eigenschaften unterscheiden, wie zum Beispiel die Affen. Die dritte Art sind diejenigen, die sich nur teilweise von den entsprechenden Exemplaren ihrer Art auf anderen Kontinenten unterscheiden, wie zum Beispiel die Raubkatzen. In Amazonien werden täglich neue Entdeckungen in der Biovielfalt der Fauna gemacht. Dank der aktuellen Regierungspolitik, die auf nachhaltige Entwicklung ausgerichtet ist, sind 98% des Waldes erhalten. Viele Spezies sind bereits katalogisiert, andere noch zu katalogisieren.

Anta

UACARIS (AFFENART)

Es gibt nur zwei Arten von Uacari-Affen, beide nur in Westamazonien lebend: Den rotgesichtigen (*Cacajao calvus*) und den schwarzgesichtigen Uacarí (*Cacajao melanocephalus*). Der rotgesichtige lebt in Überschwemmungsgebieten mit schlammigem Wasser, aus den Anden, während der schwarzgesichtige in den Wäldern mit dunklen Gewässern lebt. Die geheimnisvollsten Affen Amazoniens, die rotgesichtigen, bewohnen schwer zugängliche, überschwemmte Wälder, aber, obgleich sie seit mehr als 150 Jahren von Zoologen und Naturforschern erwähnt werden, wurden sie sehr wenig beobachtet. Vielleicht sind es die einzigen Affen, die sich in überschwemmte Gebiete zurückziehen. Das Gesicht ist rot und unbehaart und hebt sich vom behaarten Körper ab, dessen Färbung je nach Wohngegend zwischen weiss und rot wechselt. Der Zweck der Glatze ist noch ungeklärt und man weiss auch nicht, ob das Gebiet, auf das sie beschränkt sind, ein Refugium der Art ist, oder ob die weisse Rasse (*Cacajao calvus calvus*) erst kürzlich entstanden ist und sich noch nicht in andere Gegenden verbreitet hat.. Sie springen 20 bis 30 Meter weit, aber im Gegnsatz zu anderen amazonischen, springenden Primaten, haben sie keinen Greifschwanz, sondern

Faultier

Die Säugetiere in Amazonien

ARIRANHA

(*Pteronura brasiliensis*) – Ein naher Verwandter des Fischotters, jedoch grösser, kann die Ariranha bis 2,20 m Länge erreichen und es ist ihre Grösse, zusammen mit ihrem starken Gebiss, die ihr Mut geben, selbst vor grösseren Tieren nicht zurückzuweichen. Mit Herdengewohnheiten, leben diese Tiere entlang der Flussufer und ernähren sich hauptsächlich von Fisch. Bewohnerin von feuchten Gebieten, wie Flüssen, Sümpfen und besonders den „schwarzen" Gewässern des Amazonischen Beckens, wird die Ariranha in der zentral-östlichen Region des Amazonas angetroffen. Die Tierart steht unter Naturschutz in Brasilien, Peru, Equador und in Kolumbien.

BICHO PREGUIÇA
FAULTIER

(*Bradypus variegatus*) – Da es im hochgelegenen Teil der Wälder lebt, ist es meistens schwer auszumachen, aber die schwarze Schnauze, der kleine, runde Kopf und der lächelnde Mund sind ohne Zweifel seine Hauptmerkmale. Die Männchen haben ein orangefarbenes Fell-Schild mit schwarzen Flecken zwischen den Schultern. Im Amazonas-Gebiet und im westlichen Zentralbrasilien anwesend, ernährt sich das Faultier von den Blättern verschiedener Baumarten.

BOTO-COR-DE-ROSA
FLUSSDELPHIN

(*Inia geoffrensis*) – Die Flussdelphine, die nur in Südamerika und Afrika anzutreffen sind, entwickelten sich aus ihren weit verbreiteten Meeresvorfahren. Der Delphin der amazonischen Flüsse wird bis zu 2,5 m lang, erreicht ein Gewicht von 150 Kilo. Eines seiner Merkmale sind die modifizierten Haare auf der Oberseite des Schnabels. Die Färbung kann je nach Alter, Aktivität und Lebensraum sehr unterschiedlich sein. Er ernährt sich von Fischen, kann aber auch Weichtiere und Schalentiere verzehren. In Südamerika kommen Flussdelphine in den Becken des Orenoco und des Amazonasstromes vor.

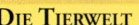

Uacari

einen kurzen Stummel, den sie als Abstützung benutzen Die Uacarís leben in Gruppen von 50 bis 80 Individuen und teilen ihren Alltag in drei Grundaktivitäten: Bewegung, Ernährung und Schlaf. Sie ernähren sich von Früchten, die von anderen Affen wegen ihrer harten Schalen abgelehnt werden. Während der Trockenperiode, wenn es weniger Früchte gibt, fressen sie Insekten, Triebe und Nektar. Sie leben auf den Bäumen und steigen nur selten auf den Boden hinab. Am Ende des Tages richtet sich die ganze Gruppe in den höchsten Baumzweigen ohne Blätterwerk ein, um sich vor Feinden zu schützen. Sie leben in Frieden mit mehreren anderen Affenarten und ihre Ähnlichkeit mit den Menschen schützt sie vor Jägern. Das Risiko, dass diese wehrloseste Primatenart Amazoniens ausstirbt kommt von der Umweltzerstörung. Die Schaffung des Reservats von Mamirauá, im Jahre 1990, ist der wichtigste Ort zur Erhaltung und zu ihrem Schutz.

DIE SÄUGETIERE

*Sauim-de-coleira
(Meerkatze)*

Bevor Gondwana sich teilte und die verschiedenen Kontinente bildete (Südamerika, Südafrika, Indien, Australien und die Antarktis) erschienen Säugetiere in Südamerika, wie die Beuteltiere, die Zahnlosen, wie die Faultiere, Ameisenbären und Gürteltiere und einige Urzeitliche Tierarten, mit Hufen an den Füssen, Huftiere genannt.Von dieser Zeit an wurde die Mehrzahl der Beuteltiere durch Plazenta-Säugetiere ersetzt, und ein Grossteil unserer Huftiere starben in neueren geologischen Perioden aus.

Die Säugetiere in Amazonien

Macaco-de-cheiro

CACHORRO-VINAGRE

ESSIGHUND
(*Speothus venaticus*) – Mit 30 cm Höhe und einem mittleren Gewicht von 7 Kilo, hat dieses Säugetier eine Bindehaut zwischen den Zehen, die aus ihm einen gewandtenTaucher und Schwimmer machen. Es ernährt sich von Nagetieren, Schalentieren, Cotias und Wildschwein-Arten. Da letztere Tierart, seine bevorzugte Beute, im Aussterben begriffen ist, sieht dieser „Waldhund" sich gezwungen seine Ernährungsweise zu ändern. Nach einem Jahr erreicht es die Geschlechtsreife und die

Weibchen, die eine Tragezeit von 67 Tagen aufweisen, werden während der Säugezeit von den Männchen ernährt. Sie leben meist 10 Jahre und bewohnen Wälder und Savannen, immer in der Nähe des Wassers. Von der IUCN (1976) als seltene Tierart klassifiziert, wird sie durch Waldbrände, Waldschlag und die menschliche Bewohnung ihres Lebensraums vom Aussterben bedroht.

GATO-MARACAJÁ

MARACAJÁ-KATZE
(*Felis wiedii*) – Diese kleine Raubkatze mit dunkelgelber Behaarung auf dem Oberkörper und den äusseren Teilen der Glieder, wiegt zwischen 3 und 5 Kilo und ist dem Ozelot sehr ähnlich. Sie kann leicht mit der Wildkatze verwechselt werden. Das erwachsene Tier hat eine Grösse von 90 bis 130 cm und auf seiner Bauchseite ist das Fell weiss mit einigen kreisrunden, schwarzen Flecken. Diese Tierart ist vom Aussterben bedroht.

MACACO-COATÁ

COATÁ-AFFE
(*Ateles belzebuth*) – Auch als Spinnaffe bekannt, wiegen die erwachsenen Tiere dieser Art bis zu 7 Kilo und erreichen eine Körperlänge von 65 cm und eine Schwanzlänge von 90 cm. Das Fell ist dünn und die Farbe wechselt von schwarz bis braun; die Arme sind länger als die Beine und die Pfoten haben einen grossen Daumen, der bei ihren präzisen Kletter-manövern als Haken dient, wenn sie von Ast

zu Ast springen.
Ihr Schwanz hat eine
aussergewöhnliche
Geschicklichkeit und
wird ebenfalls wie ein
zusätzlicher Greifarm
verwendet. Neunzig
Prozent von allem, was
er frisst, sind Früchte
und Samenkörner; der
Rest besteht aus zarten
Trieben und Blüten.
Im Urwald machen sie
gewagte Sprünge von
über 10 m Weite und
manchmal lassen sie sich
aus Höhen von 6 bis 7 m
auf darunterliegende
Äste fallen, mit grossem
Mut und beneidens-
wertem Gleichgewichts-
sinn. Es gibt 4 Arten und
16 Unterarten, die nur
in den Urwäldern
des nordöstlichen
Amazonasgebietes
vorkommen.

ONÇA-PINTADA
LEOPARD
(*Panthera onca*) – Das
grösste fleischfressende
Säugetier Brasiliens
benögt mindestens
2 Kilo Nahrungsmittel
pro Tag und wiegt als
erwachsenes Tier
zwischen 36 bis 158 kg.
Es ernährt sich von
Vögeln und Säugetieren.
Dieses Nachtsäugetier
beansprucht ein Gebiet
von 25 bis 80 km" pro
Individuum. Es erreicht
das Erwachsenenalter im
3. bis 4. Lebensjahr und
kann bis zu 20 Jahre
leben. Der Leopard, der
in Urwäldern und auf
Savannen lebt ist vom
Aussterben bedroht.
Obgleich er gefürchtet
wird, flieht er vor den
Menschen.

PEIXE-BOI-DA-
AMAZÔNIA
AMAZONISCHER
OCHSENFISCH
(*Trichechus inunguis*) –

Das grösste Tier
Amazoniens, existiert
dieses Wassersäugetier
schon seit etwa 60
Millionen Jahren. Es hat
einen robusten Körper,
wiegt 350 bis 500 Kilo
im Mittel und wird 2 bis
3 m lang. Sein Schwanz
ist breit und abgeflacht
und horizontal angelegt.
Seine Zähne beschränken
sich auf Backenzähne,
die sich ständig
regenerieren. Als
nicht wiederkäuender
Vegetarier bestehen seine
Mahlzeiten vornehmlich
aus Algen, Seerosen, und
anderen Pflanzen. Seit
1990 schützt das Centro
Nacional de Conservação
e Manejo de Sirênios
dieses vom Aussterben
bedrohte Tier in Brasilien,
wobei sein Hauptfeind
der Mensch ist. Das
Weibchen paart sich mit
mehreren Männchen und
gebiert alle zwei Jahre
ein einziges Junges. Der
Peixe-boi lebt ungefähr
50 Jahre und wird in
unserem Land in den
Flussbecken des
Amazonas und des
Orinoco angetroffen.

SAGUI-DE-DUAS-
CORES ODER SAUIM-
DE-COLEIRA
MEERKATZE
(*Saguinus bicolor*) – Von
den 35 bekannten Arten
sind 25 brasilianisch und
bewohnen die Urwälder
Mittel- und Südamerikas.
Wendig, inteligent und
sehr begehrt als Haustier,
benutzen diese Tiere ihre
Krallen um an Baum-
stämmen und rauhen
Oberflächen hinauf zu
klettern. Der Rücken ist
schwarz und die Innen-
seite der Beine goldgelb.
Er wohnt in hohlen
Baum-Stämmen,
wechselt nicht seinen
Geschlechtspartner, hat

eine Sozialorgenisation
u. lebt im Mittel 10 Jahre
in der Natur oder 18 Jahre
in Gefangenschaft. Die
Nahrung dieser merk-
würdigen Tiere besteht
aus Reptilien, kleinen
Säuge-Tieren, Vögeln,
einigen Pflanzen und
Früchten u.a.

VEADO-MATEIRO
WALDHIRSCH
(*Mazama americana*) –
Dieser Hirsch hat ein
rostbraunes Fell, etwas
heller auf dem Bauch,
weisslich an der Kehle
und fast schwarz um
Schnauze und Lippen.
Das Männchen hat
einfache und zierliche
Hörner, mit bis zu
12 cm Länge, die im
Juni abfallen und im
August und September
nachwachsen. Er lebt in
den grossen Wäldern
und an den Flussufern.

VÖGEL

Mit mindestens 1000 katalogisierten Vogelarten ist Amazonien ohne Zweifel das vogelreichste Gebiet der Welt. Vielleicht erklärt sich dieser Reichtum durch das Gleichgewicht im tropischen Urwald, zwischen den Tieren unter sich, aber auch zwischen diesen und ihrer Umwelt, wodurch eine grosse Vielzahl von Tierarten auf dem gleichen Gebiet nebeneinander existieren können. Ein weiterer Faktor war unbestreitbar der Regenwald, mehr als das Wasser. Viele amazonische Vogelfamilien entwickelten sich, als Südamerika zu einer Insel wurde, aber unter allen Vogelarten ist die einzige, die der Entwicklung des amazonischen Fluss-Systems angegliedert ist, die Cigana – Zigeunerin (*Opisthocomus hoazin*). Beschränkt auf die überschwemmten Wälder und Mangrovensümpfe des Amazonasgebietes, des Orinoco und der Guianas, werden die Ciganas so gross wie Hühner und haben einen rundlichen Kopf, mit leuchtend blauen Federn und einem fächerförmigen Kamm. Sehr gut an die Ernährung mit Blättern angepasst, haben diese Vögel einen Doppelkropf, in dem sie die Nahrung vor der Verdauung aufbewahren. Während der Überschwemmungszeit brüten sie 2 bis 3 Eier während etwa 3 bis 4 Wochen aus. Ihre Eier sehr verletzlich und werden leicht von Affen und anderen Vögeln geraubt.

Cigana

Maguari

Vögel in Amazonien

ARARAJUBA

(*Guaruba guarouba*) – zeichnet sich durch sein buntes Gefieder aus, in den Farben der NationalFahne, grün und gelb. Deshalb gilt er für viele als der brasilianischste Vogel des Landes. Die Vögel sind sehr gesellig, selbst in der Paarungszeit, und leben in den Wäldern. Die geographische Verteilung dieser Psitaciden (Verwandte der Aras, Papagaien und Sittiche) beschränkt sich auf Pará, West-Maranhão, einen Teil des AmazonasGebietes und Rondonias.

ARARA-AZUL-GRANDE
GROSSER BLAUER ARARA

(*Anodorhynchus hyacinthinus*) – Mit kobaltblauem Gefieder, das von weitem schwarz erscheint, einem gelben Ring um die Augen und einem gelben Streifen unter dem Kiefer, hat der grösste Psitacid der Welt einen übergrossen Schnabel. Die Haut um die Augen und ein schmaler Streifen unter dem Schnabel sind gelb. Mit einer Länge von 98 cm bis 1,135 m und einem Gewicht von etwa 1,5 Kilo haben diese Vögel einen schwerfälligen Flug,

können aber in engen Kurven fliegen.

Seine Nahrung beinhaltet verschiedene Arten von Kokosnüssen, Samenkörnern, Früchten, Insekten und kleine Wirbeltiere. Im Frühling machen sie Nester in hohlen Baumstämmen, Böschungen oder Buriti-Palmen. Nach dem Ausschlüpfen bleiben die blauen Araras etwa dreieinhalb Monate im Nest und gelten mit sechs Monaten als erwachsen. Das Familienleben dauert bis zu anderthalb Lebensjahre. Die Paarungszeit ist von November bis Januar und die Brutzeit, meistens mit zwei Jungen, dauert 30 Tage. Der grosse blaue Arara lebt gewöhnlich 30 bis 40 Jahre und wird mit 3 Jahren geschlechtsreif. Diese vom Aussterben bedrohte Vogelart lebt dort, wo die Buriti-Palme (*Mauritia sp.*) an den Ufern der Flüsse und auf den Savannen wächst.

PAPAGAIO-VERDADEIRO

ECHTER PAPAGEI
(*amazona aestiva*) ¬ Der wegen seiner Fähigkeit die meschliche Stimme nachzuahmen sehr begehrte Papagei ist grün und hat eine blaue Stirn. Über den Augen und um

sie herum ist er gelb. Es gibt einzelne Fälle bei denen die gelbe Färbung überwiegt und Jungtiere können am ganzen Kopf grün sein. Ihr Schnabel ist schwarz. Diese Vogelart lebt in trockenen oder feuchten Wäldern auf Palmen und an Flussufern.

TUCANO-TOCO

TUKAN
(*Ramphastos toco*) – Mit etwa 56 cm Länge und bis zu 540 Gramm Gewicht, ist dies der grösste Tukan und er weist einen enormen orange gefärbten Schnabel mit einem schwarzen Fleck an der Spitze auf. Sein Gefieder ist schwarz, der Kropf und der Steiss sind weiss und die Afterzone rot gefleckt. Um die Augen mit blauen Lidern fällt die nackte Haut mit ihrer orangenen Färbung auf.

verwendet. Der Tucano-toco ernährt sich hauptsächlich von Früchten, Insekten und Schalentieren. Die Tukane leben in Paaren oder Schwärmen von zwei dutzend Vögeln, die im Formationsflug fliegen. Diese Tierart, die ebenfalls vom Aussterben bedroht ist, nistet meistens in hohlen Bäumen, Löchern in Böschungen oder in Termitenhügeln. Die Vögel legen zwei bis vier Eier, die während einer Zeit von 16 bis 18 Tagen gebrütet werden. Während dieser Zeit ernährt das Männchen das Weibchen.

GALO-DA-SERRA

GEBIRGSHAHN
(*Rupicola rupicola*) – Mit etwa 28 cm Länge ist das Männchen auffällig mit seinem halbkreisförmigen Schopf; das gleichmässig braun gefärbteWeibchen ist so dunkel, dass es von weitem schwarz zu sein scheint. Die Vögel ernähren sich von Früchten und kleinen Reptilien und leben in kleinen Gruppen. In der Paarungszeit versammeln sich die Männchen in Arenas, wo sie tanzen, um die Weibchen anzulocken.

Der gelb-orangene Schnabel wird bis etwa 20 cm lang und wird wie eine Pinzette zur Nahrungsgewinnug

Tukan

REPTILIEN

Von den etwa 6.000 Reptilienarten der Welt wurden 465 in Brasilien identifiziert und von den 550 Reptilienarten, die im amazonischen Becken registriert wurden, sind 62% auf dieses Gebiet beschränkt. Es gibt in der Region 89 Echsenarten in 9 Familien geteilt. Ausser-dem gibt es 14 Arten von Süsswasser-Schildkröten und 2 Arten von Landschildkröten, wobei 5 Arten auf diesen Lebensraum beschränkt sind und eine vom Aussterben bedroht ist. Unter denen der ersteren Gruppe können wir die Amazonas-Schildkröte (Podocnemis expansa) erwähnen, die grösste Süsswasser-Schildkröte Südamerikas, mit bis zu 1 m Länge und 75 Kilo Gewicht. Diese Süsswasser-Schildkröten in den Monaten Oktober und November kommen an bestimmte Strände, wo sie etwa 100 bis 150 Eier in den Sand legen. Während der Überschwemmungs-Periode bewohnen sie die Überschwemmte Gebiete, um sich von Früchten und Palmensamen

zu ernähren. Im Juli bei Niedrigwasser suchen sie ruhige Seen und Lagunen und die Buchten grosser Flüsse auf. Eine Bewohnerin des Amazonas-Stromes und seiner Nebenflüsse, wurde diese Schildkröte in der lokalen Küche fast zu einem Mythos erhoben und darf bei

Grüne Hundskopfboa

SCHLANGEN

SUCURI (*Eunectes murinus*) – Eine der grössten Schlangen der Welt mit 10 bis 12 m Länge, ist sie braun-oliv gefärbt und hat schwarze Flecken. Der Kopf ist mit zahlreichen kleinen Schuppen bedeckt. Sie ernähren sich von Fischen, Wasservögeln und Säugetieren, wie den Wasserschweinen, Tapirjungen, usw. In der Nacht sind sie aktiver, aber sie jagen auch tagsüber. Ihre Gewohnheiten sind an das halbaquatische Leben angepaßt. Sie leben an den Ufern und in flachen Gewässern der amazonischen Flüsse.

SURUCUCU (*crotalo mudo*)
In Südamerika leben diese Schlangen hauptsächlich in tropischen Wäldern; sie ernähren sich hauptsächlich von Nagetieren. Sie können eine Länge von bis zu 4 m erreichen.

COBRA-PAPAGAIO – HUNDSKOPFBOA (*Corallus caninus*) – Lebt im Amazonas Gebiet und ernährt sich von Nagetieren. Sie gehört zu einer Spezies in prächtiger Farbe, die sich leicht mit der Vegetation verwechseln lässt. Das Tier ist ein Baumbewohner und verbringt die meiste Zeit des Tages um einen Baumstamm gewickelt. Aktiv werden sie am Abend.

keinem Fest fehlen. In Amazonien ist die Schildkrötenjagd verboten, doch wegen der großen Nachfrage versorgen verschiedene gesetzlich erlaubte Zuchtstätten den Verbrauchermarkt.

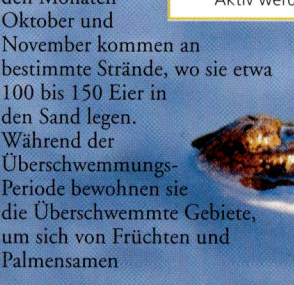

Die Reptilien

Der **TRACAJÁ** (*Podocnemis unifilis*), eine andere Süsswasser-Schildkrötenart, die vom aussterben bedroht ist, legt etwa 20 Eier, die während einer Zeit von 90 bis 220 Tagen gebrütet werden. Von diesen 20 Jungen erreichen im Mittel nur 1 bis 2 das Erwachsenenalter. Ihre Jungen haben gelbe Flecken an der Kopfgegend, die mit der Zeit schwächer werden und schliesslich beim erwachsenen Tier gänzlich verschwinden.

Die **KROKODILTIERE** (*Kaimane und Krokodile*) sind die einzigen heutigen Vertreter einer grossen Gruppe von sehr unterschiedlichen Reptilien, die es früher

Schildkröte

Kaimen

gab, den Arcosauriern, zu denen die berühmten Dinosaurier gehörten, sowie die Vorfahren aller heutigen Vögel. Merkwürdigerweise sind heutzutage die nächsten Verwandten der Krokodilianer die Vögel und nicht die anderen Reptilien. Von den 22 Krokodilianerarten, die auf der Welt existieren, leben 5 in Brasilien, wo die wirklichen Krokodile nicht vorkommen.

Unter ihnen können wir den Açu-Kaiman (*Melanosuchus niger*) nennen, auch als schwarzer Kaiman bekannt, und den Jacaré-tinga (*Caiman crocodylus*) eine kleinere Art als die erstere.

JACARÉ-AÇU

(*Melanosuchus niger*) – Das grösste Raubtier des amerikanischen Kontinents kann bis zu 6 Meter Länge und 300 Kilo Gewicht erreichen. Mit dem Wachstum wird die graue Färbung am Kopf braun und die Linien mit weissen Punkten färben ab. Die Zähne sind bei geschlossenem Maul nicht sichtbar. Diese Tiere sind Fleischfresser und ernähren sich von fast allen anderen Tierarten des Urwalds, einschliesslich der Piranhas. Die Paarung erfolgt im Wasser, aber die Weibchen bauen ihre Nester an den Seeufern. Nach einem Monat Brutzeit brechen die Eier auf, 40 bis 50 pro Jahr. Der Açu-Kaiman lebt meist 80 bis 100 Jahre und bewohnt überschwemmte Wälder und mit Pflanzen überwucherte Seen im Umkreis der Flüsse im gesamten Amazonasbecken. Während der 50er und 60er Jahre sehr viel gejagt, wegen der Nutzung ihres Leders bei der Herstellung von Luxusartikeln, wurde die Bevölkerung dieser Tierart drastisch reduziert und die Jagt wurde verboten. Allerdings zeigen neuere Studien, dass sie sich erstaunlich vermehrt haben.

DIE FLORA

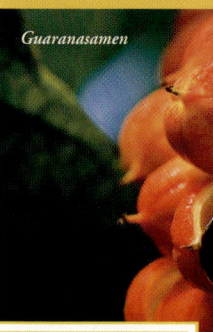

Guaranasamen

Wie das Sprichwort schon sagt: Der erste Eindruck bleibt. Auf das Amazonasgebiet angewendet ist die Flora eine der Hauptverantwortlichen für die Eroberung der Herzen und Köpfe der Reisenden.

Es sind mehr als 55 Tausend Arten, die sich in einer grünen Unendlichkeit mit roten, blauen und andersfarbigen Tupfern miteinander vermischen, die dem Urwald seinen eigenen Farbton verleihen. Es gibt so viel Variationen, dass Amazonien der Hauptgrund dafür ist, dass Brasilien als das Land mit der grössten Vielfalt an Tieren und Pflanzen der Welt gilt. Das Gebiet beherbergt zwischen 10% und 20% der 1,5 Millionen bereits katalogisierten Arten. Einige Bäume werden bis zu 60 m hoch, während einige Baumkronen einen Durchmesser von bis zu 40 m erreichen. Inmitten dieser grünen Explosion, werden grosse Flächen von Orchideen eingenommen. Die Gewässer werden von den Victoria-regias geschmückt. Es ist ein Reichtum an Farbtönen und Formen, die sich bei jedem Ökosystem ändern. Der grösste Teil der 7 Millionen km² des Urwalds wächst auf Festland. Es ist eine Art Urwald, der niemals überschwemmt wird und sich auf einer Ebene mit bis zu 200 m Höhe ausbreitet. Aber es ist in den Gebieten mit überschwemmtem Wald, wo die Bäume mit dem grössten wirtschaftlichen Nutzen gefunden werden, wie der Kautschuk und die Edelhölzer.

BIODIVERSITÄT

Die amazonische Biodiversität ist noch nicht gänzlich bekannt. Man weiss, dass die Urwälder der Region 60% aller Lebensformen des Planeten beinhalten, aber es wird angenommen, dass nur 30% von ihnen bereits der Wissenschaft bekannt sind. Man schätzt ausserdem, dass die Vielfalt der Bäume Amazoniens zwischen 40 und 300 Arten pro Hektar wechselt., wobei manchmal auf Flächen von nur 20 Quadratzentimetern bis zu 1.500 Pflanzenarten angetroffen werden können. Um einen Eindruck zu gewinnen: Amazonien ist das grösste Gebiet der Welt. Der Staat umfasst insgesammt 1.500.000 km² Fläche zusammenhängender Wälder. Von allen Pharmazeutischen Essenzen, die von der Medizin verwendet werden, sind 25% aus tropischen Urwäldern, wie dem amazonischen Wald.

Pflanzen und Blumen

AÇAÍ

Eine für das Amazonasgebiet typische Palmenart, wird der Açai bis zu 25 m hoch. Von ihm verwertet man alles: die Stämme werden als Dachsparren verwendet, die Spitze ist der essbare „Palmito", die Früchte werden zur Herstellung von Säften, Süssigkeiten und Speiseeis genutzt, die Blätter zur Bedeckung der Häuser und die Wurzeln als Wurmmittel.

BICO-DE-PAPAGAIO

(*Papageienschnabel*)
Der bico-de-papagaio ist ein Zierbaum und sein Holz wird zur Herstellung von Streichhölzern, Dachlatten und Holzverkleidungen von Wohnhäusern verwendet.

BROMÉLIAS

Es gibt mehrere Arten und Grössen von Bomelien im Amazonasgebiet. Einige werden bis zu 5 m gross. Ein gutes Beispiel für Bromelien ist die Ananas.

KAKAO

Dieser sehr häufig in Amazonien vorkommende Baum wächst mitten im Urwald. Seine Früchte sind 10 bis 25 Zentimeter gross und wiegen bis zu 1 Kilo. Die Samen werden zur Herstellung von Schokolade genutzt.

CAMU-CAMU

Die Früchte des Camu-camu sind 1 1/2 mal reicher an Vitamin C als die Acerola. Das Frucht-Fleisch ist eine der Haupt-Zutaten der lokalen Kochkunst.

CUPUAÇU

Ein direkter Verwandter des Kakaobaums wurde der Cupuaçu bis vor kurzem nur im Urzustand angetroffen. Erst seit kurzer Zeit wird er für den Handel angebaut. Dieser Baum wird zwischen 20 und 30 m hoch und seine samtigen Blüten sind dunkelrot. Seit jeher war dies eine sehr wich-tige Pflanze für die Indiander. Man nutzt alle Bestandteile des Cupuaçu, einschliesslich der Samen, die reich an Stärke und Proteinen sind.

Pequiá.

CASTANHEIRA (*Paranuss*) – Die brasilianische Nuss hat bereits die ganze Welt wegen ihrers Geschmacks erobert. Auch das Öl, das zu mehreren Zwecken benutzt wird. Das Holz ist ausgezeichnet für Haus- und Schiffbau. Aber weniger bekannt ist der Baum selbst, einer der höchsten Amazoniens, mit bis zu 35 m Höhe. Der Nussbaum produziert nur ab dem 12. bis 16. Lebensjahr seine Früchte und diese Produktin dauert maximal 30 Jahre lang. Aber dafür produziert ein erwachsener Baum 500 Kilo Nüsse pro Ernte. Ein Kuriosum ist, dass die berühmte Paranuss eigentlich ein Samenkern ist, aber allgemein als Nuss bekannt geworden ist.

CURARE
Die Indianer waren die ersten, welche die schmerzstillende Kraft des Curare entdeckten und es als Gift für ihre Pfeile benutzten, um die Jagtbeute zu lähmen oder ihre Feinde zu töten. Heute ist die Substanz ein Teil der wichtigsten Schmerzmittel mit klinischer Verwendug.

GUARANÁ
Der Guaraná ist eine Schlingpflanze mit dunklem Stengel und Schale. Sie wächst im linneren des Urwalds und verbreitet sich auf den Bäumen. Wenn sie reif ist, weist die rote Frucht schwarze Kerne mit weissen Ringen auf.

MOGNO
(*Mahagoni*) – Berühmt für die Qualität seines Holzes, das für Möbel verwendet wird, hat der MahagoniBaumstamm einen Durchmesser von 50 bis 80 cm und wird bis zu 30 m hoch. Was wenige wissen, ist, dass der Wert eines solchen Baumstamms, je nach den Marktbedingungen, so hoch wie der eines Autos sein kann.

MURUMURU
Eine für amazonische Verhältnisse niedrige Palmenart, wird der Murumuru 10 m hoch. Sein Stamm ist vollständig

ÖKOSYSTEME

Urucum-Samen

Eine Reise durch den Urwald des Amazonasgebietes beginnt mit dem Verständnis seiner Ökosysteme, damit der Reisende dann, nachdem er sich mit jedem dieser Umwelttypen vertraut gemacht hat, bessere Möglichkeiten hat sich für einen zu entscheiden und mit mehr Muße die Schönheit und Üppigkeit jeder Pflanzen- oder Blütenart zu betrachten. Es sind drei grundlegende Ökosysteme, die sich in völligem Gleichgewicht integrieren: **Niederungen-Urwald** – Dieser Wald besteht aus einer großen Vielfalt an Palmen und zeichnet sich dadurch aus, dass die Flussgewässer ständig ein-und ausfließen und immer weiße Gewässer sind. **Igapó-Wald** – Dieser Wald steht auf ständig überschwemmtem Grund und ist reich an Wasserpflanzen, Schlingpflanzen und Buriti-Palmen. **Festland-Wälder** – Die nicht überschwemmbaren Wälder unterscheiden sich genau in dem Punkt „Wasser". Wie der Name schon sagt, gibt es in diesen Gebieten keine Überschwemmungen und sie beherrbergen sehr hohe Bäume wie den Maçaran-duba, die Figueira und den Mogno.

von horizontalen, spitzen und schwarzen Dornen umgeben, die bis zu 12 cm lang werden. Die Blüten sind klein und gelblich. Die Nuss des Murumuru hat 3,5% Protein, 19% Kohlen-Wasserstoffe u. 16,6% Fettstoffe. Ausserdem haben jede 100 Gramm 50 Tausend Einheiten Vitamin A, dreimal mehr als die Karotten. Die Fasern der Blätter werden für Hüte, Kleidung, Hängematten, Körbe und andere Gegenstände des täglichen Gebrauchs der Uferbevölkerung genutzt.

ORCHIDEEN
Eine der meist bewunderten Blumen, wegen der Schönheit ihrer Farben und Formen, verdient die Orchidee eine besondere Aufmerksamkeit des Reisenden. Insgesamt gibt es mehr als 500 katalogisierte Arten im Amazonasgebiet. In bestimmten Regionen des Urwalds bedecken sie ganze Bäume im Kampf um das wenige Licht inmitten so vieler Pflanzen.

PATAUÁ
Eine typische Palmenart der Niederungen, wird der Patauá zwischen 12 u. 15 m hoch. Die Blätter werden zwischen 3 u. 10 m gross. Die Frucht des Patauá hat nur einen Kern, rot-violetter Farbe, mit etwa 3 cm Länge und 3 Gramm gewicht. Das Öl wird aus der Frucht gewonnen und hat chemische und physikalische Eigenschaften.

PAU-ROSA
(*Rosenholz*) – Ein grosser Baum mit bis zu 30 m Höhe und 2 m Durchmesser, ist der Pau-rosa wegen seines Geruchs bekannt. Es ist der Stamm, der den Geruch der Pflanze ausströmt. Die Berühmtheit seines Geruches ist der Grund, weshalb diese PflanzenArt bedroht ist. Er ist einer der Haupt-bestandteile des Parfums Chanel Nr. 5. Zu Beginn der 60er Jahre ex- portierte Brasilien 500 Tonnen der Essenz pro Jahr. Heute ist diese Zahl auf 60 Tonnen gesunken.

PUPUNHA
Eine weitere Palmenart, hat die Pupunha eine Frucht, reich an Vitamin C, kann die nur in gekochtem Zustand gegessen werden, da sie sonst Allergie bewirkt.

SERINGUEIRA
(*Gummibaum*) – Die Seringueira ist sehr verbreitet im Amazonas-Gebiet. Dies ist nicht weiter merkwürdig, denn sie war für eine der reichsten Epochen der Region verantwortlich. Aus ihr wird der Latex für die Produktion von Kautschuk gewonnen. Die Samen werden bei der Herstellung von Farben und Lacken verwendet.

SAMAÚMA
Die Grösse dieses Baumes ist beeindruckend. Er wird bis zu 40 m hoch, mit einem Durchmesser von 8 m.

URUCUM
Ein Busch, der bis 4 m hoch werden kann, wird der Urucum traditionell von den Indianern benutzt, die daraus einen roten Farbstoff gewinnen, um den Körper und das Gesicht zu bemalen. Heute wird der Urucum als Rohstoff für Sonnen-Schutzmittel, Farben und Öle verwendet.

VITÓRIA-RÉGIA
Eine der grössten und schönsten Blumen der Welt, kann die Victoria regia bis 2 m Durch-messer erreichen. Die Blumen, die Nachts erscheinen, sind weiss. Aber mit dem Alterungs-Prozess werden sie allmählich rot und werden dann von Fischen gefressen. Die Victoria regia ist extrem wider-standsfähig und kann bis zu 45 Kilo tragen. Der Name der Blume wurde ihr vom Botaniker Lindlev gegeben, der bei ihrer Betrachtung beschloss, die Königin Viktoria von England zu ehren.

Vitoria Regia

Korbkunst

Açaí

Als die Portugiesen hier an Land gingen, trafen sie auf nackte und einzigartig bemalte Indios, mit Pgmente, die sie aus dem Saft des Jenipapo, aus dem Samen des Urucum und der Schale von Rothölzern gewannen. Es dauerte nicht lange bis die Europäer die medizinische und ästhetische Anwendung sovieler Pflanzen bei den Ureinwohnern erlernten.

Selbst nach dem Ende der langen Ausbeutungsperiode der berühmten „drogas do sertão" (Inlanddrogen) und des Latex (Kautschuk-Zyklus), kann Amazonien immer noch das Urwissen der Indianervölker und der unzähligen Dörfer von Latexsammlern an den Flussufern „exportieren". Diese Völker und ihr empirisches Wissen werden heute von den Wissenschaftlern der ganzen Welt wiederentdeckt. Die Tropen mit ihrer reichhaltigen Vegetation bieten ein unübersehbares Material zur Nutzung durch die Arzneimittelindustrie und Kosmetik. Kleine und Mittlere Unternehmen begannen die amazonische Biodiversität auszubeuten,

> **Die Indianer, selbst die primitivsten, erfuhren auf empirischem Wege die Prinzipien des Tier- und Pflanzenreiches und nutzten die Erfahrung bei der Heilung verschiedener Krankheiten. Sie kennen die Gifte und benutzen Gegenmittel. Sie vergöttern geradezu den Medizinmann des Stammes, der Wahrsager, Wunderheiler, Zauberer und Weiser ist, da er nicht nur heilt sondern auch Priester ist...**

Marcionilo de Barros Lins. Farmacopéia e trópico, Anais... Recife: Universidade Federal de Pernambuco, 1974. v. 2. (VII Reunião Ordinária).

Andiroba

Guaraná

entnahmen den Blättern, Wurzeln, Schalen, Früchten und Samen und einigen Tierarten der Region ihren Heilextrakt. Ausserdem begannen die Konsumenten mit der Welle des Naturalismus ab der 70er Jahre künstliche Aromastoffe und Produkte abzulehnen.

In diesem Zusammenhang bildet sich eine neue Goldmine für Kosmetikunternehmen: die Naturkosmetik. Die Hauptdarsteler dieses Marktes sind viele: Brasilianische-Nuss, Cupuaçu, Guaraná, Kakao, Pau-rosa und Babaçu, um einige Beispiele zu

nennen. Aber nicht nur die Schönheit und Eitelkeit der Endkonsumenten stützt diesen so viel versprechenden Markt, denn viele dieser Produkte haben nicht zu unterschätzende Heilzwecke.

Brasilianische Nuss

Die Andiroba zum Beispiel wird von den Indianern zur Heilung von MandelEntzündung verwendet, hat nachgewiesene Vernarbungs-Eigenschaften und ist ein sehr gutes Insektenschutzmittel. Laut jüngster Forschungen kann sie auch das Erscheinen von Zellulitis verhindern oder verringern. In der homöopathischen Arzneimittelkunde kann sie in Form von Kapseln gegen Zuckerkrankheit und Rheuma verabreicht werden. Die berühmte Brasilianische-Nuss hat neben ihrem Öl, das bei der Herstellung von Haarwaschmitteln und Seifen verwendet wird, einen hohen Anteil an Selenium, einem wichtigen Element zur Verhütung von Krebs. Der Cupuaçu seinerseits, wird viel in der Kosmetikindustrie verwendet, wegen seiner Befeuchtungskapazität und fast alle seine BestandTeile finden Verwertung. Die Schale kann als organischer Dünger benutzt werden und die getrockneten Samen sind ein ausgezeichneter Rohstoff bei der Zubereitung von weisser Schokolade. Die Frucht der Buriti-Palme ist ein Naturquell für

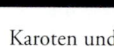

Vitoria Regia

PFLANZEN

Ausser der kosmetischen Nutzung eignen sich die Pflanzen für medizinische und therapeutische Zwecke. Die traditionelle Arztwissenschaft wurde durch die Entdeckung des Curare bereichert, einem Gift, das auf den Pfeilspitzen der Indianer verwendet wird um die Jagtbeute zu lähmen, und das heute als Schmerzmittel von Arznei-Mittelunternehmen benutzt wird. Ein weiteres Beispiel ist das Chinin, das gegen Malaria wirkt.

Karoten und Vitamine. Ihr Öl hat einen vernarbenden Effekt und kann bei Brandwunden verwendet werden. Die Palmnüsse werden als Befeuchter bei Seifen und Deos genutzt. Sie ist bei den Ureinwohnern als „Lebensbaum" bekannt, denn ihre Frucht kann zu einer Vielzahl von Speisen bereitet werden oder zu einem schmackhaften Wein.

Der Guaraná, der von den Indianern gegen Müdigkeit und Hungergefühl benutzt wird, hat bewiesen, dass er andere Eigenschaften besitzt. Er verringert Arrtritisschmerzen u. Menstruations-Koliken und kann zu Verheilungs- und Stärkungszwecken genutzt werden. Wenige wissen, dass der berühmte Kakaobaum aus dem Amazonasgebiet stammt. Aus der Frucht kann man Gelé, Wein, Essig, Likör, Seife, Lippenstift,

Gewinnung von Latex

Patauapalme

Hautkreme, und Öle herstellen, besonders solche für trockene Haut. Aber dieser grosszügige Baum, der einen grossen Teil der Stoffe, die er der Erde entzieht, zurückerstattet, wird vorzugsweise zur Schokoladeherstellung verwendet. Eines der bakanntesten Parfums der Welt gründet sein Bestehen auf eine Pflanze dieses Gebietes. Der Pau-rosa (Aniba roseadora), der von den Indianern zur Heilung von Rheuma und Zahnschmerzen benutzt wird, wurde auch von der Parfum-Industrie entdeckt. Er ist der Hauptbestandteil des bekannten Chanel Nummer 5. Dieser Ruf hat jedoch fast sein Aussterben verursacht. Von eigenartigem, süssem und angenehmen Aroma, wird sein Öl auch bei der Aromatherapie verwendet. Die Babaçu-Palme gibt ein Öl ab, als Subprodukt für SeifenHerstellung, Glitzerin und Speiseöl; aus den jungen Palmen bereitet man einen im Gebiet viel getrunkenen Wein. Die frisch geernteten grünen mandelförmigen Nüsse geben eine

Milch, die der menschlichen Milch sehr ähnlich ist, laut Forschungen des Instituts für Naturmittel von Maranhão; aus ihren Blättern formen sich unter den Händen der Kunsthandwerker Gegenstände wie Körbe, Matten, Siebe, Zäune u. a.

ÖKOSTATION VON ANAVILHANAS

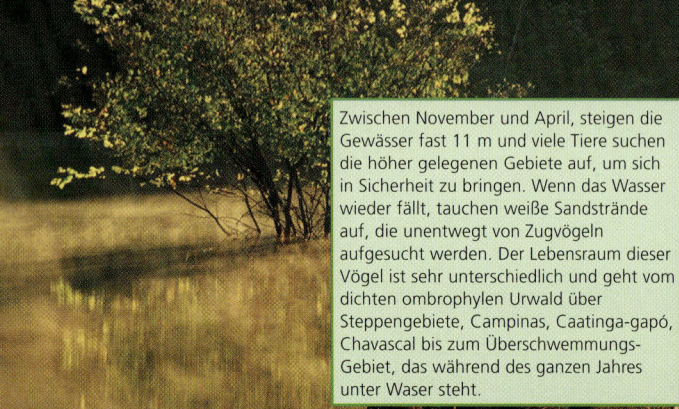

Zwischen November und April, steigen die Gewässer fast 11 m und viele Tiere suchen die höher gelegenen Gebiete auf, um sich in Sicherheit zu bringen. Wenn das Wasser wieder fällt, tauchen weiße Sandstrände auf, die unentwegt von Zugvögeln aufgesucht werden. Der Lebensraum dieser Vögel ist sehr unterschiedlich und geht vom dichten ombrophylen Urwald über Steppengebiete, Campinas, Caatinga-gapó, Chavascal bis zum Überschwemmungs-Gebiet, das während des ganzen Jahres unter Waser steht.

Im Nordosten des Bundesstaates Amazonas gelegen, befindet sich die Ökostation von Anavilhanas auf einer der größten Flussinselgruppen der Welt, die aus etwa 400 Inseln besteht, in einem Gebiet, wo die Gewässer des Rio Negro hunderte von Naturkanäle, Flussarme und Seen bilden. Dort beinhaltet die Ökostation eine Grundfläche von 350.000 Hektar und erstreckt sich über 100 km. Etwa 70% ihrer Grundfläche wird aus Inseln gebildet, die aus Ablagerungen des vom Rio Branco angeschwemmten Materials bestehen und einen großen Teil des Jahres praktisch unter Wasser stehen. Die Fauna ist sehr verschiedenartig und beinhaltet Primaten, wie die Guaribas, Coatás, Macacos-de- cheiro (Riechaffen), und Wildkatzen wie die Ariranha, Onça-pintada u. Suçuarana, sowie Kaimane, Flussdelphine wie den Boto Tucuxi und Boto Vermelho, den Fischotter und den Peixe-boi (Ochsenfisch). Unter mehr als 350 Fischarten findet man die Surubins, Filhotes, Pacus, Pirarucus und Tucunarés. Es gibt auch Schild-kröten und eine große Anzahl von

INFORMATIONEN

ÖKOSTATION VON ANAVILHANAS
Gründungsdatum: 2. Juni 1981
Ortsbestimmung: Nordosten des Staates

Grundfläche: 350.018 ha
Klima: Feucht Äquatorial
Temperaturen: jährlicher Durchschnitt 27°C
Regen: jährlich zwischen 1.200 und 3.600 mm
Oberfläche: Amazonasebene

lugubris), Bico-chato-de-orelha-preta (*Tolmomyias sulphurescens*), Gavião-pato (*Spizastur melanolecus*), Gavião-de-penacho (*Spizaetus ornatus*), Gavião-pega-macaco (*Spizaetus tyrannus*), Harpia oder Gavião-real (*Harpia harpyia*) (*Königssperber*) und den Gavião-real oder Uiraçu (*Morphnus guianensis*).

Wie jede Ökostation hat Anavilhanas als Hauptziel die Erhaltung der Ökosysteme und der lokalen Biodiversität und innerhalb ihrer Grenzen dürfen nur Forschungsarbeiten oder Umwelterziehung durchgeführt werden. Deshalb gibt es dort eine Infrastruktur dafür, einschließlich einem schwimmenden Stützpunkt, Haus, Schiff und Motorbooten für die Forscher. Die Zufahrt auf einem Regionalschiff von Manaus bis zum Sitz der Ökostation dauert etwa 6 Stunden. Mit dem Motorboot kann diese Zeit auf bis zu 3 Stunden vermindert werden.

Vögeln, wie die Araras, Bacuraus, Martins-pescadores, Reiher und Papageien. Des weiteren gibt es noch andere wie die Choquinha-do-tapajós (Myrmotherula klagesi), den Arapaçu-ferrugem (Xiphorhynchus necopinus), Formigueiro-liso (Myrmoborus

INFORMATIONEN
Ökostation von Anavilhanas, Ibama/Novo Airão, tel. (92) 3365-1197.

NATIONALPARK JAÚ

Der Nationalpark des Jaú befindet sich auf der vertieften Hochebene des wetlichen Amazonasgebietes und hat eine Grundfläche von 2.272.000 Hektar. Mit einer abgeflachten Oberfläche und Höhen um die 100 m, liegt er auf tafelförmigen Interluvien, die meist durch periodisch oder permanent überschwemmte Täler getrennt sind.

Aus der Formation des Rio Solimões stammend, besteht der Boden des Gebietes aus Lehm, Siltiten und Areniten. In den Flussbetten kommt angeschwemmtes Erdreich aus dem Quaternär vor, zusammengesetzt aus Sand, Kiesel und Lehm.

Als einer der Parks mit des größten Biodiversität angesehen, besteht die Vegetation hauptsächlich aus dichtem Urwald, mit häufigem Vorkommen des Paranussbaumes (*Bertholletia excelsa* H.B.K.), des Angelim-rajada (*Pithecolobium inculiale* (VELL.) Benth.), des Quaruba (*Vochysia maxima Ducke*), des Sucupira (*Diplotropis spp*), des Ucuuba (*Virola spp*), des Breu (*Protim spp*) und des Maçaranduba (*Manilkara huberi Ducke Chevalier*).

INFORMATIONEN

NATIONALPARK DES JAÚ
Gründungsdatum: 24. September 1980
Ortsbestimmung: Amazonas, mit den Bezirken Novo Airão und Moura.
Grundfläche: 2.272.000 ha
Umfang: 1.250 km
Klima: Äquatorial, warm, feucht
Temperaturen: jährlicher Durchschnitt

Auf einem höheren Niveau im Nordosten des Parks, befindet sich ein Gebiet mit submontanem Urwald, wo die repräsentativsten Bäume der Amapá-doce (*Parahancornia amapa*), der Mangarana (*Micropholis guyanensis*), der Sorva (*Couma utilis*) und der Jarana (*Lecythis lurida*) sind.

Jaú Fluss

24ºC bis 26ºC, Maximal von 38ºC bis 40ºC und Minimal von 12ºC a 16ºC
Regenmenge: zwischen 2.000 und 2.250 mm im Jahr
Oberfläche: Amazonasebene

Es kommt auch häufig eine Liane vor (*Doliocarpus rolandi* J.F. Gmel.), die ausgezeichnetes Wasser enthält.

Palmengruppen, wie die Paxiúbas (*Socratea spp*), die Açaís (*Euterpe oleracea* Mart.) und die Jauaris (*Astrocaryun spp*) können entlang der angeschwemmten Ebenen der Flüsse angetroffen werden. Auf älteren angeschwemmten Gebieten, die selten von Überschwemmungen betroffen sind, befindet sich der Aluvialurwald, wo ebenfalls Palmenarten auftreten.

Säugetiere mit abendlichen Lebensgewohnheiten können häufig im Park angetroffen werden, wie zum Beispiel die schon seltenen oder vom Aussterben bedrohten Onças pintadas (*Panthera onca*) und Suçuranas (*Puma concolor*), sowie kleinere Raubkatzen wie die Jaguatirica (*Leopardus pardalis*), der Jaguarundi (*Herpailururs yagouaroudi*) und die Waldkatze (*Leopardus tigrinus*). Es gibt auch den Peixe-boi (*Trichechus inunguis*), die Ariranha (*Pteronura brasiliensis*), den Boto (*Inia sp, Sotalia sp*), den Guariba-vermelho (*Alouata seniculus*), den Macacao-da-noite (*Aotus trivirgatus*), den Macaco-decheiro (*Saimiri sciureus*) und die Anta (Tapir) (*Tapirus terrestris*). Bei den Fischarten müssen der Pirarucu (*Arapaima gigas*) der Tucunaré (*Cichla sp*) und der Tambaqui (*Colossoma spp*) erwähnt werden.

Außerdem gibt es eine große Vielzahl von Reptilien wie Fluss-Schildkröten (*Geochelone spp*), den Kaimane (*Melanosuchus niger*), den Sucuris (Riesenschlangen) (*Eunectes murinus*) und Schildkröten, außer vielen Vogelarten. Vorläufig hat der Park keinerlei Infrastruktur für die Unterbringung von Besuchern.

NATIONALPARK PICO DA NEBLINA

An der Grenze des Bundesstaates Amazonas mit Venezuela gelegen, weist der Nationalpark Pico da Neblina eine reichhaltige landschaftliche Schönheit auf. Unter seiner Berggruppe befindet sich der höchste Punkt Brasiliens, der Pico da Neblina, mit 3.014 m Höhe, ein fortwährendes Objekt für die Aufmerksamkeit von Forschern und Touristen. Innerhalb seiner Grenzen befindet sich auch die zweitgrößte Erhöhung des Landes, der Pico 31 de Março, mit 2.992 m Höhe.

Die Topographie des Gebietes besteht hauptsächlich aus 3 verschiedenen Niveaus: Die sedimentäre Hochebene von Roraima, die Hochebene Amazonas-Orenoco und die Sockelebene der Flüsse Rio Negro und Rio Branco. Erstere ist eine aus Felsen geformte Tafelebene, mit

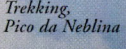

Trekking,
Pico da Neblina

INFORMATIONEN

NATIONALPARK PICO DA NEBLINA
Gründungsdatum: 5. Juli 1979.
Ortsbestimmung: Amazonasgebiet, im Bezirk von São Gabriel da Cachoeira.
Grundfläche: 2.200.000 ha.
Umfang: 950 km.

Klima: Tropisch aus Zentralbrasilien, mit 1 bis 2 Monaten Trockenzeit.
Temperaturen: Jahresmittel von 24°C bis 26°C, Maximum von 38°C bis 40°C und Minimum von 12°C bis 16°C.
Regenmenge: zwischen 2.750 und 3.000 mm im Jahr.
Oberfläche: hügelig und bergig.

Zogue-zogue

Höhen zwischen 1.200 bis 3.014 m. Die Böden in dieser Gegend sind litholisch, distrophisch und podzolisch, gelblich-rot. Zwischen den Becken des Rio Orenoco und des Amazonasstromes gelegen, ist die Hochebene Amazonas-Orenoco eine große bergige Fläche mit den 3 Gebirgszügen Serra do Padre, Serra Marié Mirim und Serra do Imeri. In 2 verschiedenen Niveaus, reichen die Höhen von 600 bis 2000 m. Schließlich hat die Sockelebene von Rio Branco –

Rio Negro eine große abgeflachte Oberfläche, die ursprünglich aus vorkambrischem Felsgestein des Guiana-Komplexes gebildet wurde. Dies ist das niedrigste Niveau des

Gebietes mit Höhen, zwischen 80 und 160 m. Hier sind die Böden unterschiedlich, mit Vorrang von Podzol, quarzhaltigem Sand und gelblich-roten bis gelben Latoböden.

Der Nationalpark des Pico da Neblina beherbergt eine reichhaltige Vegetation und weist wichtige Buschwaldformationen auf, die auch als die Caatingas des Rio Negro bekannt sind und durch das Vorkommen des Caraná (*Mauritia carana Wallace*), des Pau-amarelo (*Euxyphora paraensis Huber*), des Tamaquaré (*Caraipa grandifolia Mart.*) und des Casca-doce (*Pouteria sp.*) gekennzeichnet werden. Im Gebiet des dichten Berg-Urwalds, finden sich Itaúba (*Mezilaurus itauba, Meisn. Taub. ex Mez*), Mandioqueira-azul (*Qualea cyanea Ducke*), Bacabinha-quina (*Ferdinandusa paraensis Ducke*), Tamaquaré (*Caraipa grandifolia Mart.*), Quaruba-cedro (*Vochysia inundata Ducke*) und Jutaí-pororoca (*Dialium guianense Aubl. Sandwith*). Im dichten Vorgebirgs-Urwald, zwischen 600 u. 1.000 m Höhe gelegen, wachsen vor allem der Iacano (*Eperua leucantha Benth.*), und der Japurá (*Erisma japura Sruce ex Warm.*).

Der Zugang erfolgt über den Wasser- oder Luftweg, aber der Park verfügt vorläufig über keinerlei Infrastruktur für Besucher.

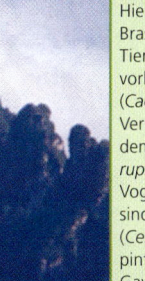

Hier findet man auch eine der reichhaltigsten Faunen Brasiliens, mit mehreren vom Aussterben bedrohten Tierarten. Obwohl er noch in diesem Gebiet reichlich vorhanden ist, hat zum Beispiel der Primat Uacari-preto (*Cacajao melanocephalus*) in anderen Gegenden eine Verringerung seiner Wohnfläche erfahren, was auch dem Galo-de-campina (*Rupicola rupicola*) widerfuhr, einem kleinen Vogel. Weitere geschützte Arten sind der Cachorro-do-mato (*Cerdocyon thous*), die Onça-pintada (*Panthera onca*), der Gavião-pega-macaco (*Spizaetus tyrannus*) u. der Gavião-de-penacho (*Spizaetus ornatus*). Außerdem kann man noch die Anta (*Tapirus terrestris*) beobachten, sowie die Zogue-zogues (*Callicebus spp.*).

Puma

Wanano
Baniwa
kuripaco
Bará
Warekena
Miriti-Tapuya
Arapaso
kubeo
Tariana
Karapanã
Pira-Tapuya
Yanomani
Yanom
Desana
Yepamahsã-Tukan
Baré
Makuana
Maku
Siriano
Tuyuka
Arap
Maku
Kambeba
Katukina Pano
Kambeba
Deni
Kaixana
kokama
Katukina
Witoto
Kaixana
Marubo
korubo
Matsé
Madiha-Kulina
Matis
Miranha
Madiha-Kulina
Kanamari
Tikuna
Tsohom Djapá
Kulina Pano
Jarawa
Kanamari
kaxinawá
Madiha-Kulina
Zuruaha
Hi-Merimã
Apurinã
Banawa-Yafi
Kuaxarari
Jamamadi

Yepamahsã-Tukan

Desana

Baré

niwa

Mura

Tikuna

Mawyana

Hixcaryanas

Apurinã

Katuena

iana

Manaus

Sateré-Mawé

Maku

Munduruku

Miranha

Waimiri-Atroari

ikuna

Mura

Sateré-Mawé

Mura

na

Zuruaha

Rio

Diahui

Wai-Wai

Apurinã

Sateré-Mawé

Paumari

Tenharim

axinawá

Mura-Pirahã

Parintintin

Torá

S eit undenklichen Zeiten auf brasilianischen Ländern wohnend, war diese Urbevölkerung seit dem Zeitpunkt der Eroberung und Kolonisierung des Territoriums eine Zielscheibe verzerrter Interpretationen. Einige romantisch, andere mit Vorurteilen behaftet und andere sogar falsch. Man braucht sich nur an die Bezeichnung zu erinnern, die der lokalen Bevölkerung von den Portugiesen bei der Ankunft auf brasilianischen Ländereien gegeben wurde: Indios. Dieser Beiname entstand aus der Annahme, dass sie in Indien angekommen wären und die Einwohner Indianer seien.

Die Nachricht des neuen Landes verursachte Neugier und bewirkte den Beginn eines unendlichen Leidensweges für diese Völker, wobei die Verzerrungen in der von den Reisechronisten produzierten Literatur noch vergrößert wurden.

Bei Beginn des 21. Jh. hat sich dieses Panorama nicht wesentlich verändert. Die Anzahl der Forschungen und Forscher ist minimal. Ohne eine stichhaltige Politik, wurde die Mehrzahl der Forschungen auf Grund von akademischen Forderungen für Examens- und Doktorarbeiten durchgeführt. Einige beschränkten sich auf eine Re-Interpretierung und Neulesung der existierenden Literatur, oder jene, die von Ausländern vorgenommen wurden, als Feldstudien und bei den Universitäten ihrer Ursprungs-Länder vorgelegt werden und dazu beitragen, dass die Informations-Leere nur noch größer wird. Auf der anderen Seite bleibt selbst die spärliche Bibliographie den

*Maturacá
Dorf*

von Arminda Mendonça[1]

Yanomamikinder

Matis Indianer

INDIANISCHE LÄNDER

SITUATION	ANZAHL	GRUNDFLÄCHE (HA)
Zu identifizieren	38	22.460
Werden z.Zt. identifiziert	23	3.021.097
Bereits identifiziert	9	538.483
Abgegrenzt	21	3.046.399
Abgesteckt	4	1.124.276
Rechtskräftig	83	37.983.403
Gesamt	178	45.736.118

1. Arminda Castro Mendonça de Souza ist in Verwaltung von Kulturzentren ausgebildet, Dozentin für Tourismus, Kulturanthropologie und Volkskultur im Universitätszentrum Nilton Lins für Brasilianische Forschung der Universidade Paulista – UNIP/Manaus.

akademischen Kreisen vorbehalten, da die Sprache technischer Art ist und so die Möglichkeit für absurde Interpretationen noch erweitert. Und die didaktischen Bücher? Diese sind getreue Reproduktionen der Sprache der Eroberer und vermitteln der Schülerschaft der Grund- und Mittelschulen unsinnige Informationen, die gemeinsam mit den von den Medien gezeigten Beiträgen, in großen Proportionen das Unwissen der gesamten Gesellschaft vermehren. Dies sind die Gründe für den vorliegenden Text, der ausschließlich auf SCHÄTZUNGEN beruht, wenn es sich um Zahlen handelt. Laut neuester Daten gibt es in Brasilien 206 unterschiedliche Volksgruppen, deren Bevölkerungszahl sich auf etwa 270.000 Menschen beläuft, was in anderen Worten 0,2 % der brasilianischen Bevölkerung bedeutet. Diesen 206 Volksgruppen müssen noch die „Anzeichen" für weitere 54 isolierte Gruppen hinzugefügt werden, die keinen Kontakt zu der umgebenden nicht-indianischen Bevölkerung haben. Die bekannten Volksgruppen sprechen 180 verschiedene Sprachen.

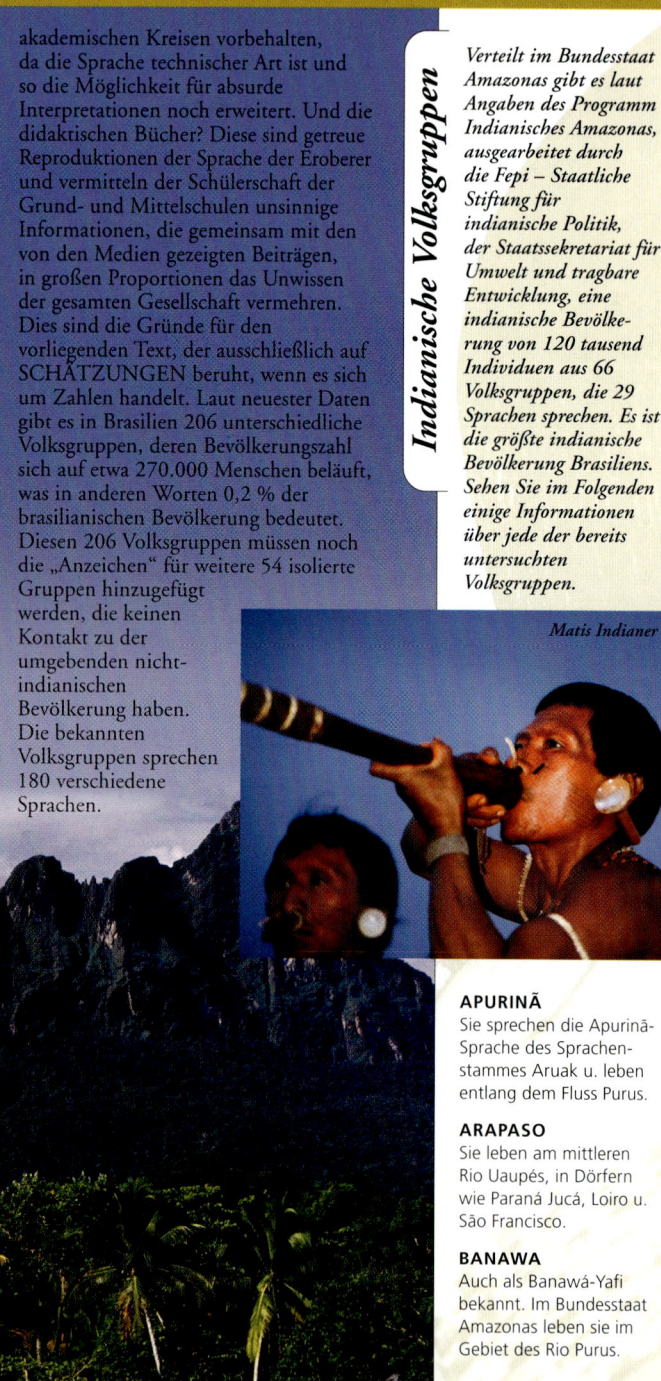

Indianische Volksgruppen

Verteilt im Bundesstaat Amazonas gibt es laut Angaben des Programm Indianisches Amazonas, ausgearbeitet durch die Fepi – Staatliche Stiftung für indianische Politik, der Staatssekretariat für Umwelt und tragbare Entwicklung, eine indianische Bevölkerung von 120 tausend Individuen aus 66 Volksgruppen, die 29 Sprachen sprechen. Es ist die größte indianische Bevölkerung Brasiliens. Sehen Sie im Folgenden einige Informationen über jede der bereits untersuchten Volksgruppen.

Matis Indianer

APURINÃ
Sie sprechen die Apurinã-Sprache des Sprachen-stammes Aruak u. leben entlang dem Fluss Purus.

ARAPASO
Sie leben am mittleren Rio Uaupés, in Dörfern wie Paraná Jucá, Loiro u. São Francisco.

BANAWA
Auch als Banawá-Yafi bekannt. Im Bundesstaat Amazonas leben sie im Gebiet des Rio Purus.

BANIWA
Sie leben an der Grenze von Brasilien mit Kolumbien und Venezuela, an den Ufern des Rio Içana und seinen Nebenflüssen Cuiari, Aiari und Cubate, und Gemeinden am oberen Rio Negro-Guainía und in den Stadtzentren von Santa Isabel, São Gabriel da Cachoeira und Barcelos.

BARÁ
Sie sprechen die Tukano-Sprache und werden auch Waípinõmakã genannt. Sie leben vorwiegend im Quellgebiet des Rio Tiquié, oberhalb der Dorfschaft von Trinidad (Kolumbien), am oberen Igarapé Inambu und am oberen Colorado und Lobo.

BARASANA
Diese Volksgruppe lebt an den Igarapés Tatu, Komeya, Lobo u. Colorado, Zuflüsse des Pira-Paraná u. am Pira-Paraná selbst, auf kolumbianischem Territorium.

BARÉ
Sie leben im Tal des Rio Negro, vom Casiquiari bis zu seinem mittleren Lauf u. auch am unteren Rio Xié.

DENI
Sie leben im Gebiet der Flüsse Juruá u. Purus, sprechen die Arawá-Sprache.

DESANA
Sie leben im Gebiet des oberen Rio Negro, an den Ufern des Rio Tiquié und seiner Nebenflüsse.

JIAHUI
Leben im Gebiet des mittleren Rio Madeira im Süden des Bundesstaates Amazonas.

HI-MERIMÃ
Praktisch unbekannt, leben sie im Gebiet des mittleren Rio Piranha, zwischen den Flüssen Juruá u. Purus, im Bundesstaat Amazonas.

HIXKARYANAS
Leben in den niedrigen Amazonas.

JAMAMADI
Die Gruppe ist eine weniger bekannte Volksgruppe des Gebietes der Flüsse Juruá u. Purus, welche die Kautschuk-zyklen in der Mitte des 19. Jh. überlebt haben.

JARAWARA
Sie leben im Gebiet des mittleren Rio Purus und verkaufen Produkte, wie Paranüsse, Kautschuk, Copaíba-Öl und Sorva.

JUMA
Sie leben in der Region des Flusses Purus.

KAIXANA
Diese Volksgruppe, die im Gebiet des oberen Rio Solimões lebt, spricht Portugiesisch und Nheengatu, eine Sprache die sich aus dem Tupinambá entwickelte.

KAMBEBA
Sie leben im Gebiet des Fluss-Dreiecks der Flüsse Jutaí, Juruá u. Solimões.

KANAMARI
Andere Namen: Tukuná und Canamari. Sie leben im Fluss-Dreieck der Flüsse Jutaí, Juruá u. Solimões.

KANAMANTI
Sie leben im Gebiet des Rio Purus und sind auch noch als Kanamati bekannt.

KARAPANÃ
Ein Volk, das in Brasilien auf einige Dörfer im Gebiet des Rio Tiquié und Rio Negro verteilt

lebt u. in Kolumbien im Gebiet des Rio Cano, Nebenfluss des Rio Uaupés.

KATUENA
Sie leben im Gebiet des unteren Amazonasstroms.

KATUKIANA
Leben sie im Gebiet des Fluss-Dreiecks der Flüsse Jutaí, Juruá u. Solimões.

KATUKINA
Leben sie im Gebiet des Fluss-Dreiecks der Flüsse Jutaí, Juruá u. Solimões.

KATUKINA PANO
Sie leben im Gebiet der Flüsse Rio Juruá und Rio Purus.

KAXARARI
Im Bundesstaat Amazonas leben sie im Gebiet des oberen Rio Madeira, in der Nähe von Rondônia und können in beiden Bundesstaaten angetroffen werden.

KAXINAWÁ
Leben in Peru und Brasilien in den Tälern der Flüsse Purus und Juruá, an den Grenzen zwischen den Bundes-staaten Amazonas und Acre.

KOKAMA
Bekannt als Omáguas, leben sie im Bundesstaat Amazonas auf den Indianischen Ländern von Sapotal, Acupuri de Cima, Espírito Santo, Evaré I (Bezirke von São Paulo de Olivença und Tabatinga) und Kokama (Bezirk Tefé).

KORUBO
Sie leben im Gebiet des Tales des Rio Javari und sind als „caceteiros" (Knüppelmänner) bekannt, weil sie als Kampfwaffe eine Borduna (Holzknüppel) benutzen.

Im Amazonasgebiet sind es 64 unterschiedliche Volksgruppen, die aus etwa 87.000 Menschen bestehen, unter denen 13 isolierte Gruppen gezählt werden müssen und 52 „Indianische Länder", über die es kein Register gibt, und außerdem jenen Bewohnern der drei Bezirkssitze, einschließlich der Stadt Manaus. Die 86.000 bekannten Indianer bewohnen 171 „Indianische Länder", die zusammen ein Gebiet von etwa 28.190.262 ha umfassen, was etwa einem Drittel aller indianischen Ländereien entspricht.[2]

In Brasilien werden von den 180 existierenden Sprachen mehr als 60 im Amazonasgebiet gesprochen, wobei viele von ihnen auf die Region beschränkt sind und auf die angrenzenden Gebiete.

2. Laut Angaben des Instituto Socioambiental (Institut für Soziales und Umwelt) (www.socioambiental.org), hatte Brasilien im April 2005, „627 Gebiete als Indianische Ländereien (TIs), die eine Gesamtfläche von 106.473.555 Hektar (1.049.398 km²) bedecken. So sind 12,33 % der Ländereien des Landes für die Indianischen Völker reserviert. Der größte Teil der TIs befindet sich im gesetzlichen Amazonasgebiet: es sind 405 Flächen mit 103.483.167 Hektar, die 20,67% des Territoriums des Amazonasgebietes darstellen und 98,61% der Ausdehnung aller TIs des Landes. Der Rest, 1,39% verteilt sich auf die Regionen des Nordostens, Südostens, Südens und Des Bundesstaates Mato Grosso do Sul." Die Regierung des Bundesstaates Amazonas informiert, dass der Staat 178 Indianische Länder beherbergt, mit einer Gesamtfläche von 45.736.118 Hektar, 26,8% der Gemtfläche des Bundesstaates Amazonas, die 157.782.000 ha beträgt.

Indianische Volksgruppen

KUBEO
Sie leben im nordöstlichen Teil des Amazonasgebietes, an den Ufern des Rio Uaupés u. seinen Neben-Flüssen, am oberen Rio Negro u. in Kolumbien.

KULINA PANO
Sie leben in Familien-Gruppen entlang des Rio Curuçá-Javari.

KURIPACO
Sie leben im Nordosten des Bundesstaates Amazonas, am unteren und mittleren Rio Içana, am oberen Rio Negro, oberhalb der Gemeinde von Matapi.

MADIHA-KULINA
Sie leben an den Ufern der Flüsse Rio Juruá und Rio Purus, bis in den Bundesstaat Acre hinein.

MAKU
Leben die Maku entlang der Täler der Flüsse Tiquié, Papuri, Traíra, Curicuriari, Negro u. Japurá.

MAKUNA
Sie leben in der Nähe der kolumbianischen Grenze. In Brasilien wohnen sie am oberen Rio Castanha, am Igarapé Onça, einem Nebenfluss des oberen Rio Tiquié und am oberen Rio Tiquié.

MAWYANA
Sie gehören zu der Volks-gruppe, die das Gebiet Nhamundá-Mapuera im Gebiet des unteren Amazonasstroms.

MARUBO
Als größte Volksgruppe des Tales des Rio Javari.

MATIS
Sie leben im Gebiet des Tales des Rio Javari, an den Ufern des Rio Ituí.

MATSÉ

Auch als Mayoruna bezeichnet, lebt diese Volksgruppe in großen Wohnhütten an den Ufern der Igarapés Lobo und Quixito, im Indianerreservat des Javari.

MIRANHA

Sie leben im Gebiet Jutai-Juruá-Solimões, in der nähe des Bezirks Alvarães.

MIRITI-TAPUYA

Sie leben im nordwestlichen Gebiet des Bundesstaates Amazonas, an den Ufern des Rio Uaupés u. seinen Neben-Flüssen u. am unteren u. mittleren Rio Tiquié.

MUNDURUKU

Die Mehrzahl des Munduruku-Volkes des Flussbeckens des Rio Madeira lebt in Coatá-Laranjal, im Amazonas. Aber ein Teil von ihnen lebt außerhalb der abgesteckten Territorien, entlang der Strasse Transamazônica.

MURA

Sie leben am unteren und mittleren Rio Madeira, von wo sie sich im 18. Jh. bis São Paulo de Olivença, am Rio Solimões ausbreiteten, sowie bis Oriximiná u. zur Mündung des Rio Jamary im Süden.

MURA-PIRANHÃ

Leben im Gebiet des oberen und mittleren Rio Madeira.

PARINTINTIN

Region des oberen und mittleren Rio Madeira.

PAUMARI

Indianervölker des mittleren Rio Purus.

PIRA-TAPUYA

Leben sie im nordwestlichen Gebiet des Bundesstaates Amazonas, an den Ufern des Rio Uaupés und seiner Nebenflüsse und mittleren Rio Papuri, in der Nähe von Teresina.

SATERÉ-MAWÉ

Sie leben vornehmlich im Gebiet des unteren Amazonasstroms, in der Nähe der Städte Maués, Barreirinha und Parintins und an den Ufern der Flüsse Maraú und Andirá.

SIRIANO

Der größte Anteil ihrer Bevölkerung lebt in Kolumbien, aber man kann sie auch verteilt an den Flüssen des Uaupés-Beckens finden, sowie am Rio Negro.

TARIANA

Zur Zeit leben sie im nordwestlichen Gebiet des Amazonas, an den Ufern des mittleren Uaupés, des unteren Papuri und den oberen Iauiari. Das Zentrum des Wohngebietes befindet sich zwischen den Wasserfällen von Iauareté und Periquito.

TENHARIN

Sie bestehen sich aus drei Indianergruppen, die am mittleren Rio Madeira wohnen.

TIKUNA

Dies ist die zahlreichste Volksgruppe Brasiliens und die Indios bewohnen 26 Indianische Länder und breiten sich bis zum Bezirk Manacapuru aus.

TORÁ

Sie leben in der Nähe der Mündung des Rio Marmelos, im Gebiet des oberen Rio Madeira.

TSOHOM DJAPÁ

Sie wandern durch das Quellgebiet der Flüsse Jutaí, Curuena u. Jandiatuba.

TUYUKA

Sie leben im Nordwesten des Bundesstaates Amazonas, an den Ufern des Rio Uaupés und seinen Nebenflüssen.

WAIMIRI-ATROARI

Sie leben im Gebiet des unteren Rio Negro und Solimões und sind auch unter den Namen Kinja, Kiña, Uaimiry und Crinchaná bekannt.

WAI-WAI

Das Gebiet des Flüsse Mapuera, Trombetas und Cachorro, und das Gebiet des unteren Amazonasstromes.

WANANO

Sie leben im Nordwesten des Amazonas, an den Ufern des Rio Uaupés, zwischen den Wasser-Fällen Arara und Mitu, u. an seinen Nebenflüssen.

WAREKENA

Sie leben vorwiegend an den Ufern des Rio Xié und am oberen Rio Negro, auf kolumbianischem und venezuelanischem Territorium.

WITOTO

Leben sie im Gebiet des oberen Rio Solimões, an der Grenze zu Peru und Kolumbien.

YANOMAMI

Sie leben im Gebiet des oberen und mittleren Rio Negro, auf brasilianischem u. venezuelanischem Territorium.

YE'PÃMAHSA-TUKANO

Leben sie im Nordwesten des Amazonas, an den Flüssen Tiquié, Papuri u. Uaupés u. auch am Rio Negro, unterhalb der Mündung des Rio Uaupés.

ZURUAHA

Sie bewohnen die Länder des rechten Ufers des Rio Cuniuá, ein Nebenfluss des Rio Tapauá.

Amazonische Legenden

Seit uralten Zeiten stellten unsere Vorfahren die Aktionen ihrer Geschichten und Legenden an den Rand oder ins Innere von düsteren Wäldern, wo die Helden phantastische, ungewöhnliche, beängstigende Abenteuer erlebten, oder aber im Gegenteil, von unwiderstehlicher Poesie und Schönheit beseelte.

So war der Wald immer in der Phantasie des Menschen als ein mysteriöses, unerkundbares Gebiet gegenwärtig, voller unbekannter Geheimnisse, mytologischer Wesen, aussergewöhnlich gutherziger oder aber schrecklich bösartiger Kreaturen. Dieses Gebiet wurde von unseren Grossvätern in eine Schaubühne unzähliger Kämpfe zwischen Gut und Böse verwandelt.

Für die Bewohner der Hyläa, des grössten tropischen Urwalds des Planeten, konnte dies nicht anders sein. Aus den Gewässern und Wäldern bezieht der Amazonasbewohner sein Nahrung, seine Kleidung, seinen Transport, seine Wohnug und die Medikamente. In diesen Gewässern und Wäldern suchen sie auch die Antworten auf die grundlegenden Fragen zur Existenz – wer sind wir, woher kommen wir, wohin gehen wir nach dem Tode – und sie helfen den Eingeborenen eine äusserst reichhaltige und komplexe Kosmogonie zu weben. So geschieht es, dass alle Stämme Amazoniens – wie auch alle anderen Völker und Menschengruppen unseres Planeten – hochentwickelte Antworten auf diese schwierigen metaphysischen Fragen haben, welche die Gelehrten beschäftigen und die Laien faszinieren. Die vom Volk kommenden Legenden und Mythen bezwecken folglich mehr als nur die Kinder am Lagerfeuer zu unterhalten. Sie wollen ihnen

LEGENDEN UND MYTHEN

In Amazonien sind die an das Wasser gebundenen Legenden sehr reichhaltig und erneuern sich immer wieder. Eine der sinnbildlichsten ist die Geschichte des *Boto* (Flussdelphin), jenes Delphins, der sich meistens in einen schönen Jüngling verwandelt, der die Mädchen und Frauen der Ufergemeinden erobert und verführt. Aber auch dieser urzeitliche Mythos hat im Laufe der Zeit seine eigenartigen Umrisse erhalten. Heute gibt es schon Geschichten von homosexuellen Flussdelphinen, die sich ebenfalls ausziehen und hinter den Jungens herlaufen.

Und es gibt auch noch Geschichten von weiblichen Flussdelphinen, die sich in schöne Mädchen verwandeln, die Jungen Männer verführen und hinterher in ihren Fluss zurückkehren, wo sie wohnen. Was bei dem Mythos des Flussdelphins interessant scheint, ist, dass er zu einer Entschuldigung wird, eine Bestrafung für einen Fehltritt, für ein verwerfliches Verhalten aus der Sicht der Gemeinde, der alleinstehenden Frauen, der unvorsichtigen Mädchen usw. Sie rechtfertigen somit eine eventuelle ungewollte Schwangerschaft – es ist ein Sohn des „Boto" – oder die weibische Handlungsweise eines jungen Mannes, und so stellt niemand dumme Fragen.

moralische und ethische Werte vermitteln und so ihren Charakter ausbilden und ihnen beibringen, welches die beste Haltung bei bestimmten Herausforderungen und Schwierigkeiten ist, die das Leben uns fast immer in den Weg stellt.

Im Folgenden einige der bekanntesten amazonischen Legenden und Mythen, die mit dem Wasser zu tun haben:

Muiraquitã ist der Name den die Indianer kleinen in Stein gemeisselten Objekten geben. Diese sind meist grün – aus Jedeit, Nefrit und anderem Material – und sie stellen fast immer Frösche dar oder manchmal andere Tiere, wie Fische oder Schildkröten. Sie sagen, dass der Muiraquitã magische Kräfte besitzt und deshalb wird er auch als Talisman oder Amulett gebraucht. Ausser, dass er dem Besitzer Glück bringt, kann er fast alle Krankheiten heilen.

Muiraquitã

Die Legende erzählt, dass es vor vielen, Jahren einen Stamm von schönen und kämpferischen Frauen gab, die Icamiabas, die keine Ehemänner hatten und auch nicht die Anwesenheit von Männern duldeten. Sie wurden von Iaci, dem Mond, beschützt und waren sehr gute Kriegerinnen, wussten mit aussergewöhnlicher Geschicklichkeit mit Pfeil und Bogen umzugehen, was die Indianer anderer Stämme abschreckte sich anzunähern. Einmal im Jahr jedoch, luden sie die Krieger eines benachbarten Stammes, die Guacaris, ein, ihr Dorf zu besuchen, wo sie sie wie Ehemänner empfingen und sich ihnen in Freude hingaben. Aber kurz vor Mitternacht, wenn Iaci fast im Zenit stand und den ganzen Urwald mit ihrem silbernen Licht beleuchtete, gingen die Indianerinnen in einer Prozession bis zu einem nahegelegenen See zu einem Reinigungsbad. Nach dem Bad, tauchten sie in den des Sees und brachten vom Grund kleine grüne Steine, woraus sie Figuren von Fröschen, Fischen, Schildkröten und anderen Tieren bildeten. Diese wurden mit Kordeln versehen, die aus dem Haar der Indianerinnen geflochten waren und dann den Indianern ausgehändigt, die sie besessen hatten. Sie sollten sie um den Hals tragen, damit sie ihnen viel Glück brächten. Am nächsten Tag wurden die Indianer dazu aufgefordert sich zurückzuziehen, aber nach einiger Zeit wurden die aus jenem Treffen entstandenen Kinder ausgewählt: die Mädchen blieben bei ihren Müttern und die Jungen wurden zu ihren Vätern gebracht, um dort aufzuwachsen.

In der amazonischen Mythologie ist dies nicht anders. Unzählig sind die Legenden, die mit Schlangen zu tun haben: Cobra-Grande, Boiúna, Boitatá und andere. Oftmals vermischen, vervollständigen oder vereinigen sich diese Legenden gegenseitig. Über die Cobra-Grande erzählt die Legende, dass vor langer Zeit in einem der unzähligen Indianerstämme Amazoniens eine extrem perverse, alte Indianerin lebte, die unter anderen Eigenschaften die abscheuliche Angewohnheit hatte, Kinder zu verschlingen. Dieses Verhalten rief bei allen tiefsten Empörung hervor. Deshalb beschlossen die Indianer die Alte in den Fluss zu werfen, damit sie ertränke und so dem Leiden, das von dieser bösen Kreatur verursacht wurde, ein Ende gesetzt würde. Die alte Indianerin wurde an einem Ort mit starker Strömung und vielen Felsen in den Fluss geworfen, aber Anhangá, der böse Geist, half ihr sich zu retten und anschliessend heiratete er sie und gab ihr einen Sohn. Dieses Kind wurde wegen seines schlechten Charakters später in eine Schlange verwandelt, damit es im Fluss leben könnte. Die Schlange wuchs und mit der Zeit wurde der Fluss zu klein um sie zu beherbergen. Das grauenhafte Tier, das schon als Cobra-Grande bekannt war, begann Kanäle zu öffnen, um sich besser bewegen zu können. Die Uferbewohner erzählen, dass die Cobra-Grande Dutzende von Metern lang wird, zwei riesige Augen hat und dass von diesen Augen Feuerpfeile zum Himmel geschossen werden, vor allem bei Unwettern. Sie sagen auch, dass die Cobra-Grande unter den grossen Städten schläft, und dass die Erdstösse, die dort manchmal gespürt werden von der Bewegung bei ihrem Erwachen herrührt.

Grosse Schlange

Bei praktisch allen Völkern spielte die Schlange die Rolle einer mythischen Figur, voller Symbolik und Bedeutungen. Die westliche christlich-jüdische Kultur, die auf der Bibel gründet, gibt der Schlange die Rolle des Bösen, Symbol des Dämons, der Eva dazu angetrieben habe, im Paradies die von Gott verbotene Frucht zu probieren, woraus später alles Leiden der Menschheit entstanden sei.

Die indianische Kultur, wie alle anderen menschlichen Kulturformen, hat ihre eigene Kosmogenesis. Von den kleinsten Begebenheiten, wie dem Keimen einer Pflanze oder dem Gesang eines Vogels, bis zu den komplizierteren, wie das Erscheinen der Sonne, des Mondes und der Sterne, wurde alles von den Indianern erfasst, durchdacht, analysiert und erklärt. Keine einzige praktische Frage, kein moralisches Konzept, kein religiöser Glaube entging diesen Überlegungen der ältesten, in der Stille der Nacht, in der schaukelnden Hängematte, in der Hitze der Lagerfeuer. So verdiente die Entstehung der Flüsse – dieses im Leben der Indianer so wichtige Naturereignis – ebenfalls eine Erklärung, die von Symbologie und Mythen durchwebt ist, wie es nicht anders sein konnte in diesem Evolutionsstadium ihrer Wissenschaften und ihrer Kultur.

Der Amazonasstrom

So wurde das Entstehen des Rio Amazonas von einigen Stämmen auf folgende Weise erklärt: Am Anfang der Zeiten wünschte Tupã, der grösste und mächtigste der Götter, die Welt, die Menschen, die Wälder und die Tiere zu erschaffen...aber sein Vorhaben stiess auf eine praktische Schwierigkeit: das Vorhandensein der Sonne, die den Mond mit so grosser Intensität liebte und auf so feurige Art und Weise, dass sie alles, was in ihr Umfeld gestellt wurde, verbrannte. Aus diesem Grund beschloss Tupã die beiden zu trennen und befahl der Sonne, über den Tag zu regieren und dem Mond, über die Nacht. Diese Trennung bewirkte, dass der Mond in eine unendliche Traurigkeit verfiel und lange Zeit dicke Tränen weinte. Seine süssen und reichlichen Tränen bildeten schliesslich einen Strom auf der Erde, woraus der Rio Amazonas entstand.

Eine andere etwas ausgeklügeltere Legende berichtet vom Entstehen des Rio Amazonas und des Rio Xingu. Die Indianer erzählen, dass früher alles trocken war. Die Indianer lebten im Wald und hatten kein Wasser zu trinken und keinen Fluss, wo sie fischen konnten. Aber Juriti, der Besitzer des Wassers, hatte es gut unter Verschluss in drei grossen Töpfen und händigte es niemandem aus.

Es gab eine Indianerin, Cinaã, die hatte drei Söhne. Eines Tages waren sie sehr durstig und gingen zu Juriti um ihn um Wasser zum trinken zu bitten. Der seelenlose erfüllte ihre Bitte jedoch nicht und reizte sie ausserdem noch: „Euer Vater ist ein grosser Pajé (Schamane), warum besorgt er kein Wasser für euch?" Die Kinder kehrten alsdann nach Hause zurück und weinten sehr. Cinaã, als sie die Kinder in jenem Zustand sah, fragte sie was passiert war und, als sie die Geschichte der Jungen hörte, warnte sie sie: „Sucht niemals mehr den Juriti auf. Es ist zu riskant! In jenen Töpfen, wo er das Wasser aufbewahrt, gibt es einen sehr gefährlichen Fisch!"

Die Warnung der Mutter verstärkte jedoch nur die Neugier der Curumins (Kinder), die bei der ersten Gelegenheit zu dem Ort zurückkehrten, wo Juriti wohnte. Als sie dort ankamen suchten sie sofort nach den Töpfen, wo das Wasser aufbewahrt war und zerschlugen alle drei mit Knüppelschlägen und Steinwürfen. Juriti verwandelte sich sofort in ein Tier – besser einen Vogel – und die drei Jungen sprangen fort von dem Wasserstrudel, der aus den Töpfen entsprang. Dies verhinderte jedoch nicht, dass einer von ihnen, Rubiatá, fast ganz von einem riesigen Fisch verschlungen wurde, der aus den wirbelnden Gewässern auftauche und nur seine Beine aus dem Maul des Monstrums hervorschauten.

Die anderen beiden Brüder waren verzweifelt und rannten wie verrückt durch den Urwald und wo sie vorbeikamen rissen sie Löcher in den Boden und so bildeten sie das Flussbett und die Wasserfälle. Hinter ihnen, auf ihrer Verfolgung, kam der enorme Fisch und eine riesige Menge Wasser. So bildete sich der Rio Xingu.

Nachdem sie lange gerannt waren, kamen die beiden zum Amazonas. Erschöpft starb der sie verfolgende Fisch. Die Jungen schnitten dann die Beine von Rubiatá ab, die aus dem Fischmaul hingen, sammelten das Blut, das dort lief und bliesen darauf. So wurde Rubiatá wieder zu einem Menschen. Danach bliesen die drei auf das Wasser, das jetzt zum Flussbett des Amazonas gelangte und verbreiterten ihn sehr an dieser Stelle.

Nachdem die Heldentat beendet war, kehrten die drei nach Haus zurück, wo sie ihrer Mutter Cinaã erzählten, was sie gemacht hatten. Sie garantierten ihr, dass von jenem Tage an, alle für den Rest ihres Lebens Wasser in Fülle haben würden.

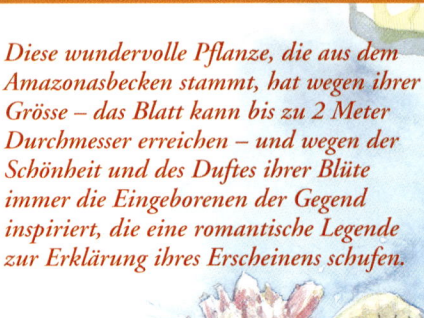

Diese wundervolle Pflanze, die aus dem Amazonasbecken stammt, hat wegen ihrer Grösse – das Blatt kann bis zu 2 Meter Durchmesser erreichen – und wegen der Schönheit und des Duftes ihrer Blüte immer die Eingeborenen der Gegend inspiriert, die eine romantische Legende zur Erklärung ihres Erscheinens schufen.

Vitória-Régia

Die Indianer erzählen, dass vor vielen, vielen Jahren in einem Stamm an den Ufern des grossen Amazonasstromes eine Gruppe von Indianermädchen lebte. In Vollmondnächten versammelten sich diese romantischen jungen Mädchen in einer Ecke des Dorfplatzes und bewunderten die Schönheit des Gestirns, das mit seinem wundervollen silbrigen Licht den Urwald, die Flüsse und die Hütten beleuchtete und ihnen ein magisches Aussehen verlieh. So schön waren der Mond und die Sterne, die ihn umgaben, dass die jungen Indianerinnen davon träumten, sich eines Tages in einen von ihnen zu verwandeln. Naia, die schönste und träumerischste der Gruppe, trennte sich einmal von ihren Begleiterinnen und ging allein los, auf einen Baum zu klettern, um so dem Mond näher zu kommen und ihn, falls möglich, anzufassen. Zu ihrer Enttäuschung gelang ihr das nicht. In der folgenden Nacht ging sie zu einem hohen Berg in der Gegend, in der festen Absicht, den Mond anzufassen und so seine Schönheit zu rauben. Aber wiederum entzog sich ihr der Mond, je mehr sie sich dem Gipfel näherte. Untröstlich überschaute Naia, schon auf dem Rückweg nach Hause, von jenem erhöhten Platz die Szene, die sich ihr darbot. Da sah

sie begeistert den unerreichbaren Mond, der sich in
aller Ruhe in den stillen Gewässern eines Sees badete.
Mit ihrem vor Freude springenden Herzchen rannte
Naia in Richtung auf den See, in der Absicht denjenigen
zu ergreifen. Während sie sich eilig der Stelle näherte,
wo sie meinte, den sich badenden Mond gesehen zu
haben, dachte sie, wie es sein würde, so schön und
leuchtend zu sein wie er. „Der Mond hat meine Klagen
gehört und ist gekommen, sich mit mir zu treffen",
dachte sie weiter. Als sie an das Ufer des tiefen und
stillen Sees gelangte, konnte Naia den Mond bei seinem
schweigsamen Bad beobachten. Nun hatte sie keine
Zweifel mehr. Sofort tauchte sie ins Wasser, in der
Absicht den süssen und geliebten Inspirator zu
erreichen. Aber, welch Unglück! In der Hast ihre Absicht
zu erfüllen vergass Naia, dass sie nicht schwimmen
konnte. So wurde sie alsbald vom Wasser verschluckt
und ertrank. Von der Höhe des Himmels, von wo er
alles beobachtete, empfand der Mond Mitleid mit dem
Schicksal des Mädchens und beschloss ihr zu helfen.
Mit einer Geste grosser Güte verwandelte er jenen
schönen Körper, der nun leblos auf dem dunklen
Wasser des Sees schwamm, in eine wundervolle
Wasserpflanze, aus der eine Blüte wuchs, so schön und
duftend wie die kleine Indianerin Naia gewesen war.

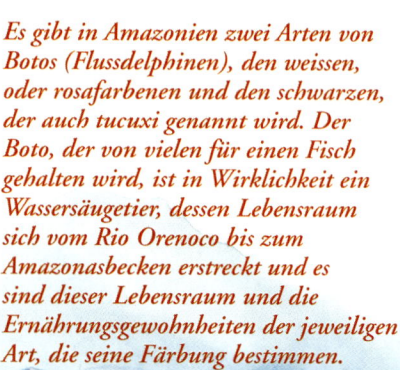

Es gibt in Amazonien zwei Arten von Botos (Flussdelphinen), den weissen, oder rosafarbenen und den schwarzen, der auch tucuxi genannt wird. Der Boto, der von vielen für einen Fisch gehalten wird, ist in Wirklichkeit ein Wassersäugetier, dessen Lebensraum sich vom Rio Orenoco bis zum Amazonasbecken erstreckt und es sind dieser Lebensraum und die Ernährungsgewohnheiten der jeweiligen Art, die seine Färbung bestimmen.

Boto

Die Uferbevölkerung erzählt, dass sich der Boto in den Flüssen Amazoniens auf einen Herrschaftsbereich spezialisiert hat, der den Vätern jungfräulicher Mädchen und den Ehemännern schöner gebauter Frauen die Haare zu Berge stehen lässt. Ledige und Verheiratete, es sei gesagt: vorausgesetzt, dass sie jung und gutaussehend sind, bleiben nicht unbemerkt und entwischen nicht den Überfällen des Eroberers der Flüsse. Der unverschämte Boto verwandelt sich in einen schönen und unwiderstehlichen Mann. Elegant mit seinem weissen Anzug gekleidet, mit einem Schwert am Gürtel und immer mit einem Hut auf dem Kopf, besucht der Boto die Feste an den Ufern, wo er die Frauen fasziniert und sie zum Flussufer mitnimmt, wo er sie verführt. Wenn die Verzauberung vorüber ist, kehrt der Boto mit seiner Bekleidung zu der Erscheinung zurück, die er vorher hatte. Das Schwert verwandelt sich in einen elektrischen Fisch, der Hut in eine Rochen, die Schuhe in Acaris oder Cascudos und der Gürtel in einen Aruaná, alles Fische Amazoniens. Deshalb weiss man schon, wenn in jenen Gebieten eine ledige Frau schwanger wird oder eine verheiratete Frau ohne ihren Mann schwanger wird, dass die einzige mögliche Erklärung die Verzauberung durch den Boto ist. Na, so ein freches Biest!

*Obwohl dies eine der bekanntesten
Legenden der amazonischen Gegend ist,
wird Iara meistens mit der Sirene
europäischen Ursprungs verwechselt –
jenem mythologischen Wesen, halb Frau,
halb Fisch – oder aber mit Iemanjá, der
afrikanischen weiblichen Wassergöttin.
Es handelt sich jedoch um einen echt
amazonischen Mythos, möglicherweise
indianischen Ursprungs.*

Wer behauptet, sie schon gesehen zu haben,
garantiert, dass es sich um eine schöne und
verführerische Frau handelt, mit langen, seidigen,
schwarzen Haaren und kastanienfarbenen Augen in
Mit ihrer Betäubenden Wohlgestalt bewirkt sie eine
Faszination bei den Männern, die, wenn sie sie beim
nackten Baden beobachten, das Gefühl für Gefahr
verlieren und sich ins Wasser schmeissen, von wo sie
meistens nicht zurückkehren können. Die, denen es
gelingt, kommen entgeistert, zurück und beschreiben
mit unzusammenhängenden Sätzen Unterwasser-
Schlösser und Königshöfe mit verzauberten Wesen.

Iara

93

Das Wesen des Amazonas-Menschen verstehen bedeutet, in eine Mythenwelt zu tauchen, mit Legenden die praktisch alles erklären und besonders die Erschaffung der Flüsse und Wälder. Aus den Flüssen und Wäldern gewinnen die Indianer und Uferbewohner ihr Überleben, Kleidung, Transport, Wohnung und Arzneimittel. Wie eine Art Vorausahnung ist der Name des Gebietes an einer Legende inspiriert, die auf das antike Griechenland zurückführt. Man sagte, dass es eine Gruppe von furchtlosen Frauen gäbe, die Amazonen, welche zu Pferd ritten, geschickte Schützen mit Pfeil und Bogen seien und überall wo sie auftauchten, eine Spur von Angst hinterließen. Den Männern war es verboten sich dem Ort, an dem sie lebten, zu nähern. Im Jahre 1504, auf einer Entdeckungsreise in Südamerika, sah Francisco Orellana eine Gruppe von kriegerischen Indianern. Der Spanier hatte keinen Zweifel, das Reich des Amazonen entdeckt zu haben. Der Name blieb und

Amazonien wurde zu einem der an Legenden reichsten Gebiete Brasiliens. Eine der wichtigsten lokalen Legenden hat große Ähnlichkeit mit derjenigen der Amazonen. Einmal im Jahr lud die Frauengruppe die Krieger eines benachbarten Stammes zu einem großen Fest ein, auf dem die Besucher wie Ehemänner empfangen wurden. Kurz vor Mitternacht, gingen die Indianerinnen zu einem See, wo sie in die tiefen Gewässer tauchten und

Um dieses Problem zu beseitigen, trennte er die beiden und die Sonne sollte über den Tag regieren und der Mond über die Nacht. Aber diese Trennung bewirkte eine dermaßen große Trauer beim Mond, dass die Tränen, die er weinte, auf der Erde einen Strom bildeten, woraus der Rio Amazonas entstand.

Wie bei fast allen Völkern, ist die Schlange auch ein Objekt vieler Legenden im Amazonasgebiet. Eine von ihnen besagt, dass vor langer Zeit eine alte sehr böse Indianerin lebte. Eine ihrer Gewohnheiten war es, Kinder zu verschlingen. Empört beschlossen die Indianer, sie in den

FOLKLOREEREIGNISSEN

einer Ochsenverkleidung tanzt, die meistens aus Samt gemacht ist, mit echtem Gehörn. Die Handlung wird zum Klang der Gesänge aufgeführt, mit Trommelschlag und Festgeläut. Francisco, Angestellter eines Bauernhofes tötet den Lieblingsochsen seines Herrn, um den Wunsch seiner schwangeren Frau Catarina zu erfüllen, welche Ochsenzunge essen wollte. Aber der Besitzer der Fazenda entdeckt es und befiehlt den Indianern, Francisco zu jagen. Dieser aber beschließt einen Schamane zu Hilfe zu rufen, den er darum bittet, den Ochsen wieder zum Leben zu erwecken. Dies geschieht tatsächlich. Mit der Wiederauferstehung des Ochsen beginnt ein großes Fest.

BUMBÁ-OCHSE

Unter den Folkloreereignissen ist das traditionellste der Boi-Bumbá, entstanden im Nordosten Brasiliens und verbreitet im Amazonas. Der große Star des Festes ist der Tripa do Boi, der Mann, welcher mit

bei ihrer Rückkehr kleine grüne Steine mitbrachten, die in Form von Tieren gestaltet wurden. Dieser Talisman, musste um den Hals der Indianer getragen werden, um ihnen Glück zu bringen.

Die Indianer haben mehrere Versionen, um das Erscheinen des Amazonasstromes zu erklären. Eine von ihnen erzählt, dass am Anfang aller Zeiten der mächtigste aller Götter, Tupã, die Welt zu erschaffen wünschte. Er stieß jedoch auf eine Schwierigkeit. Die Sonne liebte den Mond mit so großer Intensität, dass sie alles in ihrem Umfeld verbrannte.

Fluss zu werfen. Aber Anhangá, der böse Geist, half sie zu retten und sich außerdem noch mit ihr vermählte. Aus dieser Verbindung wurde ein Sohn geboren, der in eine Schlange verwandelt wurde. Aber diese Schlange begann ohne Unterlass zu wachsen und, damit sie sich im Fluss fortbewegen konnte, öffnete sie Wasserkanäle. Die Uferbewohner erzählen, dass die Cobra Grande Dutzende von Metern Länge erreichte und Augen hatte, die wie Scheinwerfer leuchteten. Obwohl sie oft mit einer Wassernixe oder auch mit der Wassergöttin verwechselt wird, ist Iara ein echter amazonischer Mythos. Man sagt, dass sie eine schöne und verführerische Frau sei, die auf die Männer eine große Faszination ausübt, wenn diese sie beim Bad in den Flüssen und Seen beobachten. Verzaubert werfen sie sich ins Wasser, aus dem sie fast nie zurückkehren können. Die Mädchen ihrerseits entgehen nicht den Überfällen des Boto. Laut den Erzählungen der Uferbewohner verwandelt sich der Boto in einen schönen und unwiderstehlichen Mann, sobald er eine schöne Frau sieht. Mit einem weißen Anzug gekleidet, ein Schwert um die Gürtellinie tragend und immer mit einem Hut auf dem Kopf, besucht der Boto Volksfeste, wo er die Frauen erobert, sie zum Flussufer mitnimmt und dort verführt. Wenn der Zauber endet, verwandelt die Erscheinung des Boto sich wieder in das, was er vorher war; das Schwert wird in einen Poraquê, der Hut in eine Arraia, der Schuh in einen Acari und der Gürtel in eine Aruná verwandelt – alles Amazonasfische. Diese Verführung erklärt dann, wieso ein lediges Mädchen schwanger wurde oder eine verheiratete Frau ohne die Teilnahme ihres Ehegatten.

FESTSPIELE VON PARINTINS

Von allen Festlichkeiten des Boi-Bumbá sind die Festspiele von Parintins die größten und bekanntesten. Sie finden vom 28. bis zum 30 Juni statt und locken Tausende von Touristen an. Das Fest geschieht in einer großen Arena, dem

Die Viktoria Regia hat schon immer die Einwohner Amazoniens inspiriert. Eine der Legenden erzählt, dass vor vielen Jahren eine Gruppe verträumter Indianerinnen an den Ufern des Amazonasstromes lebte. In den Vollmondnächten trafen sie sich, um die Schönheit des Mondes und der Sterne zu bewundern, während sie davon träumten sich eines Tages in einen Stern zu verwandeln. Naia, die schönste, beschloss eines Tages sich dem Mond zu nähern, um ihn zu berühren. Sie versuchte alles: sie kletterte auf einen Baum, stieg auf einen Berg in der Gegend, aber es

gelang ihr nicht. Als sie nach einem weiteren Versuch nach Hause zurückkehrte, wurde sie vom Mond überrascht, der in einem See in der Nähe ihrer Hütte badete. Fasziniert rannte das Mädchen in Richtung des Mondes und dachte, wie gut es wäre so schön und strahlend zu sein wie er. Als sie am See ankam tauchte Naia hinein, wobei sie völlig vergaß, dass sie nicht schwimmen konnte. Das Mädchen überlebte nicht, aber der Mond, der alles beobachtet hatte, beschloss, ihr zu helfen und verwandelte den schönen jugendlichen Körper Naias in eine riesige Wasser-Pflanze, aus der eine Blüte spross, genau wie die kleine Indianerin: schön und duftend, die Viktoria Regia.

FOLKLOREEREIGNISSEN

Bumbódromo, breitet sich aber auf die ganze Stadt aus, die in den Farben der lokalen Gruppen geschmückt wird: der Gruppe des Boi Garantido (rot) und der des Boi Caprichoso (blau). Ein großes Feuerwerk kündet den Einzug der beiden Ochsen in die Arena an und riesenhafte Figuren, die plötzlich erscheinen können: am Eingangstor, in den Rängen oder aus der Luft. Der Riese Juma, Cobra Grande und andere Figuren der Amazonas-Legenden marschieren durch die Arena, während verschiedene Geschichten aus dem Alltag der Uferbewohner inszeniert werden. Jeder Ochse bringt an die 5 tausend Mitspieler mit, die den Fest-spielen Glanz und Schönheit verleihen.

Bumbódromo

97

Dieser Bericht des Gerichtsschreibers Gaspar de Carvajal eröffnete im 21. Jh. die Prosaliteratur den Amazonas; deshalb gilt er als eine Art Beginn der amazonischen Literatur. Trotz der Kraft dieser Erzählung beschränkte sich in den folgenden Jahrhunderten die Literatur in diesem Teil es Landes auf die Informationen von jesuitischen Missionaren und Abenteurern, die sich in das Amazonasgebiet vorwagten, das damals vollkommen unbekannt war. Es handelte sich um eine Art Informationsliteratur, die in den meisten Fällen von phantastischen Begebenheiten erzählten.

Márcio Souza

Die Prosa im Amazonasgebiet

In den ersten Jahrhunderten sind Bücher, die über das Gebiet berichten, selten. Aber, wenn das Erscheinen der Prosaliteratur in der amazonischen Welt auf sich warten liess, so war die Poesie sehr viel früher anzutreffen. Sie erscheint in der zweiten Hälfte des 17. Jh., als die grausame Wirklichkeit der sogenannten *descimentos* – die Verpflanzung ganzer Indianer-Stämme in die religiösen Missions-Stationen – den portugieischen Offizier Henrique João Wilkens dazu inspirieten den Gedichtband *Muhuraida* zu schreiben. In realistischem Ton bejubelt der Offizier die Aktionen der Portugiesischen Krone und den „Sieg" der portugiesischen Eroberer und des katholischen Glaubens über die Heiden, in diesem Falle die Mura-Indianer. Von fragwürdigem literarischen Wert, kann dieses Buch als eine Art Grundstein der amazonischen Poesie gelten. Jahrhunderte später, im Jahre 1857, greift der Bahianer Lourenço Amazonas den indianischen Themenkreis auf und schreibt das Buch Simá.

In diesem berichtet Lourenço von der Liebe eines Portugiesen zu einer lokalen Indianerin. Für viele war der Sohn, der aus dieser Verbindung entstand, der erste wirkliche Brasilianer. Ein weiterer wichtiger historischer Einschnitt war das Buch *Os Selvagens* (*Die Wilden*), des Portugiesen Francisco Gomes de Amorim. In diesem Werk erneuerte der Autor, indem er eine originelle Sichtweise über die lokalen Konflikte darstellte, welche zur Cabanagem führten, einer Bewegung, die zwischen 1835 und 1840 erfolgte.

Kautschuk – Zwischen 1840 und 1910 bewirkte der Kautschukboom viele Veränderungen in dieser Region und auf dem Gebiet der Literatur war das nicht anders. Der Traum, von einem Tag auf den anderen reich zu werden, lockte Fachleute aus allen Gebieten nach Amazonien, einige von ihnen mit Talend zum Schreiben und einer anderen Weltanschauung. Ein Beispiel war der Cearenser Quintino Cunha, der im Jahre 1907 in Paris das parnasianische Buch Pelo *Solimões* (*Entlang des Solimões*) veröffentlichte. Andererseits zählt der Maranhenser Maranhão Sobrinho mit seinem Buch *Papéis velhos... roídos pela traça do Símbolo* (*Alte Papiere... von den Motten des Symbols angenagt*) zu den bedeutendsten Symbolikern der brasilianischen Literatur. Mit dem Untergang des Kautschuks und in eieer umgekehrten Bewegung wird die im Amazonasgebiet geschriebene Literatur noch mehr von der Erregung der grossen Kulturzentren des Landes abgeschnitten. Während der Südosten eine Periode des

> *Sie sind sehr weiss und gross, mit sehr langem Haar und auf dem Kopf zusammengerollten Zöpfen. Sie haben starke Gliedmassen und leben splitternackt mit bedeckter Scham, tragen ihren Bogen und Pfeile in den Händen und sind so kriegerisch wie zehn Indianer.*

Gaspar de Carvajal

Bruches und des Wiederaufbaus erlebte, die von der sogenannten Semana de Arte Moderna de 22 (Woche für Moderne Kunst von 22) vorgeschlagen wurde, veröffentlichte Francisco Pereira da Silva im Jahre 1927 die *Poemas amazônicos* (*Amazonische Gedichte*).

Der Bruch mit der formellen und regionalen Literatur, der von der Semana de 22 vorgeschlagen wurde, erfolgte in Wirklichkeit erst im Jahre 1935 mit der Veröffentlichung des Buches von *Violeta Branca Ritmos de inquieta alegria* (*Rhytmen unruhiger Freude*). Diese Dichterin blies der dichterischen Produktion Amazoniens neue Luft ein, indem sie eine alltägliche Sprache vorstellte und die Themenwahl erneuerte. Ihr dichterisches Schaffen überzeugt durch die erdgebundenen Inhalte ihrer Gedichte. Die 50er Jahre wahren in Amazonien sehr lebhaft. Im Jahre 1954 gründeten die lokalen *Autoren den Clube da Madrugada* (*Klub des Morgengrauens*), der als Hauptzweck hatte, die allgemeine Situation Amazoniens darzustellen und sogar zu verändern. Es sollte vornehmlich das Streben des modernen Menschen dargestellt werden. Das Eröffnungswerk dieser Bewegung, *Varanda de pássaros* (*Vogel-Varanda*), vom Dichter Jorge Tufic geschrieben, zeigt eine neue Sichtweise der regionalen Wirklichkeit und des Menschen. Verschiedene Autoren suchten das amazonische Universum aus einer anderen Sicht zu erfassen, wie zum Beispiel Luiz Bacellar, Autor von *Frauta de barro* (*Lehmflöte*) und Elson Farias, der 1961 *Barro verde* (*Grüner Lehm*) herausgab.

Prosa – Während der ersten Jahrhunderte nach der Eroberung blieb die schöngeistige Literatur des Amazonas praktisch ohne einen grossen Vertreter. Aber dies änderte sich in der 2. Hälfte des 20. Jh., als in grossem Stil Autoren von der Wichtigkeit eines Paulo Jacob, Márcio Souza und Milton Hatoum erschienen. Autor des *Dicionário da língua popular da Amazônia* (*Wörterbuch der Volkssprache Amazoniens*), schrieb Paulo Jacob seinen Roman, *Chuva Branca* (*Weisser Regen*), mit Grund auf den Erfahrungen und der Lebensweise des amazonischen Menschen, seines Kampfes in einer unwirtlichen Umwelt. Man kann nicht über brasilianische Literatur reden, ohne Márcio Souza zu zitieren. Als Sohn eines einfachen Arbeiters erlangte Márcio Souza eine hochgestellte Position in der Literatur mit der Veröffentlichung von *Galvez, imperador do Acre* (*Galvez, Kaiser von Acre*). Danach schrieb er viele Bücher, wie *A Ordem do dia* (*Die Tagesordnung*), *O mundo perdido de Mad Maria* (*Die verlorene Welt der Mad Maria*). Der letzte Schriftsteller, der sich mit grosser Wichtigkeit im Amazonasgebiet hervortat, war Milton Hatoum, der *Relato de um certo Oriente* (*Bericht eines gewissen Orients*) und *Dois irmãos* (*Zwei Brüder*) schrieb.

Die Satzungen des Menschen
(Thiago de Mello)

> *Ab jetzt ist der Gebrauch des Wortes Freiheit verboten, das aus den Wörterbüchern ausgelassen wird und aus dem trügerischen Sumpf der Münder. Ab diesem Augenblick wird die Freiheit etwas lebendiges und durchscheinendes sein, wie ein Feuer oder ein Fluss, und ihre Wohnung wird immer das Herz des Menschen sein.*

> *Von der Dichtung werde ich mich niemals trennen können: sie wurde mit mir geboren, an mein Wesen geschmiegt: eine Gabe. Es ist das ganze Blau, das ich besitze, sie ist es, die mir für das unerklärliche eine Erklärung gibt – so wie dieses mein Bedürfnis nach Wolken; und der Schmerz des winzigen Fluges des Menschen. Mittelpunkt meines Seins, bist du, Poesie, mein täglich Brot.*

Thiago de Mello, einer der grössten Poeten Brasiliens, veröffentlichte 1951 sein erstes Buch, *Silêncio e palavra* (*Schweigen und Wort*) und führte damit in der nationalen literarischen Szene eine subjektive Wirklichkeitserfahrung ein: *Nicht hier geboren zu werden ist ein purer Zufall*. Der Dichter, der 1926 in einem kleinen Städtchen des Amazonas geboren wurde, zog nach Rio de Janeiro, um Medizin zu studieren, aber er traf eine sehr mutige Wahl, die Literatur als Sinn seines Lebens zu erwählen. Seine Bücher erfassen die Kohärenz einer Existenz, die der Literatur gewidmet ist und aus dem geschriebenen Wort die Waffe macht, mit der er das Leben und die Freiheit verteidigt. Eines seiner wichtigsten Gedichte, „Os Estatutos do homem" (Die Satzungen des Menschen), ist eine Hymne an die Freiheit, in der er seine Verpflichtung gegenüber der Hoffnung und einer freiheitlichen Gesellschaft kundtut.

Thiago de Mello

Einer der grössten Poeten Brasiliens

Die ersten Kunsthandwerker der Geschichte wirkten im Neoliticum (7000 a.C. – 4500 a.C), eine Zeit, als der Mensch begann, den Stein zu bearbeiten, Keramik-Gegenstände zur Aufbewahrung und Zubereitung von Nahrungsmitteln herzustellen, mit Hilfe von Pflanzenfasern zu weben und sich mit Tierfellen zu kleiden. Auch in Brasilien erschienen die Kunst-Handwerker in dieser Periode und begannen ihre Technik und ihr Wissen auf diesem Gebiet der Nachwelt zu vermitteln, eine Wissenschaft, die im Laufe der Zeit vervollkommnet wurde, und über Generationen von Urahnen unserer Indianer bis zu uns überliefert wurde. Die Bemalung, Naturpigmenten, die Kunst des Federwerks, des Körbeflechtens, der Keramik, usw., all dies entstand unter uns lange Zeit vor der Ankunft der ersten europäischen Ausbeuter auf dem amerikanischen Kontinent im 15. Jh. Unter Verwendung von Hölzern, Samenkörnern, Lianen und sogar Häuten und Knochen von Tieren, haben Indianer und Mestizen seit langer Zeit die Natur in Gebrauchs-gegenstände verwandelt. Musik-Instrumente wie die Maracá, eine Rassel, die bei vielen Musikstücken aus dem Landesinneren als Begleit-Instrument Verwendung findet, sind indianischen Ursprungs. Ein weiteres indianisches

Objekt ist der Tipiti, aus Arumã-Fasern hergestelltes Gerät zur Pressung von der Maniokwurzel am Anfang des Produktions-prozesses für Maniokmehl. Ausser seiner Nützlichkeit in den Häusern der Mestizen, eignen sie sich für dekorative Zwecke in den Stadtwohnungen.

ⓘ **INFORMATIONEN**

Fucapi – Fundação Centro de Análise, Pesquisa e Inovação Tecnológica (faser und holz),
tel. (92) 2123-3183,
www.nativeoriginal.com.br

Tora Brasil (holz),
tel. (11) 3819-8001,
www.torabrasil.com.br

KULTURELLES ERBE

Von den Indianern kamen viele dieser Techniken zu den Weissen und zu den Caboclos (Mestizen), ein Ergebnis der Vermischung ihrer Völker. Körbe, Siebe, Fächer und anderes Gerät für Jagt, Fischerei, Landwirtschaft und bei religiösen Riten, sowie Tröge, Boote, Keramikbehälter und sogar Spielzeug, hatten ihren Ursprung in der Entwicklung der im Urwald verstreuten Indianerstämme.

Die Keramik Amazoniens ist ein indianisches Kulturerbe. Sogar die primitiven Techniken, die bis heute bei ihrere Herstellung verwendet werden, hatten ihren Ursprung in den Dörfern und unterscheiden sich nur in Einzelheiten von den althergebrachten Praktiken zur Bearbeitung des Lehms, Erstellung von Schmuckteilen und Reliefs und Impermeabilisation, einer Technik, die nicht von den Indianern benutzt wurde.

Keramik *Kunstgewerbe*

Der Lehm wird in der Trockenzeit gesammelt und von allen pflanzlichen Resten und Sand gereinigt. Der beste Lehm ist der nach dem letzten Hochwasser gesammelte. Mit ihm macht man Kugeln mit etwa 5 Kilo Gewicht, die auf Lattenrosten oder direkt auf dem Fussboden des Hauses gestapelt und getrocknet werden. Je älter und trockener dieser Lehm ist, desto besser eignet er sich zur Bearbeitung. Wenn die Zeit zur Herstellung des Objekts reif ist, zerbröselt die Töpferin die Kugel in sauberem Wasser und vermischt den Lehm mit der vorher gesiebten Asche des Caraípe. Diese Asche fördert die Legierung des Lehms und falls nicht vorhanden, wird ein Mehl vewendet, das aus Schildkrötenpanzern, Schneckenhäusern, Knochen oder Cauxi hergestellt wird, einem schwammigen Tier, das in den überschwemmten Niederungen lebt und sich an den Baumwurzeln ansiedelt. Der so zubereitete Lehm wird anschliessend geformt, mit verschiedenen Techniken. Danach wird das Objekt für höchstens 24 Stunden im Schatten zum Trocknen abgestellt und anschliessend poliert und zum Scheiterhaufen gebracht, wo es innen und aussen bei schwachem Feuer vorgebrannt wird. Der Hauptbrand erfolgt nach diesem Prozess, jedoch ohne das Objekt direkt dem Feuer auszusetzen. Nach der Bemalung und eventuellen Lackierung ist das Objekt fertig zur Benutzung.

SEHENSWÜRDIGKEIT

In einigen Indianerdörfern wird noch Keramik unter Benutzung von Techniken hergestellt, die schon in Gebrauch waren, als Cabral hier im Jahre 1500 aufkreuzte. In diesen Fällen werden die Objekte während einer Woche mit der Asche des Caraípe, einem heimischen Baum des Amazonasgebietes, in einem gegrabenen Loch im Boden gebrannt. Nach dieser Etappe wird jedes Objekt mit einer Schicht Copal bedeckt, dem Harz des Jatobábaumes, das die Objekte undurchlässig macht und verstärkt, wodurch sie hitzebeständig werden.

Fasern und Lianen
Kunstgewerbe

Unzählige Indianerstämme des Amazonasgebietes stellen seit Urzeiten aus Pflanzenfasern geflochtene Gegenstände her, wie Siebe, Körbe und andere Kunstobjekte, die bei der Jagt, beim Fischfang, in der Landwirtschaft und bei religiösen Ritualen Verwendung finden. Die Herstellung von Korbwaren aus Tucumāstroh (*Astrocarium tucuma*) wird in verschiedenen Gebieten des Amazonas wiederaufgenommen, nachdem diese alte Tradition lange Zeit fast gänzlich aufgegeben wurde. Zuerst werden die frischen Blätter der Pflanze geerntet. Nach etwa 30 Tagen wächst ein neues Blatt an der Stelle, wo das alte ausgerissen wurde. Das so gewonnene Stroh wird alsdann mit Naturpigmenten gefärbt: dem Urucum für gelbe und rote Farbe; dem Erd-Safran, ebenfalls für gelb; dem Jenipapo für schwarze Farbe und so fort. Nach dem Färben werden die Fasern geflochten und erhalten eine Nachbearbeitung mit Gravatáfasern, Naturstroh des selben Tucumā und örtlichen Samenkörnern. Das Guarumā-Geflecht, Überlieferung der Indianerkultur, wird von den Mestizengemeinden ausgeübt. Jedoch wird die Herstellung von Gegenständen bei den Indianern von den Männern vorgenommen, während bei den Mestizen der Ufergemeinden hauptsächlich Frauen diese Tätigkeit ausüben und ihr Wissen an die folgenden Generationen

ROHSTOFF

Häufig in der Weberei verwendet, ist die aus der Palmenart Tucum-do-brejo (*Bactris setosa*) gewonnene Faser die widerstandsfähigste von allen. Aber es werden auch andere Pflanzen verwendet, wie die Cabeça-de-preguiça (*Apeiba albiflora*), die Aninga (*Motrichardia linifera*), die Caroá (*Neoglaziovia variegata*), die Guarumã (*Ischinosiphon Koern*), die an den Flussufern gefunden wird, die Embira, die Miriti (*Maauritia flexuosa*) und die Juta (*Corchorus capsularis*).

weitergeben. Der Guarumã wird seit Jahrhunderten von den Indianern genutzt, die aus dem Stengel der Pflanze die Fasergürtel gewinnen, die später beim Körbeflechten benutzt werden. Der Miriti, aus der Palmenart Buriti gewonnenes Grundmaterial, kann auf zwei Weisen verwendet werden.

Bei der ersten wird aus dem Mark des Pflanzenstengels ein schwammiger Stab von etwa 8 cm Durchmesser gewonnen. Dieser Stab wird mit einer widerstandsfähigeren Schicht, dem Miritifasergürtel umwickelt, der bei der Herstellung von Körben und Sieben verwendet wird. Aus dem schwammigen Mark, dem Bruxo, einem leichten Holz werden kleine Tiere und Spielzeug hergestellt.

Das zweite Grundmaterial, das von der Butiti-Palme geliefert wird, ist die Envira, die aus den trockenen Blättern der Pflanze gewonnen, zu Stricken gedreht und anschliessend zum verbinden des Spielzeugs und der Körbe verwendet wird. Aus der Envira können Tischdecken, Untersetzer und ähnliches gewebt werden.

Das aus diesen Pflanzen gewonnene Grundmaterial kann für die Herstellung von Körben, Teppichen, Hüten, Sandalen und vielen anderen Gegenständen.

Balata ist der Name, mit dem allgemein die kleinen Objekte bezeichnet werden, die aus dem Latex zweier Bäume dieser Region hergestellt werden, dem Mimusops amazonica und dem Manilkara bidentata. Diese Bäume geben ein zähflüssiges Harz ab, wenn ihre Rinde eingeschnitten wird, wie bei der Gewinnung des Kautschuks. Dieses Harz wird in Blöcken oder Kugeln gespeichert und später im Wasserbad erhitzt und aufgeweicht, um dann geformt zu werden, zu Miniaturdarstellungen häuslicher Szenen des Amazonasgebietes und zu Tieren der regionalen Fauna, wie dem der Schildkröte, dem Affen, der Schlange, usw., aber auch Haustieren wie dem Hund, Ochsen usw. Diese Objekte haben eine dem Leder ähnliche Oberfläche, aber obgleich die Gewinnungsmethode der des Kautschuks gleicht, gehören die Seringueira (Kautschukbaum) und die Balata unterschiedlichen Baumarten an. Während erstere eine Euforbiazee ist, gehört die zweite den Sapotazeen an.

SEHENSWÜRDIGKEIT

Eine Eigenheit der Balata: laut Bericht des Soziologen Samuel Isaac Benchimol, kann das flüssige Harz, der Latex des Balata-Baumes mit Wasser vermischt getrunken werden; seine Frucht ist der des Sapoti ähnlich und es sind die Fledermäuse, die den Samen dieser Baumart im Urwald verbreiten. Der Forscher behauptet dass die Balata nur am linken Flussufer des Amazonas wächst.

Balata *Kunstgewerbe*

Hölzer

Der Reichtum an hölzernem Kunstgewerbe im Amazonasgebiet ist direkt auf die unermessliche Anzahl von Pflanzenarten zurückzuführen, die in seinen Wäldern angetroffen werden. Mahagoni, Angelim, Angelim-rajado, Zeder, Ipê, und viele andere Edelholzarten werden für die Herstellung von Dekorationsgegenständen und Möbeln verwendet. Heute, mit der Aufwertung des Ökobewusstseins, schliessen sich viele Kunsthandwerker in Kooperativen zusammen, die sich der Herstellung dieses Kunstgewerbes widmen und dafür nur die Bäume verwenden, die sie im Urwald und an den Flussufern finden und die bereits durch die Natur selbst gefällt wurden. Auch Unternehmer haben diese weltweite Tendenz zur Umwelterhaltung entdeckt und widmen sich der Kommerzialisierung von Gegenständen, die mit „ökologisch korrektem" Material aus dem Urwald hergestellt werden. So werden nur Bäume verwendet, die bereits am verrotten sind, Holzreste und Subprodukte von Hölzern, die aus Naturgeschüzten Gebieten mit Genehmigung des IBAMA (Brasilianisches Institut für Umweltschutz) gewonnen werden. Tische, Stühle, Bänke, Fruchtschalen, alles wird aus diesem wiederverwendeten Material gemacht. Ausserdem gibt es Kunsthandwerker, die sich auf das Schnitzen spezialisiert haben und schöne Arbeiten herstellen.

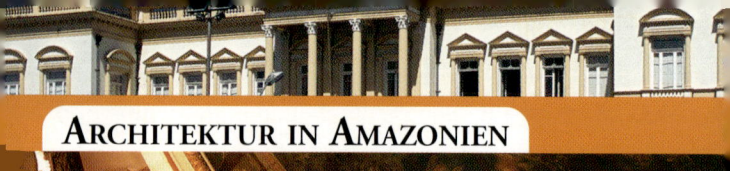

Im Jahre 1804, als der Sitz der Lehnschaft São José do Rio Negro endgültig von Mariuá (dem heutigen Barcelos) nach Lugar da Barra (dem heutigen Manaus) verlegt wurde, war dieser Ort nichts weiter als ein armseliges Dorf. Erst im Jahre 1832 wurde Lugar da Barra zur Vila ernannt, mit dem Namen Nossa Senhora da Conceição da Barra do Rio Negro. Im Jahre 1850 begann sich der Ort in bedeutendem Maße zu verändern, als die Provinz Amazonas geschaffen wurde u. Barra zu ihrer Hauptstadt wurde. Es entstanden neue Straßen und die Bevölkerung begann sehr zu wachsen.

Aber es war erst ab der 2. Hälfte des 19 Jh., dass Manaus, den süßen Geschmack des Reichtums erfuhr. Einerseits spiegelte sich das wirtschaftliche Leben des Gebietes, das durch den Export von Nüssen, Reis, Kakao, Guaraná, und anderen Urwaldprodukten begünstigt wurde, im Wettstreit der reicheren Familien wieder und andererseits verursachte der Zuwachs der Benutzung des Naturgummis durch die Industrie, nach der Erfindung des Galvanisierungsprozesses um 1842,

Architektonische Einheit der Zoll- und Wachegebäude, das erste Fertigteil-Gebäude der Welt, mit Stilelementen aus dem Mittelalter und der Renaissance, das im Jahre 1906 eingeweiht wurde.
Der Rio Negro Palast, ehemaliges Wohnhaus eines deutschen Gummi-exporteurs, Waldemar Scholz. Er wurde gebaut im Jahre 1903, im Jahre 1918 an den Staat verkauft und im Jahre 1980 unter Denkmalschutz gestellt.

eine wahrhaft luxuriöse Periode des Reichtums in Manaus. Nach der Einrichtung der Republik im Jahre 1889, wurde die Provinz zum Bundesstaat Amazonas und ihre Hauptstadt Manaus hatte sich in das größte Exportzentrum der Welt für Kautschuk verwandelt. Es war die sogenannte „goldene Epoche des Gummis", die mit der Ankunft von Imigranten aus dem Nordosten Brasiliens und von ausländischen Arbeitern gipfelte, was dazu führte, daß die städtebauliche Struktur der Stadt beachtliche Veränderungen erfuhr. Es war eine Zeit, in der die Bauwerke die Stadt dominierten und die Landesregierung Dienstleistungen wie den

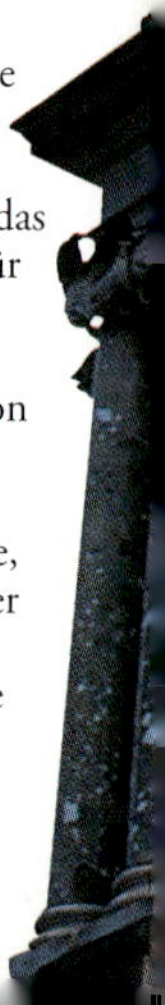

WEITERE BAUWERKE

Der Justizpalast, gebaut im Jahre 1893, der am englischen Neoklassizismus und an der Architektur des 2. französischen Reiches inspirierte architektonische Merkmale aufweist.

Die Hauptkirche Nossa Senhora da Conceição ist die erste Kirche, die nach der Gründung von Manaus im Jahre 1695 von Karmeliter-Missionaren erbaut wurde. Sie war anfangs einfach, wurde jedoch vollständig bei einem Brand im Jahre 1850 zerstört. Der neue Bau vom Jahre 1878 ist im neoklassischen Stil.

Die Kirche São Sebastião, wurde im Jahre 1888 im neoklassischen Stil aus Seifensteinfertigteilen gebaut. Zu erwähnen ist die Krippe in Naturgröße.

Der Bezirksmarkt Adolfo Lisboa, wurde im Jahre 1882 aus Gußeisen im Sitl *Art Nouveau* gebaut und befindet sich am Ufer des Rio Negro.

öffentlichen Transport mit Straßenbahnen, Telefon, Strom und Wasserleitungen einrichtete. Aus dieser Zeit stammt das für den Luxus jener Jahre repräsentativste Bauwerk, das Amazonas-Theater, das im Jahre 1896 eingeweiht wurde, nach 17 Jahren Bauzeit und weiteren 3 Jahren, die ausschließlich für die Dekoration benötigt wurden.

TECHNOLOGIE

Um den schwierigen Zugang sowohl auf dem Land- wie auf dem Wasserweg zu umgehen, sah das Projekt im Jahre 1967 einen Industrialisierungsprozess vor, der sich auf Produkte mit hoher Technologie gründen sollte, die ohne weiteres mit Flugzeugen transportiert werden könnten. Es war eine Zeit der geschlossenen wirtschaftlichen Grenzen, in der über 2 tausend Produkte, besonders die elektronischen, nicht importiert werden durften. Ergebnis: die Freihandelszone von Manaus wurde zum Haupteingang für Technologie in Brasilien und wies das Monopol auf dem Innenmarkt auf. Die Szenerie war ungewöhnlich: eine Stadt, die von unermesslichen Urwäldern umgeben war u. praktisch von der Bevölkerung des restlichen Brasilien ignoriert wurde. Aber bald wurde die Freihandelszone zu einer

Mit dem Ende der „goldenen" Periode des Kautschuks, bei Beginn des 20. Jh., erfuhr das Amazonasgebiet einen wirtschaftlichen Todeskampf. Während Gebiete wie Pará durch die Nähe der Küste u. Straßen Verbindungen mit dem übrigen Brasilien den Fortschritt erlebten, isolierte sich Westamazonien immer mehr. Eine Situation, die im Jahre 1957 sich zu ändern begann, als die Freihandelszone von Manaus mit einem zollfreien Hafen eingerichtet wurde. Aber der große Wendepunkt geschah, im Jahre 1967, als die Regierung diese Gesetzgebung erweiterte, indem große Steuervergünstigungen bestimmt wurden, um

Unternehmen anzulocken, die bereit wären an einem Pol für Industrie u. Handel, Land- und Viehwirtschaft, teilzunehmen. Ein weiteres Ziel war, die Besiedelung des Gebietes zu fördern u. die Sicherheit zu erhöhen, da die Militärregierung glaubte es gäbe Risiken, dass fremde Länder Amazonien besetzen könnten.

Art „Shopping-Center" für alle Brasilianer, die Beschränkungen beim Einkauf von elektronischen Produkten im In- und Ausland ausgesetzt waren. Diese erste Epoche, die bis zum Ende der 70. Jahre andauerte und in der völlige Freiheit für den Import von Produkten herrschte, die einzig in der Freihandelszone verkauft werden durften, hatte einen großen Widerhall in Manaus. Touristen aus allen Teilen des Landes planten die Stadt in ihre Reiserouten ein.Die Bevölkerung die in den sechziger Jahren 200 tausend Einwohner aufwies, sprang bis 1980 auf 900 tausend. Laut Daten der Handels-Kammer des Amazonas-Gebietes wurden allein im Jahre 1967 fast 1.400 neue Unternehmen in der Stadt angemeldet.

AUS EINEM EINGANGSTOR FÜR TECHNOLOGIE WURDE EIN INSTRUMENT ZUR ÜBERTRAGUNG VON TECHNOLOGIE

In den 80. Jahren änderte sich das Panorama. Das Ziel war jetzt nationalisieren, egal auf welche Weise dies erfolgen sollte. Unter anderen Neuerungen bestimmte das Modell nun Mindestsätze für die Nationalisierung der Industrie-Produkte der Freihandelszone von Manaus und Obergrenzen für den Import.

DRITTE PHASE

Die 3. Phase der Freihandelszone von Manaus begann im Jahre 1991, mit der neuen Politik für Industrie u. Außen-Handel, die eine Öffnung des Import-marktes erwirkte. In Anbetracht einer großen wirtschaftlichen Rezession, die zu Beginn der neunziger Jahre das Land erschütterte und wegen der Konkurrenz mit importierten Produkten, die weniger kosteten und bessere Qualität aufwiesen, sah sich die Regierung gezwungen mehrere Umformulierungen vorzu-nehmen, wie die Schaffung von Gebieten mit freiem Handel, Aufhebung der Beschränkungen für den Import und die Einrichtung der Internationalen Zwischenstation der Freihandelszone von Manaus, um die Unternehmen anzuregen eine industrielle Umformung vorzunehmen. Diese neue Anpassung wirkte sich negativ auf die Beschäftigungsrate aus, die von 60% auf 30 % im Jahr 1992 absank.

Auf der anderen Seite bekamen die Unternehmen durch die Änderungen eine größere Konkurrenzfähigkeit mit importierten Produkten u. konnten sie den Innenmarkt zurückerobern.

Schon im Jahre 1993 begann sich eine Erholung der Freihandelszone von Manaus abzuzeichnen. Die Freihandelszone, begleitete den Import- und Exportmarkt und nahm aktiv daran Teil und heute zeichnet sie sich durch hohe Technologie aus. Dort gibt es Unternehmen mit Spitzentechnologie, die u. a. eine optische Computer-Maus für Behinderte entwickelten und dabei sind die Bioindustrie zu festigen. Im Jahre 2004 war Amazonas der Bundesstaat mit der höchsten industriellen Zuwachsrate Brasiliens, vor allem bewirkt durch die

Trotz der aufgezwungenen Beschränkungen, hatten die Unternehmen Zugang zur Spitzentechnologie, was sehr vielversprechend wurde, denn es gab einen Markt, der begierig auf elektronische Produkte war. Außerdem wurden viele der Industrien die sich in Manaus niedergelassen hatten Zulieferer für Unternehmen, besonders in São Paulo.

Diese 2. Periode, die bis 1990 dauerte, wies eine hohe Zuwachsrate des industriellen Sektors von Manaus auf, der im Jahre 1990 achtzig tausend direkte Arbeitsplätze schuf.

Produktion auf dem Sektor für Elektro-Elektronik, Kommunikation und Motorrädern. Niemals vorher gab es so viele neue Arbeitsplätze in der Freihandelszone von Manaus, die in selbigem Jahr die Marke von 90.000 direkten Stellen übertraf, etwa 10 tausend mehr als im Jahre 1990 registriert wurden. Anfänglich geschaffen, um 30 Jahre zu dauern, bekam die Freihandelszone mit der Verfassung von 1998.

Die Freihandelszone von Manaus bietet Erzeugnisse der wichtigsten internationalen Marken an, besonders auf den Gebieten Audio, Video, Informatik, Kleidung und Parfum, mit einer Garantie für Herkunft und Qualität. Es gibt jedoch eine Begrenzung beim Einkaufswert auf US$ 2.000,00 pro Person. Bis zu US$ 500,00 gibt es keine Mengenbegrenzung.

VÖGEL

Als Gebiet mit einer Vielzhal von Tieren und Pflanzen, ist Amazonien ein Paradies für Leute die gern Vögel beobachten. Wir sprechen von einer Leidenschaft, die so alt ist, wie die Menschheit selbst. In den urgeschichtlichen Höhlen zeichnete der Mensch die Vögel, die er sah und jagte. Auf der ganzen Welt wurden bereits etwa 9.700 Vogelarten katalogisiert. Von diesen leben 1.677 in Brasilien und 700 können im Amazonasgebiet beobachtet werden. Selbst mit diesem seit Urzeiten vorhandenen Interesse des Menschen an der Vogelbeobachtung und trotz der grossen Vielzahl der brasilianischen Vogelarten, steckt diese Art von Tourismus in Brasilien noch in den Kinderschuhen. Für Amateur-Ornithologen ist Amazonien eine der vorteilhaftesten Regionen des Planeten; nicht nur wegen der grossen Vielfältigkeit, sondern auch weil es einzigartige Vögel in Bezug auf das Gefieder, Gewohnheiten und Verhaltensweisen aufweist. Es gibt viele sehr auffällige, wie den Galo-da-serra (*Rupicola rupicola*), den Urubu-rei (*Sarcoramphus papa*), den Brilho-de-fogo (*Topaza pella*) – der grösste Kolibri der Region. Andere, wie der Uirapuru (*Ciphorhynus aradus*), begeistern mit ihrem unglaublich melodiösen Gesang. Ausser den lokalen Arten erhält das Amazonasgebiet den Besuch von anderen Gästen der nördlichen Erdhalbkugel, wie den Fischadler (*Pandion haliaetus*), den Wanderfalken (*Falco peregrinus*), und den Bem-te-vi garganta-branca (*Tyrannus albogularis*).

Eine weitere Gruppe von Vögeln, die „Formicariidae", wie der Choca-preta-e-cinza (*Thamnophilus nigrocinereus*), sind ein Beispiel für Arten, die nur in den tropischen Zonen leben und viel in Amazonien vorkommen. Diese Art von Tourismus macht seine ersten Schritte in Brasilien, aber das Amazonasgebiet bietet sehr gute Möglichkeiten. Man kann Parks, Naturschutzgebiete, u. Urwaldhotels besuchen und ausserdem eigens für diese Art Tourismus vorbereitete Ausflüge begleiten.

BEOBACHTUNGSPLÄTZE

Im Bezirk von Manaus gibt es mehrere einzigartige Plätze für die Vogelbeobachtung. Es gibt den Botanischen Garten Adolpho Ducke, den Wald der Wissenschaft, den Park des Mindu, die Umgebung

1.

i INFORMATIONEN

Amazon Birding Expeditions, tel. (92) 3263-6993, www.birding.com.br

1. Arara-vermelha (*Ara macao*), 2. Galo-da-serra (*Rupicola rupicola*), 3. Anambé-azul (*Cotinga cayanna*), 4. Socó-boi (*Tigrisoma lineatum*), 5. Tiriva (*Tiriva roseifrons*), 6. Arara-azul-grande (*Anodorhynchus hyacinthinus*), 7. Harpia (*Harpia harpyja*)

8. Papagaio (*Amazona aestiva*),
9. Anambé-pombo (*Gymnoderus foetidus*), 10. Arara-vermelha (*Ara macao*)

Igarapé das Araras

Der Igarapé das Araras, in der Nähe der Inselgruppe von Anavilhanas, ist ideal für die Beobachtung von Küstenvögeln wie dem Trinta-réis-grande (*Phaetusa simplex*), dem Corta-água (*Rynchops niger*), und den merkwürdigen Biguás (*Phalacrocorax brasilianus*), wenn sie schwimmen, tauchen oder von hier nach da fliegen; ausserdem gibt es auch noch den Tucano-grande-de-papo-branco (*Ramphastos tucanus*), den Saíra-de-bando (*Tangara mexicana*), den Surucuá-de-cauda-preta (*Trogon melanurus*) u. den Bem-te-vi-rajado (*Myiodynastes maculatus*).

9.

des Hotel Tropical, die Bundes-Landwirtschftsschule von Manaus und den Universitätskampus, alle dafür geeignet. 107 km von Manaus befindet sich die Stadt Presidente Figueiredo mit vielen Wasserfällen, Grotten und Höhlen. Die Umgebung dieser Stadt ist ein besonders begnadeter Ort für die Beobachtung der Vogelarten. So gibt es zum Beispiel den Pipira-da-guiana (*Tachyphonus surinamus*), den Gavião-branco (*Leucopternis albicollis*), den bico-encarnado (*Pitylus grossus*), den Choquinha-miúda (*Myrmothelura brachyura*), den Furríel (*Caryothraustes canadensis*), u. den seltenen Kolibri brilho-de-fogo (*Topaza pella*) und zu bestimmten Zeiten des Jahres kann der Galo-da-serra (*Rupicola rupicola*) mit seinem orangenen Gefieder angetroffen werden. Wer Wasservögel liebt, hat eine sehr gute Möglichkeit zur Beobachtung im Bezirk der Stadt Iranduba. Während der Hochwasserperiode überschwemmt das Flusswasser den Urwald und bildet die Igapós, die es den Beobachtern erlauben mit dem Boot bis in versteckte Gegenden des Waldes vorzudringen, wo sowohl Vögel wie auch die graziösen rosafarbenen Flussdelphine (*Inia geoffrensis*) und die grauen Flussdelphine (*Sotalia fluviatilis*) beobachtet werden können.

Ausser diesen Arten haben die Beobachter gute Chancen in dieser Gegend Vogelarten wie den Jaó-verdadeiro (*Crypturellus undulatus*), den Ipequi (*Heliornis fulica*), den Japacanim (*Donacobius atricapillus*), den Sofrê (*Icterus icterus*), den Ferreirinho-pintado (*Todirostum chrysocrotaphum*), den Maria-sebinha (*Hemitriccus minor*), den Curruíra-do-brejo (*Certhiaxis cinnamomea*), den Papagaio-da-várzea (*Amazona festiva*), und ausserdem noch kleine Gruppen von Macacos-de-cheiro (*Saimiri sciureus*) (Affenart) zu sichten. Auf den Anavilhana-Inseln kann man auch Vogelarten sehen wie den Königsreiher (*Pilherodius pileatus*), den Suiriri-de-garganta-branca (*Tyrannus albogularis*), den blauen Reiher (*Egretta caerulea*), den Fischadler (*Pandion haliaetus*) und den Garrinchão (*Campylorincus turdinus*), u. a. Eine weitere Atraktion der Region ist der hallende Ruf des Capitão-da-mata (*Lipaugus vociferans*), der als die „Stimme Amazoniens" bezeichnet wird. Etwas weiter von Manaus entfernt gibt es weitere Möglichkeiten.

Der Nationalpark von Jaú. Es handelt sich um einen wunderschönen Ausflug in diesen grössten Naturpark Brasiliens, mit vielen Fusspfaden. In der Nähe der venezuelanischen Grenze liegt der Nationalpark des Pico da Neblina, der sich ebenfalls für die Vogel-Beobachtung eignet.

In der üppigen Vegetation dieses Gebietes leben seltene Vogelarten wie der Acari-preto (*Cacajao melanocephalus*), Tukane u. Sperber.

In der Nähe von São Gabriel da Cachoeira gelegen, weist dieser Park den höchsten Gipfel Brasiliens auf, den Pico da Neblina, mit etwa 3000 m Höhe.

TOURISMUS UND KULTUR

Der Bundesstaat Amazonas erwacht für die Möglichkeiten des Ökotourismus. Die Natur zeigt sich üppig: es sind große Flüsse, Urwälder, Grotten, Höhlen, Wsserfälle und Berge, die eine unglaubliche Vielseitigkeit von Flora und Fauna beherbergen. Die Hauptstadt Manaus bietet historische Sehenswürdigkeiten und viele verschiedene kulturelle Auswahlmöglichkeiten und ist außerdem der Hauptausgangspunkt für die Erkundung dutzender Flüsse mit idealen Bedingungen für Ausflüge, archäologisch interessanter Gebiete, Inselgrupen mit Flussstränden und weiterer hundertfacher kaum bekannter Naturschönheiten.

KUNSTGEWERBE: Das Kunstgewerbe sagt viel über die Kultur u. die Traditionen eines Ortes aus. Besuche von Plätzen, an denen die Herstellung von Kunstgewerbe beobachtet werden kann, stellen den Touristen in Verbindung zu diesen Themen u. den beteiligten Personen.

BÄDER IN DER NATUR: Bäder in Flüssen, Wasserfällen u. natürlichen Schwimm-Becken sind eine wunderbare Art den Körper wieder herzustellen. Es ist wichtig auf rutschige Oberflächen, Kopfsprünge ins flache Wasser u. Stromschnellen zu achten.

SCHWIMMKÖRPER-CROSS: Die Abfahrt mit Schwimmkörpern oder großen Gummi-Reifenschläuchen durch Stromschnellen erfordert Sicherheitsausrüstung wie Schutzhelme, Schwimm-Westen, Handschuhe, Knieschützer u. a.

KAMPING: Freizeitkamping, sowohl auf Plätzen mit Infrastruktur, wie ohne diese. Wichtig ist es, die Natur vor jeglicher Agression zu bewahren und den Müll wieder mit zu nehmen.

KANUFAHREN: Abfahrt von Flüssen, vorzugsweise mit Stromschnellen, mit Paddelbooten, auf dem Meer oder auf Seen. Dies kann mit verschiedenen Arten von Kanus oder Kaiaks durchgeführt werden.

CANYONING: Abstieg in Wasser-Fällen mit Hilfe eines Seils (Rapel), ermöglicht es HöhenUnterschiede zu bewältigen. Zur größeren Sicherheit ist es empfehlenswert von Betreuern begleitet zu sein und eine adäquate Ausrüstung zu benutzen.

CAVING: Von der Höhlenforschung abgeleitet ist das Caving ein Vordringen in Höhlen zu deren Beobachtung.

RICHTLINIEN DES ÖKOTOURISMUS

SICH MIT DER NATUR IN HARMONIE BEFINDEN

Der Ökotourismus ist kontemplativ und läd zur Beobachtung und Innenschau ein. Deshalb ist das Benehmen des Ökotouristen anders als das der städtischen Hektik.

HOLISTISCH SEIN

Bei der Integrierung mit der Natur kann man die Erfahrung der Gleich-wertigkeit der Lebewesen empfinden und ein ökologisches Bewusstsein entwickeln, wenn man bemerkt, wie bestimmte negative Einflüsse des Menschen auf die Natur, wie zum Beispiel die Verschwendung und die Umweltverschmutzung, auch dem Menschen selbst Schaden zufügen.

EINE UMWELTGEMÄSSE HALTUNG BEWAHREN

Dies bedeutet eine positive Beziehung zum Habitat zu bewahren und mit der örtlichen Fauna und Flora zu interagieren, ohne ihre naturgemäßen Lebensprozesse zu beeinflussen.

DIE NATÜRLICHEN RESSOURCEN ERHALTEN

Wenn der Tourist eine Quelle mit reinem Wasser vorfindet wird er dort niemals Müll hinterlassen oder sich mit Seife waschen, die nicht umweltfreundlich ist, weil er bestrebt ist, die Quelle zu erhalten.

REGIONALE ERICHTE: Mittels der Kochkunst ist es möglich, Eigenheiten einer Region, ihrer Kolonisierung u. ihrer Gebräuche zu erkennen. Restaurants, Hotels und Farmen bieten die Möglichkeit die Gerichte zu probieren, die starken indianischen Einfluss erfuhren u. auf der Nutzung des Fischfangs gründen.

KLETTERN: Dies ist eine der Techniken, die von den Bergsteigern benutzt wird. Die Tätigkeit erfordert die Benutzung von Seilen und setzt eine hochgradige Technik voraus. Sie sollte deshalb nur von erfahrenen Personen mit gutem Körpertraining ausgeübt werden, unter Benutzung der notwendigen Ausrüstung und Beachtung der Sicherheitsvorschriften.

HÖHLENFOR-SCHUNG: Erforschung von Grotten und Höhlen mit wissenschaftlichen Anliegen.

FOLKLORISTISCHE FESTE: Die Folklore ist eine Zusammenstellung von Volks-Traditionen, – Wissen und – Glauben. So stellen die folkloristischen Feste ein Mittel dar, die kulturelle Essenz der Bevölkerung kennen zu lernen.

BEOBACHTUNG VON FLORA UND FAUNA: Tier- oder Pflanzenarten zu beobachten ist meistens eine Tätigkeit, die Geduld u. Lautlosigkeit verlangt. Von den wissenschaftlichen Forschern verbreitet, ist sie heute auch eine Form der Integrierung mit der Natur. Eine gute Möglichkeit dafür bieten die Naturschutzgebiete, einschließlich der Nationalparks.

STADTPARK: Die Parkanlagen in den Städten bieten verschiedene Freizeitbeschäftigungen im Freien an.

BOOTSFAHRTEN: Dies sind ruhige Ausflüge, ideal für die Familie. Es gibt verschiedene Arten von Booten: Schoner, Motor-Boote, Segelboote und andere. Einige der Ausflüge, die von Agenturen organisiert werden, bieten Musik und Verpflegung; andere sind einfacher und werden von ortsansässigen Fischern durchgeführt. In allen Fällen kann man die Landschaft, Sonne und Brise genießen.

AUSFLÜGE MIT UMWELTER-ZIEHUNG: Auf solcherart Ausflügen ist das Thema die Umwelt. Man kann hier besser die regionale Fauna und Flora kennen lernen, sowie die Arten, wie sie zu schützen sind.

AUSFLÜGE MIT ARCHÄOLOGISCHEM INTERESSE: Dies sind Besuche bei archäologischen Fundstellen u. Museen, die Objekte u. szenische Erzeugnisse ehemaliger Zivilisationen bewahren.

SPORTFISCHEREI: Eine Art des Fischfangs, der bestimmten Regeln unterworfen ist, bezüglich der Größe der gefangenen Fische u. der für diesen Sport freigegebenen Orte.

RAFTING: Flussabwärts auf Flüssen u. Stromschnellen mit aufblasbaren Gummibooten zu fahren sollte immer von erfahrenen Führern überwacht und mit den entsprechenden Sicherheitsausrüstungen durchgeführt werden. Schwimmen können u. Teamwork sind Grundvoraussetzung.

RAPEL: Abstieg an Abgründen, Brücken, Felsen und anderen Orten mit Hilfe von Seilen. Aus Sicherheitsgründen ist die Begleitung durch fachkundige Betreuer wichtig, sowie die Benutzung von adäquater Ausrüstung.

TREKKING UND HIKING: Wanderungen auf Urwaldpfaden, die verschiedene Schwierigkeitsgrade u. Dauer haben können, je nach der Art des Geländes u. des Vorhandenseins von Hindernissen auf der Strecke.

FOTOSAFARI: Dies ist eine Variante des Tourismus der Natur-Beobachtung. Die Programme werden auf Grund der szenischen Schönheit u. der idealen Beleuchtungsbedingungen für die Fotografie zusammengestellt.

❶ Für Brasilianer aus anderen Gegenden und Ausländer sind die Städte des Amazonasgebietes nur auf dem Wasser- oder auf dem Luftwege erreichbar. Die Kosten sind meist hoch.

❷ Planen Sie frühzeitig ihre voraussichtliche Reiseroute. Abflugzeiten und Abfahrt der Boote sollten

❶ Vergessen Sie nicht, sich gegen Gelbfieber impfen zu lassen, midesten zehn Tage vor ihrer Reise. Das Zertifikat wird vom Gesundheitsamt der Häfen und von der Regierung verlangt. Die Impfung hat eine Gültigkeit von zehn Jahren.

❶ An erster Stelle schecken Sie die Glaubwürdigkeit der jeweils gewählten Agentur und der angebotenen Unterkünfte.

❷ Prüfen Sie die Klimabedingungen u. bevorzugen Sie die Niedrig-

einige Zeit vor der Einschiffung abgecheckt werden.

❸ Die meisten lokalen Führer oder Touristenbüros bieten die für Urwaldausflüge benötigte Ausrüstung an, wie Hängematten, Kochgeschirr, Moskitonetze und Stricke.

❷ Es ist empfehlenswert in den Tagen vor der Reise Vitamin B und Knoblauchtabletten zu nehmen, denn beide haben Eigenschaften, die helfen, die Moskitos abzuschrecken.

❸ Es gibt keinerlei Impfung gegen Malaria u. die einzige Art, sich gegen die Krankheit zuschützen ist, die Insektenstiche zu vermeiden. Deshalb empfiehlt es sich, Hemden mit langen Ärmeln u. leichte Hosen zu tragen, Insektenschutzmittel zu benutzen u. unter einem Moskitonetz zu schlafen. Es gibt weniger Insekten in den Trockenzeiten.

Wasserperioden zum reisen. Ausser, dass es weniger Insekten zu diesen Zeiten gibt, tauchen die Flussränder auf und die Bootsfahrten sind weniger gefährlich.

❸ Was muss man im Rucksack mitnehmen, der klein u. wasserundurchlässig sein sollte: Komfortable Schuhe mit undurchlässiger Sohle, Regenüberzug, Hosen u. Hemden mit langen Ärmeln, Hut, Sonnenschutzmittel, Insektenschutzmittel, Badezeug

Plastiksäcke für Dokumente und Fotomaterial.

❹ Erste-Hilfe-Kit: Arzneimittel mit Rezepten. Mittel gegen Alergien, Entzündungen u. Fieber. Desinfektionsmittel, Mullbinden u. Heftpflaster, Chlorprodukte für Trinkwasser aus Bächen u. Quellen.

❺ Ausrüstung für Urwald-ausflüge: Trillerpfeife, Fernglas, Feldflasche, Trockenobst, Getreideriegel, Streichhölzer, Taschenlampe, Hängematte, Stricke, Teller u. Essbesteck

1 Nehmen Sie Rücksicht auf die lokalen Gemeinden u. ihre Wertvorstellungen. Verhalten Sie sich so, dass Sie nicht gegen die Lebensgewohnheiten der

1 Auf Ihren Wanderungen benutzen Sie immer Rucksäcke zum Transport Ihres Gepäcks. Dies ist die komfortabelste Art Ihre Gebrauchsgegenstände zu tragen und lässt Ihre Hände frei.

2 Während der Fusswanderungen reservieren Sie Pausen von 10 Min. nach jeder Stunde zum ausruhen.

3 Bei organisierten Gruppenwanderungen sollte immer ein Führer dabei sein, oder jemand, der das

1 Berücksichtigen Sie die Klimabedingungen, den zurückzulegenden Weg u. die Fahrzeit bei Bootsfahrten.

2 Erinnern Sie sich, dass natürliche Unfälle die Parks u. Reservate vorrübergehend schliessen können.

3 Flussüberquerungen benötigen spezieller Techniken zur

1 Überanstrengen Sie sich nicht am ersten Reisetag; beginnen Sie mit leichteren Reiserouten, um sich körperlich auf die schwereren Strecken vorzubereiten.

1 Registrieren Sie die besonderen Orte und Situationen.

2 Grundlegende Orientierungen können das erfolgreiche Foto garantieren: die besten LichtBedingungen für FreilichtAufnahmen sind am

Bevölkerung handeln.

VERHALTEN

② Auf Fusswanderungen oder Bootsfahrten nehmen Sie eine Plastiktüte für Ihren Müll mit. Hinterlassen Sie keinerlei Spuren ihres Aufenthalts.

Gelände kennt. Ideal für grössere Gruppen ist die Begleitung von zwei Personen – einem Kundschafter der voraus geht und den Weg zeigt und einem zweiten Führer, der am Ende der Gruppe geht, um die langsameren Gruppenmitglieder zu begleiten.

④ In Notfällen ist es möglich eine Armbanduhr als Kompass zu benutzen. Dafür richten Sie die zwölf-Uhr-Stellung der Uhrzeiger auf die Sonne aus.

VORSORGEN

Der Norden liegt innerhalb der Zone zwischen der zwölf-Uhr-Stellung u. dem Stundenzeiger.

⑤ Seien Sie sehr vorsichtig mit dem Trinkwasser. In Ebenen, wo es weidendes Vieh gibt können die Bäche und Flüsse verunreinigt sein. Bäche, die tief genug für ein Bad sind, führen ebenfalls kein Trinkwasser. Nur die Wasserquellen, die aus Bergen esntspringen, sind meist rein. Nehmen Sie lieber Mineralwasser mit.

Geländeerkundung. Benutzen Sie eine lange Stange um den Grund des Flusses nach Steinen und Löchern abzutasten.

④ Bäder in Flüssen u. Wasser-Fällen bieten Gefahren des Ertrinkens u. für Unfälle, wegen Strömungen u. Untiefen. Deshalb prüfen Sie vor einem

BEACHTEN

Sprung, ob die Stelle tief genug ist. Nicht alle dunklen Gewässer bedeuten, dass Sie tief sind u. stilles Wasser kann auch Steine verbergen.

⑤ Fahrradfahrten auf Urwaldpfaden sind sehr schwierig. Erkundigen Sie sich bei den lokalen Führern.

VERMEIDEN

② Wandern Sie nicht alleine, bei Nacht oder Nebel.

③ Stützen Sie sich nicht auf Pflanzen u. greifen Sie nicht in Löcher oder Spalten.

④ Laufen Sie nicht schneller bei steilen oder steinigen Abhängen.

⑤ Trinken Sie keine alkoholischen Getränke.

FOTOGRAFIEREN

frühen Morgen u. am späten Nachmittag, wenn die Sonne nicht senkrecht auf das Objekt einfällt. Vermeiden Sie die Benutzung von Blitzlicht; bevorzugen Sie Kameras mit Möglichkeit für die Belichtung u. so können Sie Fotos mit

verschiedenen Belichtungszeiten schiessen. Zubehör wie Filter, Stativ u. Objektive helfen in speziellen Situationen. Falls Sie eine Digitalkamera benutzen, vergessen Sie nicht einen Reserve-Memory-stik mitzunehmen.

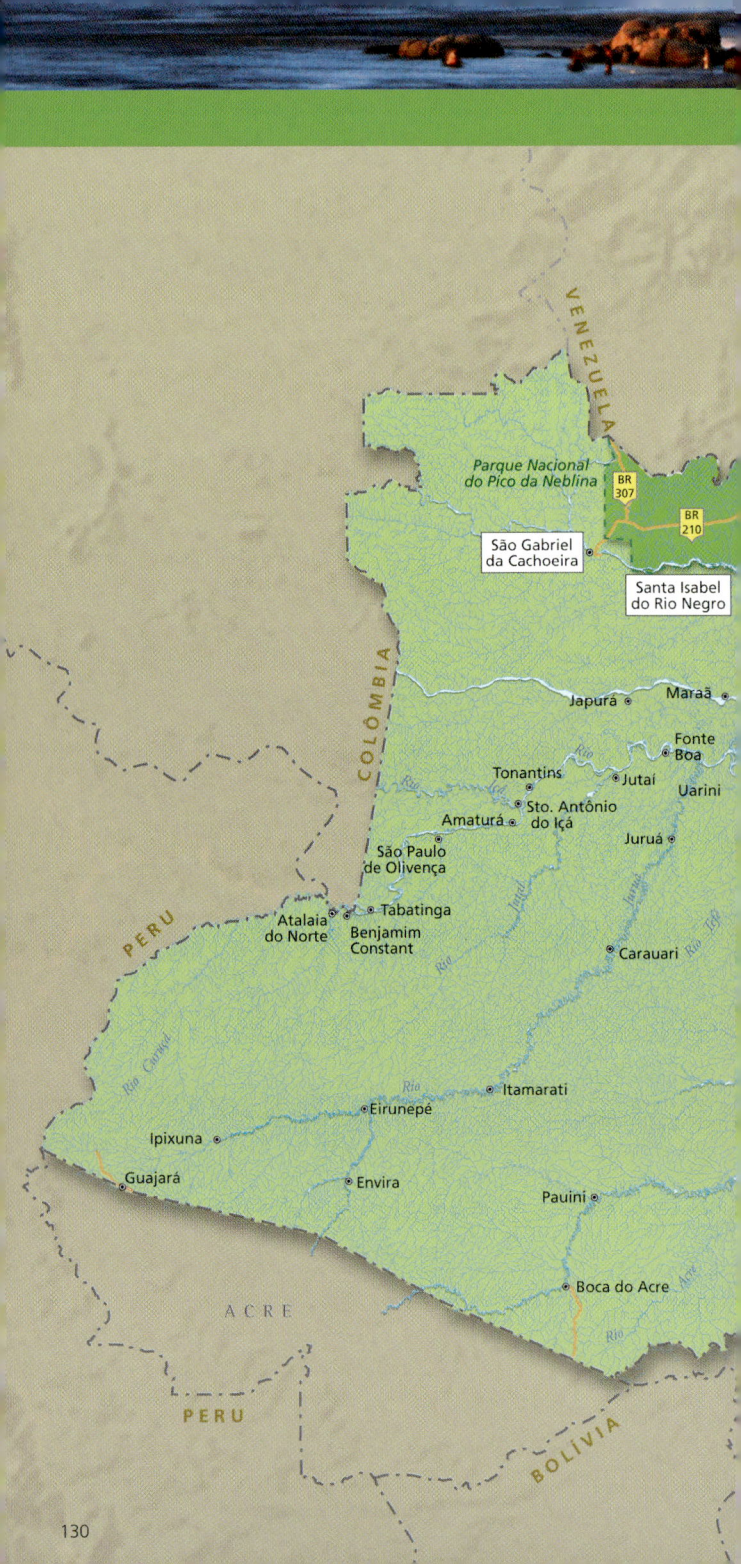

VENEZUELA

Parque Nacional
do Pico da Neblina

BR 307

BR 210

São Gabriel
da Cachoeira

Santa Isabel
do Rio Negro

COLÔMBIA

Japurá

Maraã

Fonte
Boa

Tonantins

Jutaí

Uarini

Sto. Antônio
do Içá

Amaturá

Juruá

São Paulo
de Olivença

Atalaia
do Norte

Tabatinga

Benjamim
Constant

Carauari

PERU

Rio Carauá

Itamarati

Eirunepé

Ipixuna

Envira

Guajará

Pauini

Boca do Acre

ACRE

PERU

BOLÍVIA

GUIANA

BR 210

R O R A I M A

P A R Á

Barcelos

Represa da
Hidroelétrica
de Balbina

BR 174

Parque Nacional
do Jaú

Presidente
Figueiredo

Rio Preto
da Eva

São Sebastião
do Uatumã

Nhamundá

Itapiranga

Boa Vista
do Ramos

Parintins

Novo
Airão

Manaus

AM 010

Silves

Barreirinha

Alvarães

Iranduba

Itacoatiara

Urucurituba

Tefé

Manacapuru

Careiro
da Várzea

Autazes

Maués

Anamã

Manaquiri

Anori

Codajás

Beruri

Nova Olinda
do Norte

Coari

Careiro

Borba

Rio Arau

Rio Uruca

Parque Nacional
da Amazônia

Rio Juma Caari

BR 319

Rio

Novo
Aripuanã

Tapauá

Rio

Manicoré

Canutama

Lábrea

Apuí

BR 230

BR 230

Humaitá

R O N D Ô N I A

M A T O   G R O S S O

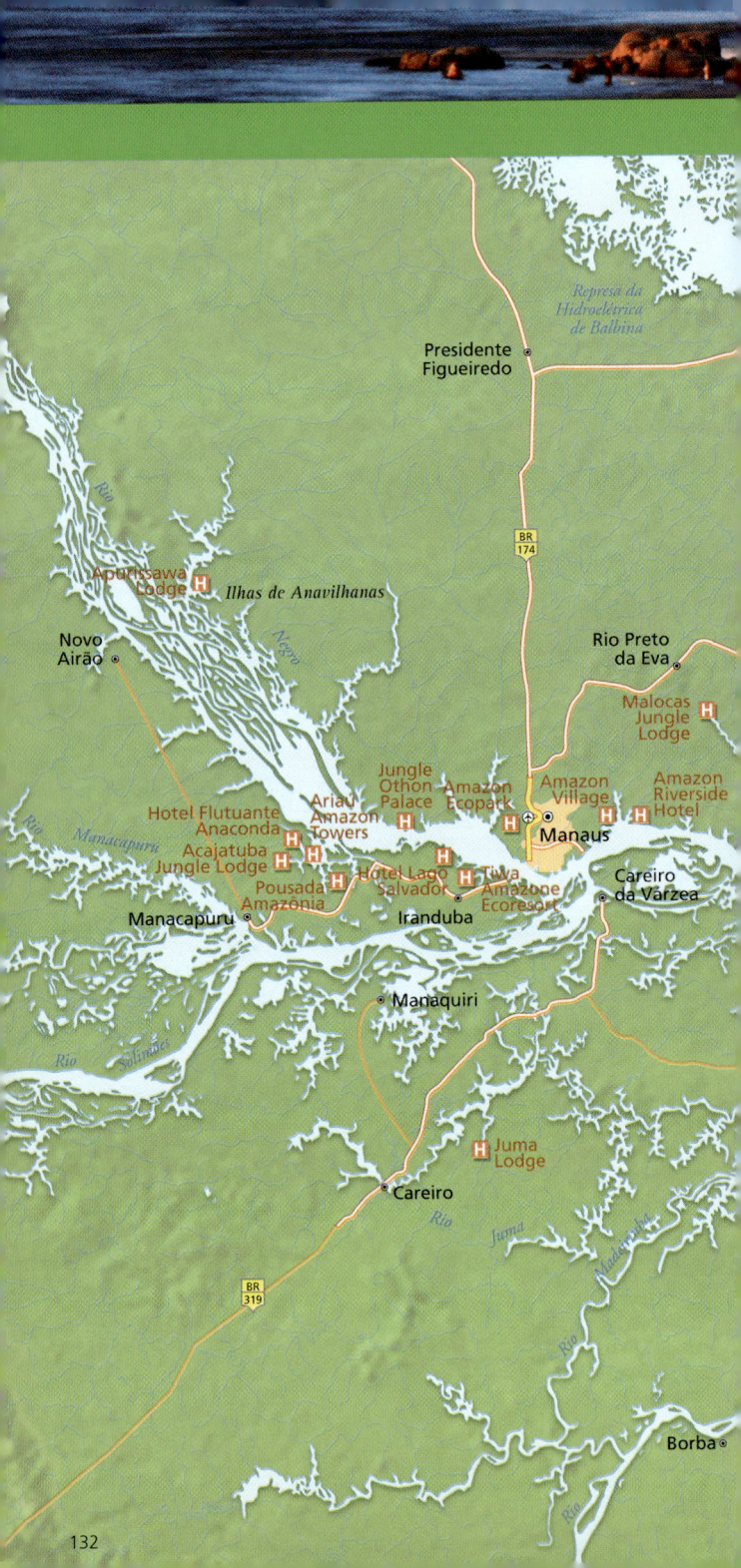

Represa da
Hidrelétrica
de Balbina

Presidente
Figueiredo

BR
174

Apurissawa **H**
Lodge   Ilhas de Anavilhanas

Rio Negro

Novo
Airão

Rio Preto
da Eva

Malocas **H**
Jungle
Lodge

Jungle
Othon   Amazon
Palace   Ecopark   Amazon   Amazon
                                  Village   Riverside
Ariau   Hotel
Hotel Flutuante   Amazon
Anaconda   Towers **H**   **H** **H**   **H** **H**   **H**
Acajatuba   **Manaus**
Jungle Lodge **H**   **H**   Careiro
Rio Manacapuru   Hotel Lago   da Várzea
Pousada **H**   Salvador **H** **H** Tiuá
Amazônia   Amazonoe
Manacapuru   **Iranduba**   Ecoresort

Rio Solimões

Manaquiri

H Juma
Lodge

Careiro

BR
319

Rio Juma

Rio Madeirinha

Rio

Borba

Ig. Macaco Chumbado
Ig. Acácia
Praia da Lua
Praia do Tupé
Rio Tarumã Açu
BR 174
Rio Preto da Eva
AM 010
Rio Negro
Manaus
Rio Amazonas
Rio Ariaú
Praia do Guedes
Careiro da Várzea
Encontro das Águas
BR 319
Iranduba
Rio Solimões
Rio
Rio Urubu
Amazonat Jungle Lodge
AM 010
Aldeia dos Lagos
Silves
Pousada dos Guanavenas
Itacoatiara
Urucurituba
Rio Amazonas
Mau
Amazon Lodge
Autazes
Nova Olinda do Norte
Madeira
Rio Apuiruaná
Rio Abacaxis

AUTAZES

Die Gegend von Autazes war schon in der Mitte des 18. Jahrhunderts bekannt, als sie von den Mura-Indianern bewohnt war, die für ihren Widerstand gegen den portugiesischen Kolonisator berühmt waren. Der Name des Bezirks kommt von de Flüssen Autaz-Açu und Autaz-Mirim. Die Erschliessung des Gebiets hatte ihren Anfang um 1637 mit den Sammlern von Kakau und anderen Naturprodukten über den Rio Madeira, der ebenfalls durch Autazes fliesst. Aber die Besiedelung des Bezirks begann 1860 mit der Ankunft von Kolonisten aus anderen Gebieten des Amazonas und des Nordostens, die von der Aussicht auf Reichtum durch die Kautschukgewinnung angelockt wurden. Zwischen 1835 und 1840 war der Ort Zeuge einer der wichtigsten sozialen und politischen Bewegungen der brasilianischen Geschichte, der Cabanagem. An dieser Revolte beteiligten sich Indianer, Neger, Mestizen und einige arme Weisse, die gegen die Unterdrückung durch die Portugiesen und für die Verbesserung der Arbeits- und Lebensbedingungen kämpften.

BADEORTE

Landschaft mit Babaçu-Palme und Paranussbäume

Badeort Meu Paraíso: An Wochenenden funktioniert eine Bar und ein Restaurant mit Live-Musik. Es gibt mehrere Höhlen am Ort, aber man kann nicht sagen, dass es Touristen-Atraktionen sind, denn sie sind während der Trockenheitsperiode nicht zugänglich und nur wenige Einwohner wissen, wo sie sich befinden.
Badeort Braztur – Wasserpark Otacílio Tupi-nambá Nobre: mit Bar, Restaurant, Fussballplatz, Spielsalon und einem See zum Angeln und für Bootsfahrten.

Es gibt keinerlei Infrastruktur für Touristen bei den Vergnügunsfahrten zu den Flüssen und Seen, deshalb sollte man immer Wasser und Verpflegung mitnehmen, sowie persönliches Zubehör und GebrauchsGegenstände. Auch ist es vorteilhaft einen Führer in der Stadt einzustellen. Es ist möglich Boote zu mieten bei der APPEA – Verein der Bootsführer für Sportfischerei von Autazes durch Vermittlung der Abteilung für Tourismus und Umwelt des Bürgermeister-Amts. „Piloteiro" ist die Bezeichnung für die Führer („Piloten") der Motorboote.
Informationen: Bürgermeisteramt, Tel. (92) 3317-1247.

ZUFAHRT

Die Bootsfahrt von Manaus nach Autazes dauert 11 Stunden auf der Hinfahrt und 12 Stunden auf der Rückfahrt. Es gibt vier „Vergnügunsboote", wie in der Gegend die Boote genannt werden, die Passagiere und Lasten transportieren. Sie fahren von Montags bis Freitags um 18:00 Uhr in Manaus ab und die Fahrkarten kosten R$ 15,00. Die Sicherheits-, Hygiene- und Komfortbedingungen werden als normal für diesen Bootstyp im Bundesstaat Amazonas angesehen. Auf dem Landweg startet man vom Ceasa-Hafen in Manaus mit einer Fähre (1 Stunde) bis zum Fährenhafen in Careiro da Várzea, von wo zweimal am Tag Busse nach Autazes fahren. Auf der Bundesstrasse BR-319 sind 26 km asfaltiert und weitere 90 km auf der AM-254 sind Erdstrasse. Da wegen der geografischen Verhältnisse in der Gegend diese Strasse nicht bis zum Stadtbezirk führt, muss man hier in ein Motorboot umsteigen (10 Minuten Fahrt) oder auf eine Autofähre (45 Minuten). Eine Transportmöglichkeiten sind die Motorboote, die zu verschiedenen Zeiten vom Ceasa-Hafen in Manaus abfahren. Nach der Amazonasüberquerung (25 Minuten) zum Hafen von Careiro da Várzea, gibt es Gemeinschafts-Taxis für die Strecke bis Autazes.

TECHNISCHE DATEN

AUTAZES

Entfernung: 110 km Luftlinie von Manaus, 218 km Wasserweg.
Einwohnerzahl: 27.772 Einw. (Schätzung 2004)
Grundfläche: 7.599 km^2
Klima: heiss und feucht
Mittlere Temperatur: 26ºC
Informationen für Touristen: Bürgermeisteramt, Rua Francisco Barroncas, 245, Tel. (92) 3317-1247. Abteilung für Tourismus, Av. Autazes, 9, Tel. (92) 3317-1347

ⓘ INFORMATIONEN

Balneário Meu Paraíso, rua do Braz, ohne Hausnummer, 1 km von der Stadt.

Balneário Braztur, rua do Braz, ohne Hausnummer, 1 km von der Stadt (und 500 m vom Flughafen), Tel. (92) 3317-1531.

Flüsse

Verschiedene Flüsse kreuzen das Gebiet von Autazes:

Der **Rio Preto do Pantaleão** hat als Eigenschaften das dunkle Wasser und einen See mit etwa 20 km˝ Fläche. Die Zufahrt auf dem Fluss dauert etwa 10 Minuten mit dem Motorboot von der Stadt aus.

Der **Rio Mutuca** befindet sich im Norden des Bezirks, in der Nähe des Amazonasstroms und seine Ufer werden von Indianern bewohnt. Die Zufahrt kann über den Amazonasstrom erfolgen (1 1/2 Stunden), oder teilweise über eine Abzweigung der Landstrasse AM-254.

Der **Rio Mamori** durchströmt den Bezirk Autazes und verbindet ihn mit dem Careiro Castanho. Der Fluss befindet sich nördlich und westlich von der Stadt.

Der **Rio Tupana** ist einer der besterhaltensten und ursprünglichsten der Gegend und fliesst durch ein Gebiet der Mura-Indianer.

Am Rio Juma gibt es zwei Urwald-Hotels: Juma Lodge und Amazon Lodge. Die Zufahrt kann mit dem Boot erfolgen, mit einer Fahrt von etwa vier Stunden ab Autazes, oder ab Manaus über die Bundesstrasse BR-319 bis zum km 42 – vier Stunden Fahrt – und dann den Rio Araçá hinunter bis zum Rio Juma (etwa 1 1/2 Stunden). 🚤 🛥

Babaçu-Frucht

Die wichtigsten kunstgewerblichen Gegenstände von Autazes – Körbe, Teppiche und andere Gebrauchsgegenstände – werden aus Tucumã-Stroh (Astrocatyum tucumã) hergestellt. Einige Kustgewerbler stellen Schmuck für die Boi-Bumbá-Tänze und für Karneval her. Während des Kultur-Marktes, der im Januar stattfindet, werden die aus Holz, Stoffen und Stroh hergestellten Arbeiten, sowie Holzboote ausgestellt. ☒

Fischen des Tucunares

Wegen der grossen Anzahl von Bootsbesitzern für Fischerei-Tourismus ist Autazes bekannt dafür, ein vielseitiges Angebot für diesen Tätigkeitsbereich aufzuweisen. Der von den Touristenfischern begehrteste Fisch ist der Tucunaré (*Cichla sp*) der zum Wahrzeichen der Sportfischerei Brasiliens wurde. ◪

WEITERE PROGRAMME

Es gibt archäologische Vorkommen am Sampaio-See auf der Farm Vista Alegre (in 30 Minuten mit dem Boot über den Rio Autaz-Açu zu erreichen) und am Igarapé do Japim (etwa 1 1\2 Stunden mit dem Boot über den Rio Mutuca).

Man kann auch mehr als 14 Indianer-Gebiete der Mura besuchen in der Gegend des Rio Mutuca. Mit dem Boot dauert die Fahrt 30 Minuten bis 2 Stunden; mit dem Wagen erfolgt die Zufahrt über die Bundes-Strassen AM-245 und Autazes-Sampaio (AZ1). ◑

Babaçu-Palme

Es gibt sehr viel Fisch in der Gegend, besonders im September. Die häufigsten Arten sind: Jaraqui, Tambaqui, Tucunaré, Matrinxã, Curimatã, Acará, Pacu, Surubim und Pirarucu. Die Fische leben in den Flüssen und Seen der Gegend. Mehr Informationen bei der Associação dos Piloteiros de Pesca Esportiva de Autazes (APPEA). ◪

Castanha-de-macaco

Coccolloba, das grösste Blatt der tropischen

138

SEEN

Die Seen sind eine weitere Auszeichnug des Bezirks: es gibt mehr als 100 von ihnen und alle eignen sich zum Fischfang. Der grösste Teil erlaubt die Landung von Wasserflugzeugen. Der Flug von Autazes nach Manaus mit dem Wasserflugzeug dauert etwa 30 Minuten.

Der **Sampaio-See** verbindet sich in der Hochwasserperiode mit dem Bonfim-See, der seinerseits eine Verbindung zum Rio Madeira hat. Er liegt im Süden, vor dem Bezirk von Nova Olinda do Norte und kann über eine Strasse von 43 km Länge (etwa 30 Minuten) erreicht werden. Dort findet das Sommerfest im September statt, die beste Zeit im Jahr für den Fischfang.

Der See **Acará Grande**, im Süden des Bezirks, mit mehr als 25 km Länge, wird sehr viel von den Sportfischern besucht. Die einfachste Zufahrt ist mit dem Boot (2 Stunden) vom Rio Autaz-Açu aus.

Es gibt noch mehrere andere, jeder mit seiner Eigenheit: Der Perequitão-See ist ein guter Platz für die Beobachtung von Vögeln; Der Capivara-See liegt in einer wunderschönen Landschaft; der Canarana bietet Gelegenheit zur Beobachtung von Kaimanen und Vögeln; der Igapó-Açu, von Mura-Indianern bewohnt, ist einer der besterhaltensten Orte der Gegend.

Paranussbaum

Fluss Mamori

BARCELOS

Maracujá-do-mato

Im Jahre 1728 gründete der Karmelitermönch Bruder Matias São Boaventura die Mission von Nossa Senhora da Conceição de Mariuá (mari = gross, iuá = Flussarm), die heutige Stadt Barcelos. 1758 wurde das Dorf zur Kategorie Vila, mit dem Namen Barcelos, angehoben. Im Bezirk befinden sich verschiedene Indianernationen, die kunstgewerbliche Gegenstände herstellen. Die Produktion von Körben, Teppichen, häuslichen Dekorationsgegenständen ist gross. Aber die grosse Atraktion von Barcelos ist, dass sich dort eine der grössten Flussinselgruppen der Welt befindet, das Mariuá, bestehend aus etwa 700 Inseln. Schätzungsweise gibt es fast 30 Arten mit Handelswert, wie z.B. die Acarás, Acarás-disco, Rodóstomos, Bodós und Cardinals. Der Acará-disco und der Cardinal geben sogar den beiden wichtigsten Karnevalsgruppen ihre Namen, die während des grössten Ereignisses der Stadt paradieren, dem Zierfisch-Festspiel.

FLÜSSE

Die wichtigsten Flüsse im Bezirk sind der Rio Negro, der Unini, der Jufaris, der Demeni, der Acará, der Padaueri, der Caurés, der Cuiuini, der Jurubaxi, der der Arirahá, der Ererê, der Aracá und der Quiunim.

Fischer mit einem Tucunare

BARCELOS
Entfernung: 405 km Luftlinie von Manaus, 656 km Wasserweg.
Einwohnerzahl: 30.429 Einw.(Schätzung 2004)
Grundfläche: 122.476 km²
Klima: Äquator-Klima, heiss und feucht
Mittlere Temperatur: 26,3ºC
Touristeninformationen: Bürgermeisteramt, Rua Tenreiro Aranha, 204. Tel. (97) 3321-1201

HISTORISCHE BAUWERKE

Es können einige Gebäude besichtigt werden, die aus der „goldenen" Zeit der KautschukGewinnung erhalten sind: die Schule São Francisco de Salles, das vormalige Postgebäude, das Gebäude der BezirksBibliothek, das Missionskrankenhaus und das Theater Dom José Domitrovisk. Ausser diesen Gebäuden gibt es noch die Kirche von Nossa Senhora da Conceição aus dem Jahre 1939. 🏛

Barcelos kann sowohl auf dem Wasser-Weg wie auf dem Luftweg erreicht werden. Auf dem Wasserweg wird der Transport von Booten durchgeführt, die vom Hafen von São Raimundo in Manaus abfahren (mittwochs und freitags um 18:00 Uhr). Die Fahrt dauert 30 Stunden und 24 Stunden (auf der Rückfahrt nach Manaus). Die Fahrkarte von Manaus nach Barcelos kostet R$ 40,00. Auf dem Luftweg gibt es Dienstags, Freitags und Sonntags Flüge mit einer Flugdauer von ungefähr 50 Minuten, mit der Fluggesellschaft Trip Linhas Aéreas – Tel. 0300-7895747.

GEBIRGSZÜGE

Alle sind schwer zugänglich, teils auf dem Fluss Aracá (zwei Tage mit dem Boot), teils zu Fuss (zwei Tage Wanderung im dichten Urwald), ohne Fusswege. Die wichtigsten sind Curupira, Tapira-pecó und Tepuí do Aracá. 🖊

In der Gegend gibt es hauptsächlich **Kunstgewerbe der Indianer**, unter Hervorhebung der aus regionalen Faserpflanzen wie Arumã, Tucumã, Buriti und Piaçava, hergestellten Gegenstände. Mit diesen Fasern werden Körbe, Siebe, Teppiche und Dekorations-Objekte hergestellt.

Buriti

Indianisches Kunstgewerbe

TECHNISCHE DATEN

FLUSS-STRÄNDE

Die Strände sind von September bis März sichtbar.

Praia do Governador: Befindet sich vor der Stadt. Man überquert den Rio Negro mit dem Motorboot. Die Insel Ilha do Governador befindet sich in der Mitte des Strandes, der etwa 700 Meter lang ist.

Grande: mit etwa sechs Kilometern Länge und weissem Sand, gibt es mehrere Kioske, wo das Sommer-Festspiel mit das Zierfisch-Festspiel stattfinden. Er befindet sich vor der Stadt und in der Trockenzeit ist es möglich den Fluss zu Fuss bis zur Ilha do Governador zu durchwaten (Dezember-Januar).

Iripipi: mit etwa drei Kilometern Länge und weissem Sand hat er keinerlei Infrastruktur und befindet sich 20 Minuten von der Stadt, mit dem Motorboot den Rio Negro Fluss abwärts.

WASSERFÄLLE

Es sind Stromschnellen, die während der Hochwasserperiode unter Wasser stehen.

Aliança: am Rio Padaueri, befindet sich in einem Gebiet mit Piaçaba-Palmen, gut für Abenteuer-Expeditionen. Wasserzufahrt über die Flüsse Rio Negro und Padaueri (etwa vier Tage Fahrt).

Araçá: Stromschnelle im Fluss mit dunklem Wasser. Wasserzufahrt über die Flüsse Rio Negro und Araçá (etwa zwei Tage Fahrt).

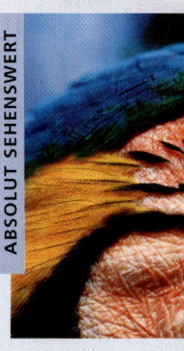

ABSOLUT SEHENSWERT

Die wichtigsten natürlichen Atraktionen von Barcelos sind die Naturschutz-Einheiten. Einige werden schon regelmässig besucht, während andere noch viele Möglichkeiten zum Wachstum dieses Tätigkeitsfelds bieten. Die wichtigsten Gebiete für den Öko-Tourismus sind der Nationalpark vom Jaú, der Staatliche Park von Araçá und die APA (Umweltschutzgebiet) von Mariuá. Der öffentliche Besuch dieser Naturschutz-Einheiten ist zwar erlaubt, jedoch den festgelegten Nutzungsregeln der Einheit unterworfen. Der nationale Amazonaswald befindet sich in den Bezirken von Barcelos und Santa Isabel vom Rio Negro, mit 1.119.992,7 Hektar.

Jauari (Nebenfluss des Rio Araçá): im Gebirgszug Tepuí do Araçá gelegen, mit 730 Metern einer der höchsten Wasserfälle Brasiliens. Kann nur per Hubschrauber erreicht werden, oder aber über den Rio Negro oder Araçá mit zwei Tagen Fahrt auf einem Boot mit Aussenbordmotor und noch drei Tagen-Wanderung im Urwald, ohne Fussweg.

Unini: Stromschnellen bei der Mündung. Zufahrt über den Rio Negro und den Unini (zwei bis drei Tage mit dem Motorboot).

Arara

Ausser diesen gibt es noch
die **Nationalen Urwälder**,
Gebiete, die mit
vorwiegend urwüchsigen
Vegetationsarten bedeckt
sind, mit dem Grundziel
der vielfachen und
erneuerbaren Nutzung
der natürlichen Mittel.

*Rio Negro
während der
Trockenzeit*

STAATLICHER PARK DES ARACÁ-GEBIRGES

Die Zufahrt erfolgt über die Bundesstrasse BR-210 und über den Rio Demene, Nebenfluss des Rio Negro und das Gebiet wird von Flüssen mit dunklem Wasser durchströmt. Der Park wird durch den Bundesstaat Roraima begrenzt und durch Venezuela. Mit einer Fläche von 1.818.700 Hektar wurde der Park 1990 geschaffen.

Die im Gebiet vorhandenen Vegetations-Arten sind: Dichter Ombrophyler Vorgebirglicher Urwald, Dichter Ombrophyler Gebirgsurwald, und Steppe mit Gras und Baumbewuchs. Diese Sandsteinebene erhebt sich bis zu 1.100 m über dem Meeresspiegel und bietet Landschaftliche Qualitäten und Blumenreichtum, mit einem der grössten Wasserfälle des Landes. Etwa 75% seiner Fläche sind im Gebiet der Yanomami-Indianer und 85% decken sich mit dem brasilianischen Amazonas-Urwald. 🏞️

Die beste Jahreszeit ist zwischen November und März. Ausser dem rio Negro kann man auch im Aracá, Padaueri, Demene, Quiunim, Caurês, Jufaris und Jaú fischen. Die grosse Hitze im Sommer verlangt, dass der Fischer polarisierte Brillengläser, Schirmmütze, Sonnenschutz, leichte Kleidung und Insektenschutzmittel mitnimmt. 🎣

BEZIRKLICHES NATURSCHUTZGEBIET VON MARIUÁ

Die APA Mariuá ist ein Wasserpark, aus mehr als 1.400 Inseln gebildet, was ihm den Titel der grössten Inselgruppe der Welt verleiht, mit etwa 700 Arten von Zier- und Speisefischen und rosafarbenen Flussdelphinen. Am mittleren Rio Negro gelegen ist es 140 km lang und 20 km breit. Reich an Getier und Vegetation ist sein Gebiet ein Teil des Nationalparks von Jaú, des brasilianischen Amazonas-Urwalds und des Staatlichen Parks vom Aracá. ✓

SPORTFISCHEREI

Die „Outdoor Travel" hat ein Hotelschiff für Sportfischerei auf dem Rio Negro, im Hafen von Barcelos. Das Schiff hat sieben Doppelkabinen mit Air-Conditioned, sechs von ihnen mit eigenem Bad und Wasserservice mit Booten, Motoren und spezialisierten Fischereiführern. Es befährt den Rio Negro, der als der fünftgrösste Fluss der Welt gilt. ✓

Fischer mit einem Tucunare

Der begehrteste Fisch ist der **Tucunaré**, aber es git auch andere Arten, wie den Aruanã, Matrinxã, Tambaqui, Cachorra, Piraiba, Pirarara, Jaú und Dourado. Eine der Eigenheiten des Rio Negro ist, dass der ph-Wert seiner Gewässer die Vermehrung der Insekten hemmt, wodurch die Fischerei komfortabler wird. ✓

CAREIRO CASTANHO

Es wird registriert, dass der Mestize Francisco Ferreira – bekannter als Chico Macucu – der erste Bewohner der Region war, im Jahre 1870. Und 1877 siedelte sich in Careiro Castanho ein Teil der Flüchtlinge aus dem Nordosten an, die nach Manaus kamen und die Besiedelung ankurbelten. Erst 1938 wurde im Bezirk Manaus der Distrikt von Careiro geschaffen, der 1955 zum Bezirk erhoben wurde. 1977 wird der Bezirkssitz auf das Festland verlegt, am km 102 der Bundesstrasse BR-319. Die Wirtschaft des Bezirks gründet auf der Landwirtschaft und Viehzucht, insbesondere der Anbau von Maniokwurzeln, Süsskartoffeln, Zuckerrohr, Kakau, Malve, Mais und Ananas, ausser den Dauer-Kulturen von Avocados, Bananen, Apfelsinen und Zitronen. Die Viehzucht gründet vornehmlich auf der Rinder- und Schweinezucht mit der für den örtlichen Konsum bestimmten Produktion von Fleisch und Milch. Die Fischerei wird auf rudimentäre Art betrieben.

JANAUACÁ-SEE

Ein Nebenfluss des Rio Solimões, ist dieser Niederungensee für die Vogelfauna bekannt, besonders Reiher, hat aber keine Infrastruktur für die Betreuung von Touristen. Die Zufahrt erfolgt auf dem Wasserweg; die Boote machen die Reise in 4 Stunden ab Manaus und die Motorboote in 2 Stunden.

JUMA-SEE

Dieser Nebenfluss des Rio Castanho bildet die Grenze zwischen den Bezirken Careiro da Várzea, Careiro Castanho und Autazes. Dort befindet sich das Urwaldhotel Amazon Lodge (das erste Urwald-Hotel Amazoniens). Von Careiro aus fährt man 52 km auf dem Landweg (BR-319) bis zum Distrikt Araçá und von dort mit dem Motor-Boot noch etwa 1 1/2 Stunden.

KÖNIGSSEE

Befindet sich auf der Insel Careiro, wo der
Bezirkssitz ist. Er hat ruhige Gewässer, ist mit
grossen Viktorias regias geschmückt und an seinen
Ufern wächst eine strotzende Vegetation.

TECHNISCHE DATEN

CAREIRO CASTANHO
Entfernung: 102 km Luftlinie von Manaus. 168 km Wasserweg.
Einwohnerzahl: 25.536 Einw. (Schätzung 2004)
Grundfläche: 6.092 km²
Klima: Äquator-Klima mit hoher Feuchtigkeit und
Temperatur.
Mittlere Temperatur: 26°C.
Informationen für Touristen: Bürgermeisteramt.
Avenida Mário Jorge Guedes da Silva, 391,
Tel. (92) 3362-1427.

JUMA-FLUSS

Juma bedeutet „einsamer Mann" im
Indianerdialekt. In diesem Fluss, wird viel
Sportfischerei betrieben. Dort befindet sich
das Urwaldhotel Juma Lodge. Die Zufahrt
ist die gleiche wie zum Juma-See.

ZUFAHRT
Der Zugang zum Bezirk kann auf dem
Wasserweg und Landweg erfolgen. Von Manaus
aus braucht man etwa 12 Stunden. Diese Boote
fahren freitags um 18:00 Uhr vom Ceasa-Hafen
ab. Auf dem Landweg beginnt die Reise ab
Manaus und geht bis zum Hafen Careiro da
Várzea. Die Überfahrt kann mit dem Fährschiff
gemacht werden, ohne Bezahlung
für Passagiere und R$ 20,00 für
Automobile, oder per Motorboot
(etwa 30 Minuten, zu R$ 4,00 pro
Person). Dann fährt man auf der
Bundesstrasse BR-319 eine Strecke
von 102 km. Careiro Caranho ist auf
dem Landweg auch mit den Bezirken
Manaquiri und Autazes verbunden.

Brasilianische Nuss

147

Brasilianische Nuss

Es gibt zwei Indianerge-meinden im Bezirk. Die Gemeinde Paiol liegt am oberen Lauf des Castanho-Fluss, während die andere in der Nähe des Juma-Fluss liegt.

MAMORI-SEE

Auf dem Castanho-Fluss befindlich, ist dies ein grosser Niederungensee, bekannt für seine Vögel und Fische. Die Zufahrt erfolgt auf dem Wasserweg ab Manaus auf dem Solimões-Fluss. Von Careiro geht es weiter auf dem Landweg, 52 km bis zum Distrikt von Araçá und von dort wieder mit einem Motorboot eine Stunde, um den See zu überqueren. Dort befinden sich die Urwaldhotels Eco Amazon Lodge, und die Mamori Tur.

PARANÁ DO ARAÇÁ

Der Flussarm verbindet den Araçá-Fluss mit dem Mamori-See. Er bietet Gelegen-heit zur Beobachtung von Vögeln und Kaimanen und für Wanderungen im Urwald. Im Hafen von Araçá kann man Boote und Motorboote mieten. Dort befindet sich das Urwaldhotel Mamori Jungle.

PARANÁ DO MAMORI

Auf diesem Ausflug kann man die regionalen Mestizen-Kolonien kennen lernen und die casas de farinha (Mehlhäuser) besichtigen, wo das Maniokmehl hergestellt wird. Er bietet auch die Möglichkeit für Ausflüge zur Beobachtung von Vögeln und anderen Tieren, sowie Wanderungen im Urwald und Sportfischerei. Es befinden sich dort zwei Urwaldhotels: das Wild Cabana und das Dolphin Lodge.

Strohhaus, Mamori-See

CAREIRO DA VÁRZEA

Der Bezirk hat seinen Namen wegen seiner Lage in einer Niederung, weshalb 80% siener Grundfläche während der Hochwasserperiode des Amazonasstroms überschwemmt werden. Der Name ist abgeleitet vom Wort „Careiro" („Weg der Indianer") und vom Verlauf des Flusses der den Bezirk durchströmt. Dieser liegt 25 km auf dem Wasserweg von Manaus entfernt und sein Sitz ist auf der Insel Careiro, die von den Flüssen Amazonas und Paraná do Careiro gebildet wird. Die Besiedelung der Gegend begann ab 1877, als grosse Mengen von Flüchtlingen aus dem Nordosten nach Manaus kamen und sich in der Region von Careiro ansiedelten. Im Jahre 1838 wurde der Distrikt Careiro geschaffen und dem Bezirk von Manaus eingegliedert. Einige Zeit danach, im Jahre 1955 wurde Careiro in einen autonomen Bezirk verwandelt und im Jahre 1977 wurde sein Sitz endgültig auf das Festland, an die Ufer des Castanho-Sees verlegt. Im Jahre 1987 wurde Careiro abgetrennt und so der Bezirk Careiro da Várzea geschaffen, mit Sitz in Vila do Careiro. Die Landwirtschaftliche Produktion gründet auf der Anpflanzung von Tomaten, Kohl, Grünkohl, Koriander, Bohnen, Wassermelonen, Bananen, Apfelsinen und Zitronen. Die Viehzucht beläuft sich hauptsächlich auf Rinder und Schweine. Der Fischfang erfolgt auf rudimentäre Weise. Flora und Fauna sind seine wichtigsten Reichtümer. In der Flora sind seine häufigsten Arten: Pau-rosa, Pará-Nuss und Kautschuk und in der Fauna, die Fische, wie der Pirarucu und das Wild wie die Queixada (Wildschweinart), Hirsche, Caititus und Capivaras (Wildschweinarten).

CAREIRO DA VÁRZEA
Entfernung: 29 km Luftlinie von Manaus. 22 km Wasserweg
Einwohnerzahl: 16.844 Einw. (Schätzung 2004)
Grundfläche: 2.631,1 km²
Klima: tropisch, regnerisch und feucht.
Mittlere Temperatur: 26ºC.
Informationen für Touristen: Bürgermeisteramt. Avenida José Ribamar Barbosa, ohne Hausnummer, Tel. (92) 3369-2203/2002.

Vitoria Regia

FLÜSSE

Der Amazonasstrom hat einen hohen Fischgehalt und bildet verschiedene Flussarme, unter ihnen den Rio Careiro, der vor dem Sitz der Stadt vorbeiläuft. Der Rio Solimões mündet in den Amazonas und ist berühmt wegen des Treffens seiner Gewässer mit denen des Rio Negro.

ZUFAHRT

Die Zufahrt zum Bezirk kann von Manaus aus auf dem Wasserweg auf Booten und schnellen Motorboten erfolgen, die vom Ceasa-Hafen abfahren und am km 0 der BR-319 halten. Auf dem Landweg nimmt man den Bus oder Fähren, die ebenfalls am Ceasa-Hafen abfahren (Fahrkarten zu R$ 5,00). Der Bezirkssitz hat keinen Busbahnhof, aber es gibt die Möglichkeit von dort die Bezirke Careiro Castanho (auf der BR-319, 102 km) und Autazes (auf einer Nebenstrasse der BR-319, 130 km) zu erreichen und Manaquiri (AM-345).

WEITERE AUSFLUGSZIELE

Mutuca: Indianerregion mit einzelnen Dörfern der Mura-Indianer. Es ist möglich Boote zu mieten, um diese Dörfer zu besuchen. Mit dem Motorboot dauert die Fahrt auf dem Paraná do Careiro zwei Stunden.

TECHNISCHE DATEN

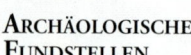

ARCHÄOLOGISCHE FUNDSTELLEN

Es gibt archäologische Fundstellen in den Gemeinden von Bom Sucesso und Terra Preta, ebenfalls in der Nähe des Lago do Rei. Der Geograf Hilgard O'Reilly Sternberg erstellte in den 50er Jahren eine detaillierte Untersuchung des Ortes, deren Ergebnis ein Buch war. Der Zugang erfolgt über Fusspfade entlang der Flussufer.

NATURSCHUTZEINHEIT DES KÖNIGSSEE

Die APA Lago do Rei wurde am 20 Juli 2000 geschaffen und ist ein schönes Reservat für Vögel und Fische. Der See befindet sich auf der Careiro-Insel, umgeben von weiteren 64 Seen. Die Zufahrt erfolgt mit Mietbooten.

Lago do Rei

In Careiro da Várzea weist die Landschaft viele Seen, Flüsse und Paranás (Flussarme) auf, sowie Festland- und Niederungenwald, was gute Bedingungen für die Sporfischerei schafft.

Tucunarefisch

LÄNDLICHE GEMEINDEN

Die Anwesenheit von organisierten ländlichen Gemeinden in Bom Sucesso und Terra Preta, mit ihrer regionalen Mestizenkultur, begünstigt den ländlichen Tourismus im Bezirk. Die Volksfeste von Careiro werden auch von diesem Sektor beeinflusst, wie das Mango- und Wassermelonen-Fest oder das Cupuaçu-Fest. Ausser diesen beiden gibt es in der ersten Monatshälfte des August ein religiöses Fest zu Ehren der Schutzheiligen der Stadt, Nossa Senhora do Perpétuo Socorro. ❏

Kunstgewerbe Das im Bezirk hergestellte Kunstgewerbe wird aus Holz und Stroh gemacht und als Souvenir nach Manaus zum Verkauf gebracht. Es ist ähnlich dem Kunstgewerbe, das am Janauari-See im Bezirk Iranduba hergestellt wird. ◈

Flechten mit Babaçu-Palmenblätter für Dächer

COARI

Die ersten Einwohner von Coari waren vorwiegend Indianer der Stämme Catauixi, Iriju, Juma und Jurimaua. Der erste Besiedelungskern im Gebiet des heutigen Bezirks von Coari war ein Indianerdorf, das am Anfang des 18. Jahrhunderts von dem deutschen Jesuiten Samuel Fritz mit dem Namen Coari gegründet wurde, weil es an den Ufern des gleichnamigen Sees gelegen war. Im Jahre 1759 wurde das Dorf zur Gemeinde erhoben und im Jahre 1932 zur Stadt ernannt. Laut Aussage des Domherrn Ulysses Pennafort, kommt der Name von den indianischen Worten „coaya cory", oder „huary-yu", die jeweils „Fluss des Goldes" und „Fluss der Götter" bedeuten. Die Stadt Coari befindet sich am rechten Ufer des gleichnamigen Sees im Becken des Rio Solimões. Der Bezirk ist einer der wichtigsten de Staates und sein grösster wirtschaftlicher Tätigkeits-Bereich ist die Urwaldnutzung. Ausser dieser Ausbeutungsindustrie ist die Gewinnung von Erdgas, eine weitere Einnahmequelle. Der Fisch ist die Hauptnahrung der Bevölkerung. Der Fischfang wird hauptsächlich im Rio Solimões und in den grossen Seen des Gebietes ausgeübt. Die am häufigsten anzufindenden Fischarten sind der Aruanã, Curimatá, Jaraqui, Matrinxã, Pirapitinga, Pirarucu, Pacu, Surubim, Tambaqui und Tucunaré.

COARI

Entfernung: 368 km Luftlinie von Manaus. 467 km Wasserweg.
Einwohnerzahl: 80.552 Einw. (Schätzung 2004)
Grundfläche: 57.922 km²
Klima: tropisch, regnerisch und feucht.
Mittlere Temperatur: 33ºC.
Informationen für Touristen: Bürgermeisteramt. Rua Cinco de Setembro, 1.000, Tel. (97) 3561-3300

TREFFEN DER GEWÄSSER

Macaco-cairara

Dies ist ein Schauspiel, das vor dem Bezirkssitz beginnt und über mehrere Kilometer Fluss abwärts seinen Verlauf nimmt, eingerahmt durch den Urwald.

SEEN

Coari: ist der See, an dem die Stadt liegt. An einigen Stellen ist er etwa 3 km breit und hat Strände wie den von der Freguesia und Jurupari. Er bietet einen schönen Sonnenuntergang auf seinen fischreichen Gewässern.

Copeá: ein wahrhaftes Atoll mit 368 Seen und Dutzenden von Inseln, reich an Fischen mehrerer Arten, Orchideen und seltenen oder im Aussterben begriffenen Vogelarten wie dem blauen Ara, Uirapurus und Wildenten.

Juçara: ein sehr schöner Ort, bietet die Möglichkeit für Fotosafaris, Beobachtung von Vögeln und Wanderungen auf Urwaldpfaden.

ZUFAHRT

Die Zufahrt erfolgt auf dem Wasserweg ab Manaus auf dem Solimões-Fluss. Die Boote fahren von Manaus zwischen 12 und 13 Uhr ab und kommen in Coari um 15 Uhr des folgenden Tages an. Von Coari nach Manaus ist die Fahrt schneller und dauert etwa 19 Stunden. Die Boote fahren von Coari um 12 Uhr ab und kommen um 7 Uhr des folgenden Tages in Manaus an. Man kann auch mit dem Motorboot fahren, das um 7 Uhr in Manaus abfährt und um 16 Uhr in Coari ankommt. Von Coari fährt ein Motorboot um 10 Uhr ab und kommt in Manaus um 18 Uhr an.

KIRCHE VON SANTANA

Am Anfang des 20. Jahrhunderts gebaut, sind ihre ursprünglichen Eigenheiten erhalten.

Regionale Früchte

TECHNISCHE DATEN

Mamiá: ein wichtiger Lebensraum für das Wassergetier, reich an Fischen und Schildkrötenarten eignet der Fluss sich gut zur Ausübung von WasserSportarten wie Jet-Ski, Paddelboot und für die Sport-Fischerei. An dem Urucu Fluss befindet sich die Urucu-Region für Erdölgewinnung. Der Fluss weist auch verschiedene Naturattraktionen auf, mit Stränden, Igapós und Niederungen mit reichhaltiger Wasser-Flora und -Fauna.

Orchidee

Strände am See

Freguesia-Strand: befindet sich an der Grenze
der Flüsse Coari Grande und Urucu. Dies ist der am
meisten besuchte Badestrand, mit feinem Sand und
von Seen und Igapós umgeben. Der Strand ist auch
unter dem Namen Igarapé Açu bekannt. Je nach
ihrer Lage sind die Gewässer ruhig oder bewegt und
eignen sich zur Ausübung von WasserSportarten.

Jurupari-Strand: der Strand beginnt am Coari-See,
drei Minuten von der Stadt entfernt. Er wird sehr
besucht und ist einer der bevorzugten Plätze der
örtlichen Bevölkerung. Er wird auch zur Ausübung
von Wassersportarten und Bootsfahrten aufgesucht
und bietet einen schönen Sonnenuntergang.

Strand der Stadt: ein Strand des Coari-Sees, der
wegen seiner zentralen Lage am häufigsten besucht
wird, von Badegästen oder zum Ausruhen. 📖 🏊

157

IRANDUBA

In Manaus gab es im letzten Jahrzehnt des 19. Jahrhunderts und in den ersten Jahrzehnten des 20. Jahrhunderts eine Periode grossen Reichtums, auf dem Höhepunkt der Kautschukgewinnung. Nach dieser Periode erfuhr die Hauptstadt eine Zeit der Stagnation und des Rückschritts. Erst mit der Einrichtung der Zollfreien Zone und des Industrie-Distrikts wurde die Wirtschaft wieder angeheizt und viele Bevölkerungszentren bildeten sich im Umkreis, darunter Iranduba. Im Jahre 1981 wurde Iranduba ein autonomer Bezirk, der einzige im Bundesstaat, der sowohl vom Negro-Fluss als auch vom Solimões-Fluss durchströmt wird. Die Fischerei ist üppig, besonders von Mai bis November. Iranduba ist der Bezirk des Bundesstaates Amazonas mit der grössten Anzahl von Urwaldhotels: es sind neun.

Strohflechten der Babaçu-Palme

SEEN

Janauari-See: gehört zur APA-Encontro das Águas (Wassertreffen). In seiner Umgebung leben drei Gemeinden, die kunstgewerbliche Gegenstände herstellen.

Ubim-See: mit einer Verbindung zum Negro Fluss. Man kann auf Fusspfaden wandern um die Fauna zu beobachten, sowohl tagsüber als auch nachts.

Acajatuba-See: mündet in den Negro Fluss und hat fünf Gemeinden und zwei Urwaldhotels an seinen Ufern. 📖 🎣

Es wurden etwa 40 archäologische Fundstellen im Bezirk verzeichnet. Die bekanntesten sind: Campo do José Mitônio, Estrada do Caldeirão, Estrada do Iranduba und Estrada Manuel Urbano. Es gibt jedoch kein Besuchsprogramm für diese Fundstellen. ⏰

Schwimmendes Restaurant

Touristen fischen im Januari-See

STRÄNDE

Açutuba: Befindet sich vor dem Hotel und Restaurant Amazon Forever.

Paricatuba: am rechten Ufer des Rio Negro, wird dieser Strand viel von den Einwohnern von Iranduba und Manaus besucht. Es gibt keinerlei Infrastruktur.

Praia Grande: ist der einzige dauerhafte Strand und befindet sich am rechten Ufer des Rio Negro, vor dem Ariaú-See. Er wird gern von Touristen besucht. Sein Zugang ist nur auf dem Wasserweg möglich. Es gibt keinerlei Infra-Struktur.

ZUFAHRT
Der Landweg von Manaus nach Iranduba ist asfaltiert. Es gibt eine Fähre und dann fährt man noch weitere 13 km auf einer asfaltierten Strasse bis ins Zentrum der Stadt. Auf dem Wasserweg kann man mit einem Motorboot in 10 Minuten dort sein. Von Iranduba aus fährt man vom Kai Cacau Pirera ab. Von Manaus vom Kai São Raimundo.

TECHNISCHE DATEN

IRANDUBA
Entfernung: 25 km Luftlinie von Manaus, 32 km Wasserweg.
Einwohnerzahl: 38.661 Einw. (Schätzung 2004)
Grundfläche: 2.215 km^2
Klima: tropisch, regnerisch und feucht.
Mittlere Temperatur: 23ºC.
Informationen für Touristen: Bürgermeisteramt. Praça dos Três Poderes, ohne Hausnummer, Tel. (92) 3367-1188.

In Iranduba gibt es zwei der wichtigsten Produktionspole für Kunstgewerbe: die Gemeinden der Seen Janauari und Acajatuba. Es gibt einen schwimmenden Kai auf dem Janauari-See, wo etwa 15 Kunstgewerbler ihre Arbeiten ausstellen: Holzgeschnitzte Objekte, Feder-Kokarden, Armbänder und Ohrringe. Am Acajatuba-See gibt es auch einen kleinen Kustgewerbe-Laden.

ITACOATIARA

Der Name Itacoatiara könnte mit „bemalter Stein" übersetzt werden und gründet auf den Inschriften die in einige Steine am Rio Urubu vor der Stadt eingraviert sind. Die ersten Einwohner waren die Indianer der Stämme Mura, Juri, Anicoré, Aponariá, Cumaxiá, Baré, Juma, Juqui, Pariguai und Terá. Die Aufzeichnungen über Siedlungen in der Gegend beginnen jedoch im Jahre 1655, als der Missionar Frei João da Silva die Missionsstation der Aroaqui auf der Insel Aibi gründete, in der Nähe der Mündung des Arauató-Sees. Die Missionsstation konnte jedoch wegen der Angriffe der Mura-Indianer nicht wachsen und musste ihren Sitz an den Rio Canumã verlegen. Neuerliche Angriffe der Mura-Indianer zwangen die Einwohner zum Rio Abacaxis umzusiedeln, ein Nebenfluss des Paraná Tupinambarana, wo sie das Dorf Abacaxis gründeten, das von den Jesuitenpatern geleitet wurde. Diese Kämpfe bewirkten, dass der Sitz des Bezirks Itacoatiara fünf mal verlegt werden musste. Schliesslich, im Jahre 1757 siedelt das Dorf zum linken Amazonasufer um, wo sich heute der Bezirkssitz befindet. In der Stadt gibt es einige Bauten aus der Jahrhundertwende, aber zum grössten Teil sind es Privathäuser. Die lokale Wirtschaft gründet sich auf die Gewinnung von Hölzern, Kautschuk und nicht elastischen Klebstoffen. Die Fischerei ist üppig und der Bezirk zeichnet sich als Zwischenstation für den Export aus.

FLÜSSE

Itacoatiara liegt am Amazonasstrom, der zu anderen Flüssen der Gegend Zufahrt gewährt.
Abacaxi: Der Fluss hat grossen Fischreichtum. Zwei Stunden mit dem Boot vom Amazonas aus.
Arari: mit dunklem Wasser ist er etwa 30 Minuten mit dem Motorboot entfernt. Wird zur Sportfischerei und Beobachtung von Tieren aufgesucht.
Madeira: Klares Wasser und grosser Fischreichtum für die Sportfischerei. Zufahrt über den Amazonas-Fluss.

Urubu-Fluss

ZUFAHRT

Der Bezirkssitz ist das ganze Jahr über auf dem Wasserweg oder auf dem Landweg zu erreichen. Auf dem Wasserweg gibt es regionale Boote, die von Manaus abfahren. Auf dem Landweg gibt es täglich Busse ab Manaus. Die Fahrt dauert 3 1/2 Stunden. Auf dem Luftweg gibt es keine regelmässigen Flüge, nur Lufttaxis.

TECHNISCHE DATEN

ITACOATIARA

Entfernung: 175 km Luftlinie von Manaus. 201 km Wasserweg.
Einwohnerzahl: 78.425 Einw. (Schätzung 2004)
Grundfläche: 8.892 km²
Klima: tropisch, regnerisch und feucht.
Mittlere Temperatur: 27,1ºC
Informationen für Touristen: Bürgermeisteramt, Rua Dr. Luzardo Ferreira de Melo, 2.225, Tel. (92) 3521-1748. Abteilung für Umwelt und Tourismus, Rua Quintino Bocaiúva, 2.189, Tel. (92) 3521-6000.

Urubu: Zufahrt über den Rio Amazonas, etwa 1 Stunde mit dem Motorboot. Es handelt sich um einen Fluss mit dunklem Wasser und in der Nähe seiner Ufer gibt es archäologische Fundstellen, ohne jegliche Infrastruktur für Touristen. Er wird sehr viel von Sporfischern besucht.

SEEN

Überschwemmter Wald

Arari: Ein grosser See mit dunklen Gewässern, zum Fischen geeignet, sowie zur Beobachtung von Vögeln, Kaimanen und vielen Arten von Wasserpflanzen. Zufahrt über den Amazonasstrom (30 Min. mit dem Motorboot).

Canaçari: Die flachen Gewässer verhindern die Zufahrt und erschweren die Nutzungsmöglichkeiten des Gebietes. Die Beobachtung von Vögeln und die Sportfischerei sind möglich. Zufahrt auf dem Landweg über die AM-010 und dann über eine Erdstrasse mit 20 km Länge.

Itacoatiara besitzt ein reichhaltiges archäologisches Vermögen, das laut Informationen des IPHAN (Patrimonisches und Historisches Institut) aus 25 Katalogisierten Fundstellen besteht, wovon ein grosser Teil sich an den Ufern des Rio Urubu und seiner Nebenflüsse befindet.

In der Trockenzeit werden auch an den Ufern des Amazonasstroms im Stadtviertel von Jauary Fundstellen sichtbar, wo Steine mit Hieroglypheninschriften gefunden werden können, wie die „Fratzensteine" und der Felsen „grinsende Fratze".

Weißwasserüberschwemmungswald

NATURSCHUTZEINHEIT GEBIET DES SERPA-SEES

Es befindet sich an der linken Seite der Bundesstrasse AM-010 und erstreckt sich über ein Gebiet von bis zu 2 km von den Ufern des Sees. Die Zufahrt ist auf dem Wasserweg möglich, 20 Min. mit dem Motorboot über den Amazonas-Strom, ist aber in der Trockenzeit schwierig (von November bis Januar). Es bietet die Möglichkeit zur Sportfischerei, Kanufahrten und Beobachtung von Tieren – Es handelt sich um ein APA (Naturschutzgebiet), das 1990 geschaffen wurde.

MANACAPURU

Manacapuru ist ein ehemaliges Dorf der Mura-Indianer, die sich im Jahre 1786 mit Erlaubnis des Lehnsherrn General João Pereira Caldas, dem Gouverneur des Lehnsgebietes von Grão Pará, dort niederliessen. Es liegt am linken Ufer des Rio Solimões, an der Mündung des Rio Manacapuru. Das Dorf wurde zur Gemeinde, Vila, Distrikt und schliesslich im Jahre 1932 zur Stadt erhoben. Der Name war immer der gleiche, seit der Gründung des Dorfes und bedeutet „farbige Blume" oder „schöne Stadt", weshalb die Stadt als „Stadt der Schönheit" bekannt wurde. Die Fischerei ist üppig und der Überschuss wird in benachbarte Bezirke ausgeführt.

MANACAPURU
Entfernung: 68 km Luftlinie von Manaus. 88 km Wasserweg.
Einwohnerzahl: 81.518 Einw. (Schätzung 2004)
Grundfläche: 7.329 km^2
Klima: tropisch, regnerisch und feucht.
  Mittlere Temperatur: 26ºC.
    Informationen für Touristen: Tourismusamt,
      Av. Boulevard Pedro Ratts, s/n°,
        Tel. (92) 3361-2280.

HISTORISCHE GEBÄUDE

Manacapuru weist ein reichhaltiges architectonisches Vermögen auf, mit Gebäuden, die den historischen Wert des Bezirkes ausweisen. Der architektonische Komplex der Avenida Eduardo Ribeiro zeigt Gebäude aus den goldenen Zeiten des Kautschuks im Staat. Besonders zu beachten sind die Wohnhäuser der Familien Kalil Assaf, Reis, u. a., das Gebäude der Freimaurer (1897), das Gebäude der Restauration (1898), die Hauptkirche Nossa Senhora de Nazaré (1904-1907), die Schule Carlos Pinho, der Sitz des Bürgermeisteramts (1934), das Kulturhaus und das Justizgebäude (Anfang der 30er Jahre). 🏛

Hünnerställe und schwimmender Gemüsegarten

ZUFAHRT

Der Landweg ist der meist genutzte Zugang zum Bezirk. Manacapuru ist mit Manaus durch asfaltierte Strassen verbunden (80 km) und mit den Bezirken von Iranduba (70km) und Novo Airão (105 km). Zwei Omnibusgesellschaften betreuen die Strecke zwischen Manaus und Manacapuru, mit Fahrkarten zu R$ 7,50 und es gibt Gemeinschaftstaxen zu R$ 12,00 pro Person. Die Flussüberquerung erfolgt mit der Fähre ab Kai São Raimundo in Manaus. Es ist auch möglich den Bezirk auf dem Wasser- oder Luftweg zu erreichen. Von Manaus fahren täglich Boote von der Escadaria dos Remédios und vom Hafen von São Raimundo ab. Die Fahrt dauert fünf bis acht Stunden und kostet R$ 10,00 pro Person. Der Bezirk hat weder Transportunternehmen noch Reiseagenturen Das Hotel Paraíso D'Ângelo vermittelt durch sein Büro mit Sitz in Manaus.

KULTURELLE EREIGNISSE

Das grösste Kulturereignis der Stadt ist das Volkstanz-Festspiel. Das wichtigste religiöse Fest ist das der Nossa Senhora de Nazaré, das im Oktober mit einer Kerzenprozession gefeiert wird. Aber es ist das Fest des Heiligen Antonio, das am meisten feiert wird. Dann gibt es noch die Feste von São Pedro do Miriti (Juni), von São Francisco (Oktober) und von Nossa Senhora da Conceição (Dezember). ❑

AUSSICHTSTURM VON MONTE CRISTO

Befindet sich 10 Min. vom Zentrum auf der AM-070 (7 km) oder 20 Min. mit dem Boot auf dem Solimões-Fluss.

Dort befindet sich ein grosses Urwaldhotel im Bau. Ein Aussichtsturm gewährt eine schöne Aussicht auf den Zusammenfluss von den Flüssen Solimões und Manacapuru. ♫

TECHNISCHE DATEN

Piranha-See, Betel

INSEL

Neue Insel: 20 Min. mit dem Motorboot auf dem Solimões-Fluss, 10 Min. auf der AM-070, befindet sich die Insel vor dem Monte Cristo.
Ajaratuba Insel: mit einem schönen Strand und Wasserkanälen kann man die Insel auf einer Nebenstrasse der AM-070 erreichen oder aber mit dem Motorboot auf dem Solimões-Fluss (30 Min.).
Ilha do Barroso: Hier wohnt eine traditionelle Gemeinde. Die Zufahrt ist nur auf dem Wasserweg möglich, etwa 30 Min. mit dem Motorboot auf dem Solimões-Fluss.

WASSERFÄLLE

Cachoeira do Paroá: befindet sich am Manacapuru-Fluss, 35 km vom Bezirkssitz über die AM-070. Es gibt dort viele Arten von ölhaltigen Früchten wie Bacaba, Açaí, Pataua und Tacumã. Ausserdem gibt es auch einige Arten von Zierfischen wie den Acará-Disco, und den Peixe-boi (Ochsenfisch).
Cachoeira do Ubim: am gleichen Fluss befindet sich dieser Wasserfall, 30 km vom Bezirkssitz auf der AM-070 und 50 km von Manaus. Die Fauna ist sehr vielfältig, mit Kaimanen, Reihern, Maguaris und Fischarten.

ABSOLUT SEHENSWERT

NATURSCHUTZGEBIET MIRITI:
Mit Imbissstuben, Restaurants, Sportplatz und einem kleinen Wasserfall wird dieser Ort besonders gern von der Bevölkerung an Wochenenden besucht.

RESERVAT FÜR TRAGBARE ENTWICKLUNG (RDS PIRANHA)

Diese Naturschutzgebiet befindet sich etwa 25 km vom Bezirkssitz entfernt, am linken Ufer des Solimões-Flusses, in der Nähe der Mündung des Manacapuru. Es handelt sich um ein Seengebiet, bekannt unter dem Namen Piranha-See oder Grosser See, aus über 20 kleineren Seen gebildet, die als „Säuglingsstationen" für Fische dienen. Am Ort gibt es ein schwimmendes Hotel, das Flotel do Piranha. Man erreicht es mit dem Motorboot in einer Stunde auf dem Solimões-Fluss und es wird eine Erlaubnis der Sedemat (Umwelt- und Tourismusamt von Manacapuru) für den Besuch

Mehlhaus, Piranha-See

benötigt. Das Resevat gilt auch als Durchzugs- und Reproduktionsgebiet mehrerer Zugvogelarten wie des Pato do mato (Wildente), Mergulhão (Taucherente) und weissen Reihern, unter anderen.

Manacapuru zeichnet sich durch seine typischen Gerichte aus, wie der Tacacá und Rezepte für Fische wie Tucunaré und Pirarucu. Seine wichtigste Ausdrucksform ist der Holzschnitzerei. Es gibt den Kalender des Marktes für Kunstgewerbe und Handel und des Marktes für Industrie, Kunstgewerbe und Tourismus.

MANAUS

Manaus befindet sich am linken Ufer des Negro-Flusses, am Zusammenfluss mit dem Solimões. Laut dem Vertrag von Tordesilhas, im Jahre 1494 zwischen Portugal und Spanien abgeschlossen, um die Grenzlinie zwischen den von beiden Ländern entdeckten Gebieten zu bestimmen, gehörte das Gebiet den Spaniern. Ab 1888 begann der Kautschukexport der Stadt Fortschritt und Reichtum einzubringen, ein Zeitraum, der sich bis 1910 erstreckte, als sie von der Kutschukerzeugung in Asien überrascht wurde, die den Weltmarkt eroberte. Um einen Eindruck des Reichtums dieser Epoche zu bekommen: Manaus war eine der ersten brasilianischen Städte mit elektrischem Licht, Regenwasserkanälen, elektrischen Strassenbahnen und die ihre erste Universität im Jahre 1909 einweihte. Danach begann eine bittere Zeit der Dekadenz, die erst in der zweiten Hälfte des 20. Jahrhunderts beendet wurde, als die zollfreie Zone von Manaus geschaffen wurde.

Ochsen Fisch, Wissenschaftswald

BOTANISCHER GARTEN ADOLPHO DUCKE

Geöffnet von Dienstag bis Sonntag, von 8:00 bis 18:00 Uhr.

Er ist ein Urwaldstreifen mit fast 3 km Länge, mit beschilderten Fusspfaden, einer Bibliothek und einer Baumschule.

BEZIRKSBAUMGARTEN

Der Park wurde 1969 auf einer Mülldeponie eingerichtet, eine Lösung zur WiederHerstellung der lokalen Umwelt und um die schnelle Urbanisierung der Gegend zu bremsen. Mit einer Grundfläche von 23 Tausend m^2 bietet er mehrere befestigte Fusswege. Es gibt verschiedene Arten von Edelhölzern, wie Mahagoni, Zeder, Pinie und über 100 weitere Pflanzen-Arten, wie Orchideen, Bromelien, u. a.

Geschichtliches Zentrum

TECHNISCHE DATEN

Kirche Igreja Matriz

WALD DER WISSENSCHAFT

Dies ist ein durch den INPA
(Forschungsinstitut) geschütztes
Gebiet. Seine Hauptatraktionen
sind das Haus der Wissenschaft,
der amazonische See und
Erhaltungsprojekte für Tiere wie den
Peixe-boi (Ochsenfisch) und die
Ariranha (Fischotter).

PURAQUEQUARA-SEE

Der See befindet sich auf der
Ostseite der Stadt und mündet
in den Amazonasstrom.
An Wochenenden wird
er gern besucht.

Manaus Hafen

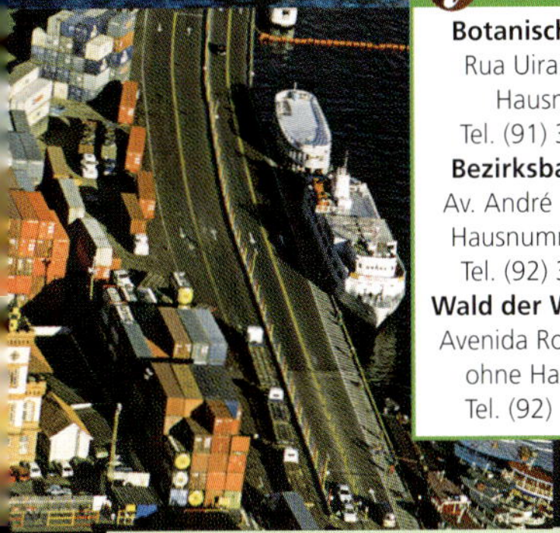

Wasserreservoir Mocó

ℹ INFORMATIONEN

Botanischer Garten,
Rua Uirapuru, ohne
Hausnummer,
Tel. (91) 3681-2282.
Bezirksbaumgarten,
Av. André Araújo, ohne
Hausnummer (Aleixo),
Tel. (92) 3663-4220.
Wald der Wissenschaft,
Avenida Rodrigo Otávio,
ohne Hausnummer,
Tel. (92) 3643-3192

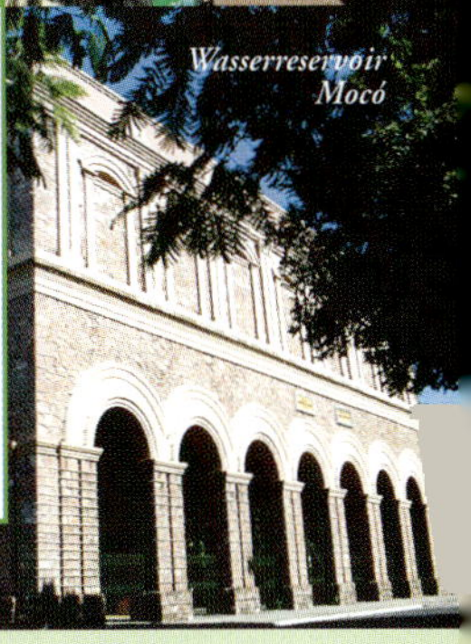

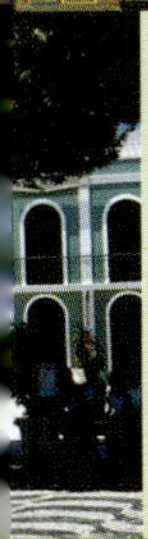

MANAUS

Einwohnerzahl: 1.592.555 Einw. (Schätzung 2004)
Grundfläche: 11.401,1 km²
Klima: tropisch, heiss und feucht. In Manaus gibt es zwei
verschiedene Jahreszeiten: Regenzeit (November bis Mai) und
Trockenzeit mit weniger Regen (Juni bis Oktober).
Mittlere Temperatur: 26ºC.
Informationen für Touristen: Manaustur, Avenida Sete de
Setembro, 157, Tel. (92) 3215-3458 und Amazonastur,
Rua Saldanha Marinho, 321, Tel. (92) 2123-3800.

Zollgebäude in Manaus

Manaus ist auf dem
Wasser- und Landweg mit
allen Bezirken des Inneren
des Bundesstaates
verbunden und auf dem
Luftweg mit den
wichtigsten Hauptstädten
des Landes.

Bezirksmarkt Adolpho Lisboa

Er funktioniert täglich von 8:00 bis 18:00 Uhr.
Eine Kopie des Marktes Les Halles von Paris, war dies der zweite Markt, der in Brasilien gebaut und im Jahre 1882 eingeweiht wurde. Im Art Nouveau Stil ist seine Struktur aus Gusseisen und hat bunte Glasfenster. Beim Volk als „grosser Markt" bekannt, ist er das wichtigste Tor zur Einfuhr von Fisch und landwirtschaftlichen Produkten des Staates.

ℹ INFORMATIONEN

Bezirksmarkt, rua dos Barés, 46.

Öffentliche Staatsbibliothek, rua Barroso, 57, Tel. (92) 3232-4503.

Kirche von São Sebastião, rua Dez de Julho, s/nº.

Naturkun-Museum Amazoniens, estr. Belém, s/nº, Cachoeira Grande, Tel. (92) 3644-2799.

Indianer-Museum, rua Duque de Caxias, 296, Tel. (92) 3635-1922.

Hafens von Manaus, rua Taqueirinha, 25.

Öffentliche Staatsbibliothek

Geöffnet von Montag bis Freitag, 8:00 bis 16:45 Uhr.
1871 eingeweiht, wurde die Bibliothek teilweise durch einen Brand im Jahre 1945 zerstört, wobei der gesamte Buchbestand verloren ging. Erst 1947 wurde sie wieder eröffnet. Sie hat eine europäische gusseiserne Treppe.

Eine Zentrale für Kunstgewerbe zeigt eine Auswahl des lokalen Talents in vielen kleinen Läden: Holzbildnisse, Malerei, Häkelwerk, Ketten, Keramik, Lederarbeiten und anderes. Der Bezirksmarkt Adolpho Lisboa ist auch ein Zentrum für Kunstgewerbliche Produkte von Manaus, sowie Läden im Stadtzentrum, besonders in der Nähe des AmazonasTheaters. Jeden Sonntag bieten die Kunstgewerbler ihre Werke auf einem freien Markt an. Ausserdem gibt es einen Markt auf der Praça Terneiro Aranha wo die Arbeiten der Kunstgewerbler von Manaus ausgestellt und verkauft werden.

KIRCHE VON SÃO SEBASTIÃO

Ein Gebäude im neuklassischen Stil mit mittelalterlichen Elementen und italienischen Gemälden, das im Jahre 1888 gebaut wurde.

Kirche São Sebastião

NATURKUN-MUSEUM AMAZONIENS

Geöffnet von Montag bis samstags, von 9:00 bis 12:00 Uhr und 14:00 bis 17:00 Uhr.

Hier kann man verschiedene Schmetterlinge, Insekten und Fischarten der Region bewundern.

INDIANER-MUSEUM

Geöffnet von Montag bis Freitag, von 8:30 bis 11:30 Uhr und von 14:00 bis 16:30 Uhr, samstags von 8:30 bis 11:30 Uhr.

Hier kann man Kunstgewerbeobjekte von Indianern des Amazonasgebietes sehen. Es sind Haushaltsgegenstände, Waffen, Schmuck und ausgestopfte Tiere. Das Museum wurde im Jahre 1952 gegründet.

ABSOLUT SEHENSWERT

ARCHITEKTONISCHE GEBÄUDEGRUPPE DES HAFENS VON MANAUS:
Mit Ausnahme der kleineren Gebäude, die schon im Jahre 1852 existierten, wurden die anderen Hafenanlagen im ersten Jahrzehnt des 20. Jh. errichtet. Diese architektonische Gebäudegruppe besteht aus verschiedenen Bauten mit grossem historischem Wert für Manaus.

Bezirksmarkt Adolpho Lisboa

In der goldenen Periode des Kautschuks hatte **Manaus** ein intensives kulturelles Leben. Mit fünf grossen Vergnügungs-Häusern für ihre 50 Tausend Einwohner, war Manaus eine der Hauptstädte Brasiliens mit dem grössten Unterhaltungs-Angebot. Das im Jahre 1896 eingeweihte Amazonastheater ist ein Beispiel dafür.

Rio Negro Palast

Geöffnet von Dienstag bis Freitag von 10:00 bis 17:00 Uhr und Samstags/Sonntags von 14:00 bis 18:00 Uhr.

Er wurde zu Ende des 19. Jahrhunderts erbaut und ab 1918 wurde er zum Regierungssitz des Bundesstaates. Seit 1995 ist er das Kulturzentrum Rio Negro und beherbergt das Briefmarkenmuseum, die Pinakothek, das Museum für Bild und Ton und ein Kino. Ausserdem gibt es dort eine Indianerhütte und ein Haus der Ufermestizen.

AMAZONASTHEATER

Geöffnet von Montag bis Samstag, von 9:00 bis 21:00 Uhr und Sonntag von 16:00 bis 21:00 Uhr.

Das Amazonastheater wurde im Jahre 1896 eingeweiht und sein architektonisches Projekt wurde vom Portugiesischen Kabinett für Ingenieurswesen und Architektur von Lissabon ausgearbeitet. Seine Erbauung dauerte 15 Jahre und an ihr arbeiteten europäische Architekte, Ingenieure, Künstler. Fast das gesamte Material, wie Eisenteile, Struktur, Dekoration, Kristalle usw., wurde ebenfalls aus Europa importiert. Aus Brasilien, kam nur das Holz, das für die Fussböden und die Bestuhlung verwendet wurde; aber selbst dieses Holz wurde zur Bearbeitung nach Europa geschickt. Das Theater gilt als eines der schönsten der Welt und beherbergt ein Museum über seine reichhaltige Geschichte.

INFORMATIONEN

Rio Negro Palast, av. Sete de Setembro, 1.546, Tel. (92) 3232-4450.

Amazonastheater, pça. São Sebastião, s/nº, Tels. (92) 3234-0508 e 3232-1768.

Fabrik Schornstein, av. Lourenço da Silva Braga, s/nº, Tel. (92) 3633-3026.

Fabrik Schornstein

FABRIK SCHORNSTEIN

Geöffnet von Dienstag bis Freitag, von 9:00 bis 17:00 Uhr und Samstags und Sonntags von 17:00 bis 20:00 Uhr.

Im Jahre 1910 erbaut, wurde das Gebäude in den 90er Jahren restauriert um die staatliche Pinakothek zu beherbergen. Heute funktioniert dort ein Kulturzentrum namens Chaminé wo periodisch Kunstausstellungen und sonstige Kulturaktivitäten stattfinden.

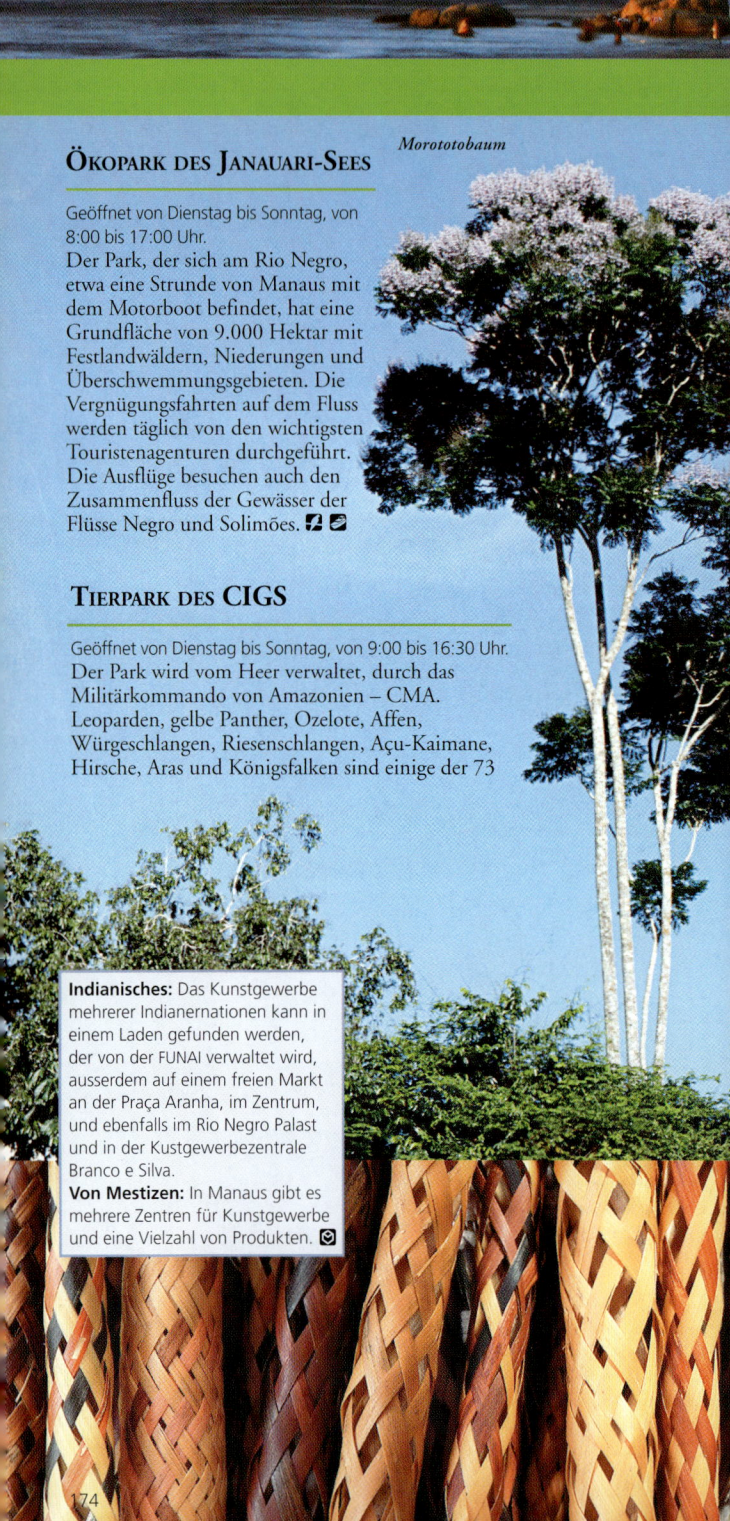

ÖKOPARK DES JANAUARI-SEES

Morototobaum

Geöffnet von Dienstag bis Sonntag, von 8:00 bis 17:00 Uhr.
Der Park, der sich am Rio Negro, etwa eine Strunde von Manaus mit dem Motorboot befindet, hat eine Grundfläche von 9.000 Hektar mit Festlandwäldern, Niederungen und Überschwemmungsgebieten. Die Vergnügungsfahrten auf dem Fluss werden täglich von den wichtigsten Touristenagenturen durchgeführt. Die Ausflüge besuchen auch den Zusammenfluss der Gewässer der Flüsse Negro und Solimões. 🔁 🔄

TIERPARK DES CIGS

Geöffnet von Dienstag bis Sonntag, von 9:00 bis 16:30 Uhr.
Der Park wird vom Heer verwaltet, durch das Militärkommando von Amazonien – CMA. Leoparden, gelbe Panther, Ozelote, Affen, Würgeschlangen, Riesenschlangen, Açu-Kaimane, Hirsche, Aras und Königsfalken sind einige der 73

Indianisches: Das Kunstgewerbe mehrerer Indianernationen kann in einem Laden gefunden werden, der von der FUNAI verwaltet wird, ausserdem auf einem freien Markt an der Praça Aranha, im Zentrum, und ebenfalls im Rio Negro Palast und in der Kustgewerbezentrale Branco e Silva.
Von Mestizen: In Manaus gibt es mehrere Zentren für Kunstgewerbe und eine Vielzahl von Produkten. 🔄

Tierarten, die man unter den 300 Tieren finden kann, die den Park bewohnen. Mit einer Grundfläche von 30.000 m² besitzt der Park eigens für die Unterbringung der 300 Tiere des Gebietes geplante Einrichtungen. Unter seinen grössten Atraktionen sind eine Riesenwasserschlange mit 6 m Länge, die Leoparden und der schwarze Panther. Ausser den Vorträgen zum Thema Erhaltung der Umwelt und der Fauna Amazoniens, investiert der Tierpark auch in die Genesung von Tieren.

Buriti-Palme

ℹ INFORMATIONEN

Tierpark des CIGS, estr. da Ponta Negra, 750, Tel. (92) 3625-1966.

Bezirkspark des Mindu, rua Perimetral, ohne Nummer, Tel. (92) 3236-7702.

Amazonisches Museum, rua Ramos Ferreira, 1.036, Tel. (92) 3233-7223.

BEZIRKSPARK DES MINDU

Dies ist ein Ökoreservat mit Fusspfaden und einem Umwelt-Informationszentrum. Es ist eine der letzten Zufluchtsorte des Macaco Sauim-de-coleira (Affenart).

AMAZONISCHES MUSEUM

Geöffnet von Montag bis Freitag, von 8:00 bis 12:00 und von 14:00 bis 18:00 Uhr.

Das Museum zeigt Gegenstände zum historischen, sozialen und kulturellen Gedenken des amazonischen Gebietes in seinen verschiedenen geschichtlichen Epochen.

Hotel Tropical, Ponta Negra Strand

FLUSSTRÄNDE

Mondstrand: Ein schöner Strand in der Form des Sichelmonds, mit einer grossen Ausdehnung von Sand, sauberem und warmem Wasser. Er befindet sich 23 km von Manaus entfernt und die Zufahrt erfolgt auf dem Wasserweg. Es sind nur 5 Min. mit dem Boot von der Ponta Negra aus.

Praia da Ponta Negra: Der urbanisierte Strand hat ein reges Nachtleben und befindet sich etwa 13 km vom Stadtzentrum entfernt. Er ist nicht nur ein Touristenort, sondern auch

Goldener Strand: Der Strand befindet sich am km 10 der Strasse nach Tarumã, 20 km von Manaus entfernt und man bezahlt eine Gebühr von R$ 5,00 pro PKW für die Sauberhaltung des Ortes.

URWALD-RESERVAT ADOLPHO DUCKE

Das INPA (Forschungsintitut von Amazonien) bedeckt eine Fläche von etwa 10 Tausend Hektar und darin befindet sich der Botanische Garten, am südlichen Rand des Reservates.

Ponta Negra Strand

> Nehmen Sie nicht irgendwelche Bootsbesitzer, die sich auf der Strasse für Bootsfahrten anbieten. Es gab schon Überfälle auf Touristen. Nehmen sie Bootsmänner, die von den Touristenbüros oder von der Hafenbehörde empfohlen werden.

ein geschätzter Vergnügungsort der lokalen Bevölkerung. Der Strand eignet sich zur Benutzung in der Trockenzeit im Sommer. Av. Coronel Jorge Teixeira.

Praia do Amarelinho: Traditoneller Treffpunkt, entlang des Boulevard Rio Negro, ist der Strand auf 300 m urbanisiert.

Praia do Tupé: 34 km von Manaus entfernt, kann der Strand nur auf dem Wasserweg erreicht werden und wird viel besucht. Während des Hochwassers des Negro-Flusses ist er nur 20 m breit und in der Trockenzeit 80 m. Die Fahrt vom Hafen aus dauert 40 Min.

WASSERFÄLLE

Wasserfall des Löwen: Er befindet sich am km 34 der Bundesstrasse AM-10 (Manaus-Itacoatiara). Mit seinen sauberen und kühlen Gewässern ist dies ein angenehmer Platz, obwohl keinerlei Infrastruktur für die Badegäste vorhanden ist.

Wasserfall des Tarumã: In der Nähe des Flughafens, befindet er sich in einem wenig erhaltenen Gebiet, wird aber viel an den Wochenenden besucht, sowohl zum Baden als auch zum Amateurklettern.

NATURSCHUTZ-EINHEITEN
ÖKOSTATION VON ANAVILHANAS

Im Jahre 1981 geschaffen, um eine Inselgruppe von etwa 400 Inseln zu schützen, hat das Archipel eine Ausdehnung von 90 km entlang des Rio Negro. Hunderte von Igarapés, Kanälen und Seen befinden sich in den Bezirken von Manaus und Novo Airão. Während der Hochwasserperiode bleiben einige Inseln überschwemmt und in der Trockenzeit entstehen wunderschöne Strände. Lesen Sie über Anavilhanas in Novo Airão.

ÖKORESERVAT SAUIM CASTANHEIRA

Dies ist ein städtisches Reservat in der Nähe des Industrie-Distriktes und der Ostseite der Stadt, mit etwa 195 Hektar Grundfläche. Es gibt keinerlei Infrastruktur zum Empfang von Touristen.

ABSOLUT SEHENSWERT

BIOLOGISCHES RESERVAT CAMPINA

Mit fast 900 ha Grundfläche und Zufahrt über die Bundesstrasse BR-174, gehört das Reservat dem INPA, das dort wissenschaftliche Forschung betreibt.

DER ZUSAMMENFLUSS DER GEWÄSSER

Das bemerkenswerte Schauspiel der Begegnung der Gewässer der Flüsse Negro und Solimões ereignet sich etwa 10 km von Manaus entfernt. Während der Solimões schlammiges Wasser führt mit vielen Nährstoffen, hat der Rio Negro dunkles und saures Wasser. Bei ihrem Zusammenfluss vermischen sich die Gewässer nicht sofort, sondern laufen etwa 6 km nebeneinander her. Dies passiert wegen ihrer verschiedenen Eigenschaften: das Wasser des Solimões fliesst schneller und ist wärmer (28°C), während das des Rio Negro langsamer strömt und kälter ist (22°C). Die Zufahrt zum Ort des Zusammenflusses erfolgt auf dem Wasserweg und die Fahrt dauert zirka 1 Stunde ab dem Hafen von Manaus. Informationen bei den Reisebüros.

NATURSCHUTZGEBIET LINKES UFER DES RIO NEGRO – SEKTOR TARUMÃ-AÇU-TARUMÃ-MIRIM

Diese APA wird von den hydrographischen Becken des Kanals des Rio Tarumã-Açu, Rio Cuieiras, Kanal des Tarumã-Mirim, Rio Apuau, Rio Baependi und Rio Curiuaú gebildet, Nebenflüsse des Rio Negro. Die überwiegende Vegetation ist der Vorgebirgliche Urwald.

STAATLICHER PARK DES RIO NEGRO

Dieser Park befindet sich ganz innerhalb des Bezirkes von Manaus, etwa 12 km vom Zentrum der Stadt. Er beinhaltet eine Fläche von 157.807 ha Urwald und wird vom Rio Negro und seinen Nebenflüssen durchströmt. Ein grosser Teil des Parks wird von der indianischen und lokalen Bevölkerung bewohnt, die von der Holzgewinnung und vom Fischfang lebt. Die Fauna weist endemische Arten des Amazonasgebietes auf, wie die rote Guariba, Tucuxi-Delphin, weisser Falke, Affen und Harpia.

Wahrzeichen-Blume des Gebietes, findet man die Victoria Amazonica (wissenschaftlicher Name) in flachen, stillen Gewässern, ohne Strömung. Bekannter unter dem Namen Victoria regia, zu Ehren der englischen Königin Victoria vom englischen Naturwissenschaftler Lindsey vergeben, ist sie die bekannteste Pflanze Amazoniens. Ihre Blätter haben die Form grosser grüner Tabletts und bis zu zwei Meter Umfang, mit Rändern von 5 bis 10 cm Höhe, die bis zu 12 Kilo Gewicht tragen können. Während der Hochwasserperiode sind sie prächtig und üppig, aber wenige überleben die Trockenzeit, meist auf kleine Seen beschränkt. Sie hat Dornen und ändert ihre Färbung während ihrer kurzen Lebenszeit (etwa drei Tage). Am ersten Tag ist sie gelblich-weiss, wird rosafarben am zweiten und beginnt am dritten Tag zu welken, wobei sie lilafarben wird. In dieser kurzen Zeitspanne gelangen Käfer in ihr Inneres, das sich am Morgen schliesst und die Käfer bis zum Abend einsperrt, wenn die Blume sich wieder öffnet, wodurch die Bestäubung erfolgt. Die beste Zeit die Victoria regia zu sehen ist die Hochwasserperiode der Flüsse, von April bis September.

Victoria-Regia

ABSOLUT SEHENSWERT

GEBIET VON ÖKOLOGISCHEM INTRERESSE DES UNIVERSITÄTSKAMPUS:
Mit 6,7 Millionen m² ist dies die grösste städtische Grünfläche Brasiliens. 🔲

Altes Zollgebäude

RESERVAT FÜR TRAGBARE ENTWICKLUNG DES TUPÉ

Das Reservat hat etwa 12 Tausend Hektar überschwemmten Urwald und Festlandwald. Es befindet sich 25 km von Manaus und kann auf dem Wasserweg erreicht werden (etwa 40 Minuten vom Hafen). Das Gebiet wird auch von Besuchern des Strandes des Tupé aufgesucht. 🔲

NATURSCHUTZGEBIET LINKES UFER DES RIO NEGRO – SETOR ATURIÁ-APUAUZINHO

Das Gebiet wird begrenzt durch den Staatlichen Park des Rio Negro und die Ökostation Anavilhanas und besitzt die gleichen Eigenschaften wie die APA des Sektors Tarumã-Açu-Tarumã-Mirim. 🔲🔲

MAUÉS

Guaraná

In der zweiten Hälfte des 18. Jh. begann die Besiedelung der Gegend zwischen den Flüssen Madeira und Amazonas, bekannt unter dem Namen Mundurucânia. Maués, deren Name mit „Stadt der sprechenden Papagaien" übersetzt werden kann, war zu der Zeit von den Mundurucu-Indianern bevölkert, die nach viel Widerstand im Jahre 1795 besiegt wurden. Danach begann der Kolonisierungsprozess. Mehrere Dörfer wurden errichtet: Canumã, Juriti und Luzéa. Heute ist Maués bekannt als das „Land des Guaraná", typisches Produkt der Gegend und Grundlage der lokalen Wirtschaft. Der Guaraná ist die wichtigste Einnahmequelle des Bezirkes und wird sogar ins Ausland exportiert, wie nach Deutschland, in die Vereinigten Staaten und nach Japan. Mit einer Grundfläche von etwa 40 Tausend km² und fast 41 Tausend Einwohnern hat Maués ein grosses touristisches Potential.

ZUFAHRT

Maués liegt 268 km von Manaus entfernt und die Zufahrt erfolgt auf dem Wasser- und Landweg oder auf dem Luftweg. Ab Manaus fährt man mit dem Bus bis zum Bezirk Itacoatiara und von dort bis Maués mit einem schnellen Motorboot. Auf dem Luftweg gibt es montags, mittwochs und freitags Flüge mit der Fluggesellschaft Rico Linhas Aéreas, Tel. (92) 3542-2108. Auf dem Wasserweg fahren täglich um 17:00 Uhr Boote ab und die Fahrzeit ist von 17 bis 18 Stunden Dauer.

Maués Strand

INFORMATIONEN

Gemeindehaus, Largo Marechal Deodoro.
Obelisk, Praça Coronel João Verçosa.
Usina de Pau-rosa am Ende der Avenida Antártica gelegen
CULTUAM – Kulturzentrum für Kunstgewerbe von Maués, Rua Dr. Pereira Barreto.

Maués Hafen

HISTORISCHE GEBÄUDE

Gemeindehaus: wurde in den 30er Jahren gebaut und ist gut erhalten. Es bewahrt die architektonischen Eigenschaften jener Zeit, wie Fliesen, Fenster, Türen und anderes.
Obelisk: er wurde in den 50er Jahren gebaut und befindet sich an der Praça Coronel João Verçosa. Er bezeichnet den Ort, wo das Ende der Cabanagem gipfelte (1840), der Revolution der Cabanos (Indianer, Sklaven und Siedler). An diesem Ort wurden die letzten 880 Revoltierenden, die noch den Regierungstruppen in Luzéa (Name der Stadt Maués) Widerstand boten, gezwungen, der Verfassung einen Treueschwur zu leisten.
Gerichtsgebäude: seine Struktur ist der eines Ankerplatzes ähnlich.
Pau-rosa-Fabrik: Eine der wenigen Pau-rosa-Fabriken des Bundesstaates Amazonas. Sie benutzt noch immer die Originalmaschinen für die Ölgewinnung.

Das Indianervolk der Saterê-Mauê produziert Malerei, Kunstgewerbe, Lianen, Lehm und „Guaraná-Masse" (geriebene Mandel mit Wasser). Die Familien benutzen das Guaraná als Material für kleine kunstgewerbliche Objekte, die Tiere darstellen, oder Haushalts-Gegenstände. Das Kunstgewerbe kann im Kulturzentrum für Kunstgewerbe von Maués (CULTUAM) erworben werden. ⬛

Guaranafest

TECHNISCHE DATEN

MAUÉS

Entfernung: 268 km Luftlinie von Manaus. 356 km Wasserweg.
Einwohnerzahl: 44.552 Einw. (Schätzung 2004)
Grundfläche: 39.988,4 km²
Klima: tropisch, regnerisch und feucht.
Mittlere Temperatur: 28ºC.
Informationen für Touristen: Bürgermeisteramt. Rua Rui Barbosa, 294, Tel. (92) 3542-1161.

Flussstrände am Rio Maués-Açu

Praia do Lombo: befindet sich vor dem Bezirkssitz.

Praia do Éden: im Stadtviertel Éden.

Praia da Ponta da Maresia: der Strand hat 1 km Länge und dort finden die jährlichen Ereignisse statt.

Praia da Avenida Antártica: er hat Kokospalmen, Bars, Imbisstuben und das Zentrum für indianisches und Mestizenkunstgewerbe. Der Strand befindet sich im Stadtviertel Santa Teresa.

Praia de Vera Cruz: befindet sich vor der Stadt am gegenüberliegenden Ufer. Er liegt in der Gemeinde Vera Cruz. 📖

Inseln

Die Bootsbesitzer machen ein Paket um die Inseln zu besuchen; Informationen bei der Abteilung für Tourismus. Die wichtigsten sind.

Vera Cruz: befindet sich vor der Stadt und wird sehr viel von den Einwohnern besucht. Die Insel hat grosse und schöne Strände mit weissem Sand und Felsformationen. Die Bewohner der Insel sind die grössten und besten Hersteller von Maniokmehl im Bezirk. 10 Min. mit dem Motorboot.

Sonneninsel: Fischer machen Kunstgewerbliche Boote. Es gibt Strände. 30 Min. mit dem Motorboot. 🛥️

Cigana
(*Opisthocomus hoazin*)

Sei es durch die Fischerei oder durch die Flussstrände an seinem 6 km langen Ufer oder durch die Seen, hat die Stadt auch andere Alternativen für den Ökotourismus wie Stromschnellen, Wasserfälle und Grotten. Ausser, dass fast das gesamte Gebiet praktisch unberührt ist, befindet sich im Bezirk das Indianerreservat Saterê-Mauê.

BOOTSFAHRTEN AUF DEN FLÜSSEN

Verhandeln Sie mit den Bootsbesitzern im Hafen von Maués.

Treffen der Gewässer der Flüsse Maués-Açu und Flussarm des Urariá: der Kontrast der schlammigen Gewässer des Paraná des Urariá mit dem dunklen Wasser des Rio Maués-Açu.

An den Flüssen Parauari und Amaná: befinden sich die Fälle Apuí, Jutaí, Grande, Genipapo, Goiabal und São Pedro. Das Boot fährt von Maués ab und auf dem Rio Pararuaí bis in den Rio Amaná.

Salto do Amaná: ein Wasserfall mit etwa 35 m Höhe in der Trockenzeit und 20 m in der Hochwasserzeit.

Bucht von Maués: Am Ufer dieser vom Fluss gebildeten Bucht liegt die Stadt. Ein sehr guter Platz für Bootsfahrten.

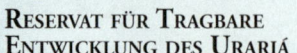

RESERVAT FÜR TRAGBARE ENTWICKLUNG DES URARIÁ

Das Reservat befindet sich oberhalb des Flussarmes des Urariá und erstreckt sich über 59.137.129 Hektar und hat einen Umfang von 140.207 m.
Es besteht aus einem vielseitigen hydrographischen Komplex aus Flussarmen und natürlichen Kanälen, sowie den Seen.
Das Reservat Urariá hat eine reichhaltige Fauna. Cutia (Säugetier), Paca (Wasserwild-Schwein), Tatu (Gürteltier), Capivara (Widschwein), Flussdelphin, Leopard, Affen und Caititu (Wildschwein ähnliches Säugetier) sind einige der Tierarten. Die Vegetation weist Pflanzenarten wie die Brasil-Nuss, die Samaúma,

die Kautschuk und Palmenarten auf. Die Seengebiete werden grossenteils periodisch überschwemmt auf grossen Flächen, die mit Überschwemmungswald bedeckt sind. Die Zufahrt erfolgt über den Rio Maués-Açu mit dem Motorboot, 5 bis 6 Stunden Fahrt und seine einzige Einfahrt ist über den Furo da Barreira. 🔁

Paraná do Urariá

Mit einer Bevölkerung von etwa 4.000 Einw., haben die Saterê-Maué eine eigene Kultur, die in ihrem Kunsgewerbe ihren Ausdruck findet, in der Produktion von Körben, Ketten, Keramiktöpfen, sowie dem Anbau des Guaraná, aus dessen Frucht die Essenz eines der am meisten konsumiertesten Erfrischungsgetränke Südamerikas gewonnen wird. 🔁

Guaranasamen

RESERVAT SATERÊ-MAUÉ

An den Ufern der Flüsse Marau und Urupadi befindet sich der grösste Teil der Dörfer der Saterê-Maué-Indianer des Bezirks von Maués. Diese Einheimischen Volksstämme bewohnen das Gebiet schon seit ehedem und besitzen eine grosse kulturelle Tradition. Der erste Kontakt des Saterê-Maué-Stammes mit den Weissen erfolgte durch die Jesuitenpater. Jedoch, nach 300 Jahren Kontakt verloren die Saterê-Maué ihr riesiges Gebiet, das sich zwischen den Flüssen Madeira und Tapajós erstreckte. Heute bewohnen sie ein abgegrenztes Gebiet mit 750 Tausend Hektar Grundfläche, entlang der Flüsse Marau, Andirá, Miriti, Urupadi, Majuru und anderer Kanäle und Nebenflüsse von diesen. Die Saterê-Maué erhalten seit 1996 zweisprachige Erziehung und befinden sich in einem Prozess der Verstärkung ihrer Organisation, auf der Suche nach der Aufwertung ihrer Kultur. Besuche müssen mit der Abteilung für Tourismus vereinbart werden. ✈

> Eine Kuriosität der Saterê-Maué-Kultur ist das Ritual der Tucandeira, das Initiationsritual des männlichen Curumim (Kind) von der Kindheit ins Erwachsenenleben. Es besteht aus der harten Probe, sich den schmerzhaften Bissen der Tucandeira-Ameisen auszusetzen, in einer Art Handschuh aus Lianen.

Guaranafest

Novo Airão

Der Bezirk Novo Airão ist bekannt für seine Fluss-Strände, für die Bootswerften und für die Produktion von Kunstgewerbe. Es liegt auf beiden Ufern des Rio Negro. Die Besiedelung der Gegend begann mit der Besetzung der Flussufer im 17. Jh. Im Jahre 1668 entstand ein Dorf in der Nähe der Mündung des Baches Aruim, das später an die Mündung des Rio Jaú verlegt wurde, mit der Bezeichnung Santo Elias do Jaú. Im Jahre 1759 wurde der Name auf Bestimmung des Marquês de Pombal in Airão umgeändert. Das Dorf, das als Alt Airão bekannt war, vereinigte die wirtschaftlichen Tätigkeiten der Gegend. Heute sind die Ruinen von Airão, das in den 50er Jahren verlassen wurde, dabei vom IPHAN (Nationales Institut für Brasilianischen Denkmalschutz) in ein Denkmal verwandelt zu werden. Zur Zeit werden 80% des Bezirksgebietes durch Naturschutzeinheiten oder Indianerreservate geschützt, zu denen der Zugang von Besuchern beschränkt ist. Der größte Teil seines Territoriums wird vom Nationalpark des Jaú, von der Ökostation von Anavilhanas, vom Staatlichen Park des Rio Negro und vom Indianerreservat Waimiri-Atroari eingenommen. In diesen Gebieten leben seltene Arten von Vögeln, die vom Aussterben bedroht sind und Tiere wie der rote Flussdelphin und de Ochsenfisch, das Symboltier des Bezirks.

Fluss-Strände

Mit ihrem weißen Sand sind die wichtigsten Strände: Praia do Miritipuca, Praia do Sararà, Praia Grande und Praia do Meio. 📖

ZUFAHRT

Der Wasserweg ist der Rio Negro und die Zufahrt erfolgt auf Vergnügungsschiffen ab Manaus (die Fahrt dauert zwischen sieben und acht Stunden). Man kann auch täglich das Express-Boot (schnelles Motorboot) nehmen, das in Manaus um 15:00 Uhr abfährt. Die Fahrt dauert vier Stunden und ist schwierig.

NOVO AIRÃO

Entfernung: 115 km Luftlinie von Manaus und 143 km auf dem Wasserweg.
Einwohnerzahl: 7.580 Einw. (Schätzung 2004)
Grundfläche: 37.771 km²
Klima: Tropisch, regnerisch und feucht.
Mittlere Temperatur: 26°C.
Informationen für Touristen: Bürgermeisteramt, Avenida João Paulo II, Nr. 22, Tel. (92) 3365 1604.

Airão Velho

RUINEN VON VELHO AIRÃO

Alt Airão war die erste Niederlassung am Rio Negro im 17. Jh. Gegründet von Missionaren des Ordens der Mercês, bekam es den Namen Santo Elias do Jaú, aber wurde in der Mitte des nächsten Jahrhunderts in Airão umgeändert. Es können noch immer die Ruinen von elf Gebäuden, vom Friedhof und von einer Kirche aus dem 18. Jh. besichtigt werden. 🏛

ℹ **INFORMATIONEN**

AANA – Verein der Kunsthandwerker von Novo Airão, Avenida Juricaba, ohne Hausnr. Tel. (92) 3365-1278.
(FAM) – Stiftung Almerinda Malaquias, Rodovia AM-352, km 0, Tel. 365 1312.

Der Verein der Kunsthandwerker von Novo Airão (AANA) hat 25 eingetragene Kunsthandwerker, die ihr Kunstgewerbe betreiben. Sie verwenden pflanzliche Fasern wie Arumã, Lianen, Ambé, Tucumã, Piaçava und Titica-Liane. Die Gegenstände können im Laden Fibrarte und im Sitz des Vereins gefunden werden. Im Laden Nov'Arte der Stiftung FAM findet man Holzgegenstände, wie regionale Fische, Schmetterlinge, Frösche, Kanus, Boote und originelle Dekorationsobjekte. 🛒

SCHIFFSWERFTEN

Zwei Schiffswerften sind noch in Novo Airão in Betrieb. Diese Tätigkeit erlaubt es den Touristen den Herstellungsprozess der Schiffe kennen zu lernen, bei dem moderne Maschinen als auch Werkzeug, das von den Portugiesen zur Zeit der Kolonisierung benutzt wurde, Verwendung finden. Sie sind einer der Gründe für den Tourismus im Bezirk. 🏛

ARCHÄOLOGISCHE FUNDSTELLE

Sie befindet sich 2 km südlich des Eingangs zum Nationalpark des Jaú und in der Nähe der Ruinen von Velho Airão. Es gibt keinerlei Infrastruktur um sie zu besuchen. 🧭

NATURSCHETZEINHEITEN

Drei wichtige Naturschutzeinheiten befinden sich im Bezirk: Der Nationalpark des Jaú, zweitgrößter Park Brasiliens, mit einer Gesamtoberfläche von 2,2 Millionen Hektar. Die Zufahrt erfolgt auf dem Wasserweg, über den Rio Negro und die Fahrt dauert zwischen 12 und 15 Stunden. Der amazonische Urwald ist die große Attraktion des Parks, der so heißt, weil er im Becken des Rio Jaú liegt, Name eines der größten brasilianischen Fische, des Jaú. Lesen Sie über den Park in Barcelos. Der Staatliche Park des Rio Negro ist noch in Einrichtung befindlich und die Besuche werden meist von Manaus aus durchgeführt.

Pajurá

Visgueiro

ℹ INFORMATIONEN

IBAMA – Regionalbüro von Novo Airão, Tel. (92) 3365-1197. Manaus, Tel. (92) 3096-3095/3094. Lesen Sie über den Park in Manaus.

ÖKOSTATION VON ANAVILHANAS

Die Zufahrt zur Station erfolgt auf dem Wasserweg mit Motorbooten. Auf dem Landweg geht es über die Straße Manacapu-Novo Airão.

Die Ökostation von Anavilhanas ist eine der größten Flussinselgruppen der Welt, aus etwa 400 Inseln , Hunderten von Seen, Flüssen und Naturkanälen gebildet, die reichhaltige Pflanzen- und Tierarten beherbergen. Seine Oberfläche beträgt etwa 350 Tausend Hektar und erstreckt sich über 100 km am Rio Negro entlang. Zwischen November und April, bleibt fast die Hälfte der Inseln unter Wasser und die Tiere ziehen sich auf die höher gelegenen Gebiete zurück. Unter den 350 Fischarten findet man Surubins, Pacus, Pirarucus und Tucunarés. Ausserdem gibt es Schildkröten und eine Vielzahl von Vogelarten. Anavilhenas besitzt eine Infrastruktur für den Besuch, die eine schwimmende Plattform einschließt, die sich innerhalb des Archipels befindet, ein Haus mit Schlafräumen und einer Küche und Platz für Labors auf dem Festland, ein regionales Schiff und motorisierte Boote.

In Bezug auf die Flora bewirkt die Jahreszeit verschiedene Formationen wie: Dichter Urwald mit einheitlicher Bedeckung, dichter Ombrophyler Urwald, Campinarana Arborea (Festland) und Caatinga-Igapó-Vegetation. Die Fauna von Anavilhanas setzt sich aus seltenen oder vom Aussterben bedrohten Arten zusammen, wie der Leopard, die Suçuarana und der Ochsenfisch.

PARINTINS

Parintins befindet sich auf dem rechten Ufer des Rio Amazonas, auf der Insel Tupinambarana und beherbergt das wichtigste folkloristische Ereignis Amazoniens: die Festspiele des Boi („Ochsen") von Parintins. Der Name der Stadt Parintins kommt von den Parintins- oder Parintintins-Indianern, den Ureinwohnern des Gebirges diesen Namens. In der Mitte des 18. Jahrhunderts wurden Erkundungsreisen in das Gebiet unternommen, auf Befehl der portugiesischen Regierung. Die Entdeckung des Bezirks erfolgte im Jahre 1749, als der Erforscher José Gonçalves da Fonseca beim hinabfahren des Rio Amazonas auf eine große Insel aufmerksam wurde, die sich von den anderen auf der rechten Seite des Flusses befindlichen abhob. Aber die Gründung der Ortschaft erfolgte erst im Jahre 1796 durch José Pedro Cordovil, der mit seinen Sklaven und Angestellten kam, um sich der Fischerei des Pirarucu zu widmen und ihr den Namen Tupinambarana gab. Die Ortschaft war noch immer ein bescheidenes Dorf als die Revolution der Cabanos im Bundesstaat Pará begann. Aber Tupinambarana blieb von den Angriffen der Cabanos verschont. Im Jahre 1880 wurde der Bezirkssitz zur Stadt ernannt und erhielt den Namen Parintins. Vom 15. Bis 30. Juni finden die folkloristischen Festspiele statt, die in der ganzen Welt wegen der Pracht und Vielfalt der Tanzgruppen der Indianer und Quadrillen bekannt sind, und wegen der Hauptattraktion, des Wettbewerbs der „Ochsen" Caprichoso und Garantido. Parintins bietet eine gute Infrastruktur mit Bars, Restaurants und Hotels und mehrere Auswahlmöglichkeiten für Tourismus und Freizeit, unter Hervorhebung des Strands von Uaicurapá, der sich im Sommer in eine Bühne für Shows, Musikfestspiele und Schönheitswettbewerbe verwandelt, der Vila Amazônia, einem Bauerndorf, das mit der Pracht der antiken Architektur das Angedenken der japanischen Kolonie bewahrt und Valéria, das eine archäologische Fundstelle besitzt. Es gibt viel Möglichkeiten für Ausflüge. Die Kathedrale von Nossa Senhora do Carmo (im Jahre 1962 gebaut), die Kirche des Sagrado Coração de Jesus (1833 gebaut), der Bezirksmarkt, die Struktur der Portobrás, die Stützmauer und ihre Aussichtspunkte mit Blick auf den Fluss, der Platz des Cristo Redentor, das Bumbódromo, der Platz im japanischen Stil, der Stall des „Ochsen" Caprichoso, der Stall des „Ochsen" Garantido und der Produzentenmarkt sind sehenswert.

ZUFAHRT

Die Zufahrt nach Parintins ist auf dem Luft- und auf dem Wasserweg möglich. Dienstags, donnerstags und freitags gibt es Flüge nach Parintins, ab Flughafen Eduardo Gomes, in Manaus (45 Min.). Vom Flughafen Júlio Belém, in Parintins bis zum Stadtzentrum sind es 10 km Asphaltstrasse. Ab Santarém, im Bundesstaat Pará dauert der Flug 1 Stunde. Auf dem Wasserweg hat man die Gelegenheit, in Parintins den wimmelnden Verkehr von ankommenden und abfahrenden Booten zu beobachten, die den Rio Amazonas befahren. Von Manaus sind es 26 Stunden Bootsfahrt und ab Santarém, in Pará, 20 Stunden.

GESCHICHTE UND ARCHÄOLOGIE

In den Ruinen der Vila Amazônica ist es möglich, die Strukturen eines Dorfes zu erkennen, welches das Ergebnis der Besiedelung der Gegend mit Japanern war, die in den Jahren um 1930 durch die Jutepflanzung angelockt wurden. In der Nähe der Ruinen, kann man die ansässigen Fischer bei der Arribação („Wanderungs-Fischerei") beobachten, die stattfindet, wenn die Fischschwärme auf ihrer Wanderschaft stromaufwärts mit Leichtigkeit gefangen werden können.

In Parintins gibt es eine große Vielzahl von typischen Gerichten und regionalen Speisen, unter Hervorhebung mehrerer Rezepte mit Fisch oder Büffelfleisch als Grundlage. Unter den volkstümlichsten sind: Tambaqui moqueado (mit Palmenöl und Kokosmilch gekocht), Tucunarésuppe mit Maniokbrei, gebackener Pirarucu, Piracuí-Klößchen, Fisch mit Tucupi und Tacacá.

TECHNISCHE DATEN

PARINTINS
Entfernung: 325 km von Luftlinie von Manaus, 370 km Wasserweg.
Einwohnerzahl: 105.002 Einw. (Schätzung 2004)
Grundfläche: 5.952,3 km²
Klima: Tropisch, regnerisch und feucht.
Mittlere Temperatur: 26,3ºC
Informationen für Touristen: Koordinierungs-Amt für Tourismus, Rua Jonatas Pedrosa, 247A, Tel. (92) 3533-4400.

Bumbódromo

Guaranasamen

GEBIET DES PARANANEMA-MACURANY

Die Zufahrt erfolgt auf dem Landweg über die Strasse Odovaldo Novo, oder auf dem Wasserweg mit dem Motorboot in 15 Min. auf dem Amazonasstrom.

Aus mehreren Hauptarmen bestehend, umfließen diese

Das örtliche Kunstgewerbe, aus Holz, Baumwurzeln, Jute, Lianen, Stroh, Samen, Naturfasern und künstlichen Federn, kann auf der Praça da Liberdade, am Hafen, auf dem Markt und im Bumbódromo (zur Zeit der Festspiele) angetroffen werden. Ochsenminiaturen aus Styropor und Gips gebildet, gibt es ebenfalls in mehreren Läden der Stadt. 🔁

Lokale Handwerkerin

Tupinambarana-Insel

Parintins Hafen

RIO UAICURAPÁ

In der Niedrigwasserperiode (von August bis Februar) tauchen wunderschöne Fluss-Strände auf, mit weißem Sand und dunklen Gewässern. Die bekanntesten und meistbesuchten sind die Strände von Itaracuera und der Strand von Varre Vento, zwischen den Flüssen Mamuru und Uaicurapá (3 Stunden mit dem Boot vom Stadtzentrum). Nicht sehr weit davon kann der Tourist die Inseln Pacoval, Das Onças und Das Guaribas kennen lernen. Im Oktober findet ein Sportfest statt. Zufahrt auf dem Wasserweg mit dem Boot, mit einer Fahrt von etwa 1 1/2 Stunden vom Hafen von Parintins aus. 📖 🚢 🛥

Flüsse die Insel mit ihren Gewässern und bieten mehrere Möglichkeiten zur Freizeit-Gestaltung: Schwimmen, Wasser-Ski, Jet-Ski, Kanus, usw. Die Natur der Gegend zeichnet sich durch kleine Inseln und Naturkanäle aus. In einigen Restaurants am Ufer des Sees kann man die Leckereien der Parintinenser Küche probieren. 🌿

MACURICANÁ-SEE

Es befindet sich 2 1/2 Stunden vom Hafen der Francesa.

Ein Ökoreservat seltener Schönheit, das exotische Fisch- und Vogelarten beherbergt. Es weist 2 verschiedene Landschaftstypen auf: in der Trockenzeit ist es durch die Naturkanäle gekennzeichnet; in der Hochwasserperiode bildet sich ein großer See. 🌿🌿

Pirarucú

GEBIRGSZUG VON PARINTINS

Die Zufahrt mit dem Motorboot auf dem Amazonasstrom dauert etwa 1 1/2 Stunden. Auf dem Landweg sind es 20 Min. mit der Fähre bis zur Vila Amazônica und 2 Stunden mit dem Auto auf einer Erdstraße bis zum Gebirge.

Dies ist eine Formation mit 154 m Höhe, von dichter Vegetation umgeben. Am Rande des Gebirges erstreckt sich der wunderschöne See der Valéria, ein nicht zu unterlassender Ausflug. Die Gegend ist ideal für die Sportfischerei. 🌿🌿

OCHSEN-FESTSPIELE VON PARINTINS

Weltweit wegen seiner Dimension und Originalität bekannt, werden diese Festspiele als größtes folkloristisches Ereignis Amazoniens und eines der größten Kulturereignisse Brasiliens angesehen. Die Vorstellung, die 6 Stunden pro Nacht dauert, zeigt den Wettkampf zwischen den „Ochsen" – Gruppen Garantido und Caprichoso. Die Stadt teilt sich in blau und rot, zur Musik der Volkslieder, zum Rhythmus der Trommeln und des Händeklatschens, in den Rhythmen Cateretê, Carimbó und Marsch. Auf der Hauptstraße die typischen Gestalten wie Vater Francisco, Mutter Catirina, Tuchauas, Cunhã-Poranga, Schamane, Curupira, Iara und Verschiedene Indianerstämme singen und tanzen in einem frenetischem Rhythmus.

ABSOLUT SEHENSWERT

Der Garantido: Immer in rot gekleidet, ist der Garantido der große Titelgewinner. Die Gruppe wurde im Jahre 1913 von Lindolfo Monteverde in der Niederung São José, in Parintins gegründet, wo sich bis heute sein „Stall" befindet. Seit 1999 werden die Proben im neuen Sitz durchgeführt, genannt „Cidade Garantido" (Garantido-Stadt).

Der Caprichoso: In Blau-weiß ist dies der „Bumbá" der Unterstadt, wo sich sein „Stall" befindet. Er wurde ebenfalls im Jahre 1913 gegründet von Emídio Rodrigues Vieira. Sein Merkmal ist die Aufwertung der kulturellen Wurzeln durch die Wieder-Belebung der Tradition vor den Häusern zu tanzen, wie es vor langer Zeit üblich war.

Der Höhepunkt der Festspiele ist die Inszenie-rung des Todes des „Ochsen". Es ist die Geschichte der Mutter Catirina, die schwanger ist und wünscht Ochsenzunge zu essen. Der Vater, Francisco, um die Gesund-heit des Kindes besorgt, erfüllt den Wunsch der Ehefrau und tötet den Ochsen seines Herrn. Der Besitzer entdeckt die Tat und lässt den Vater Francisco mit Hilfe der Indianer festnehmen. Nach vielen Leiden wird er vom Priester und vom Schamanen gerettet, dem es gelingt den Ochsen wieder zum Leben zu erwecken. Etwa 3.500 Personen nehmen an jeder Gruppe Teil, die, begleitet von geschmückten Wagen, verschiedene amazonische Riten und Legenden inszenieren. Die Aufführungen passieren im Bum-bódromo von Parintins und Amazonino Mendes. ◻

195

PRESIDENTE FIGUEIREDO

Der Bezirk von Presidente Figueiredo, eine Ehrung an den ersten Präsidenten der Provinz Amazonas, João Baptista de Figueiredo Tenreiro Aranha, wurde im Jahre 1981 gebildet aus Ländereien die von Novo Airão und Itapiranga und Gebieten von Silves und Urucará abgegliedert wurden. Etwa 3 tausend km^2, einschließlich des Bezirkssitzes, befinden sich auf Sandstein ozeanischen Ursprungs. Dieses Gestein ist für die Bildung von Wasserfällen, Stromschnellen, Höhlen und Grotten verantwortlich. Im Gebiet gibt es archäologische Fundstellen mit über 2 tausend Jahren und dort sind auch die Indianerstämme der Waimiri-Atroari anzutreffen, die der Zivilisation sehr wenig Sympathie entgegenbringen und deren Territorium etwa 33% des Bezirks einnehmen. Presidente Figueiredo hat ein Netz von Naturkanälen und urwüchsige Vegetation und ist dadurch für den Ökotourismus geeignet. Fußpfade, Wasserfälle, Höhlen, u. a. sind Teil seiner touristischen Attraktionen wie auch die Sportfischerei.

Bananen

*Wasserfall
Pedra Furada*

MUSEUM DES UMWELTSCHUTZZENTRUMS

Das Museum zeigt ausgestopfte Tiere, Holzmuster der Gegend und Objekte des Indianerstammes Waimiri-Atroari. ▯

ℹ INFORMATIONEN

Museum des Umweltschutzzentrums,
rua Rio Negro,
Tel. (92) 3312-1078.

TECHNISCHE DATEN

Buritizal

ZUFAHRT
Die Zufahrt zum Bezirk erfolgt auf dem Landweg. Presidente Figueiredo ist mit Manaus über die Bundesstraße BR-174 verbunden und liegt 107 km von der Hauptstadt entfernt. Drei Omnibus-Gesellschaften befahren die Strecke ab Manaus. Die Fahrt dauert 1 1/2 Stunden. Es gibt drei Landebahnen im Bezirk und die wichtigste ist die der Vila de Balbina, mit 1200 x 30 m, die asphaltiert ist und von kleinen Flugzeugen benutzt werden kann.

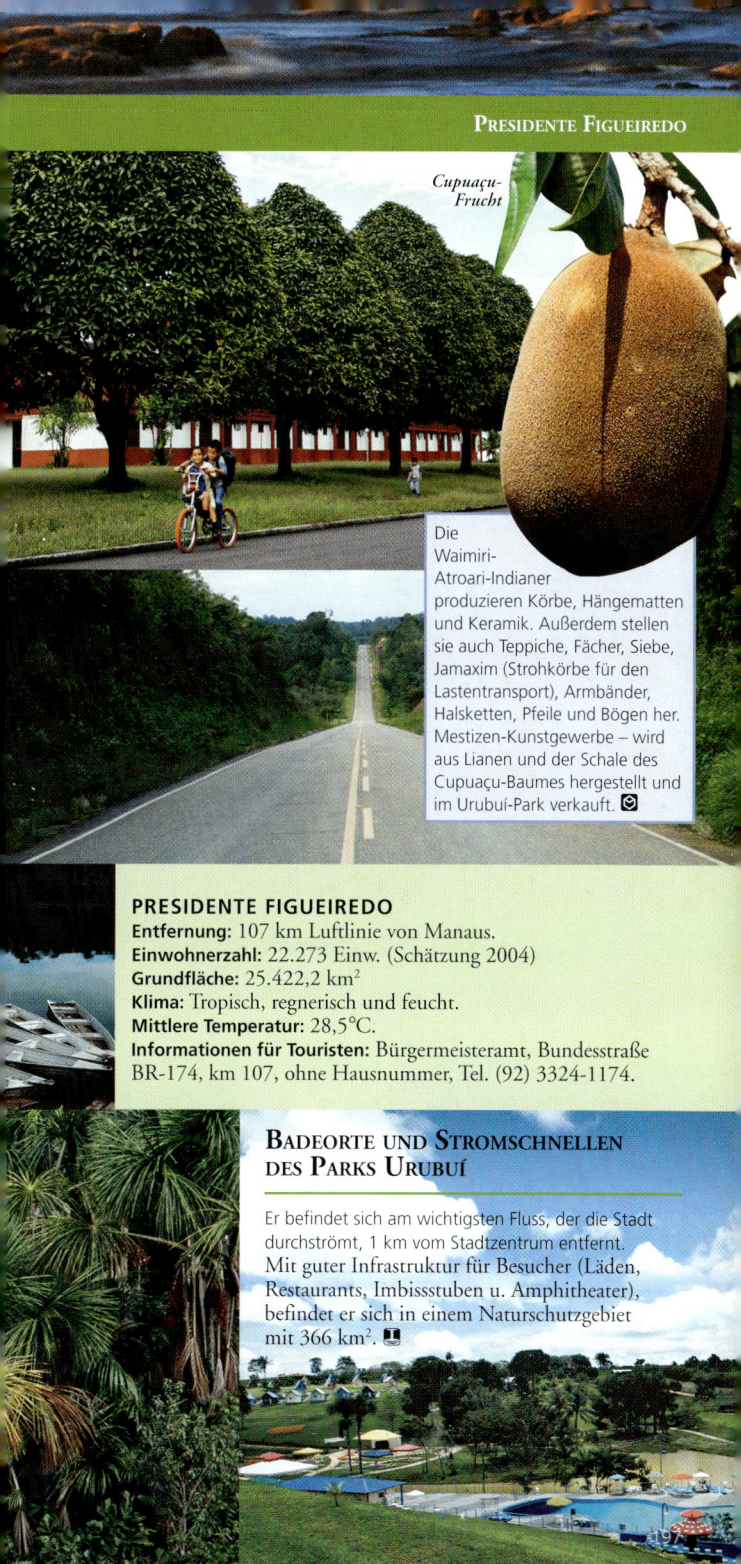

Cupuaçu-Frucht

Die Waimiri-Atroari-Indianer produzieren Körbe, Hängematten und Keramik. Außerdem stellen sie auch Teppiche, Fächer, Siebe, Jamaxim (Strohkörbe für den Lastentransport), Armbänder, Halsketten, Pfeile und Bögen her. Mestizen-Kunstgewerbe – wird aus Lianen und der Schale des Cupuaçu-Baumes hergestellt und im Urubuí-Park verkauft.

PRESIDENTE FIGUEIREDO

Entfernung: 107 km Luftlinie von Manaus.
Einwohnerzahl: 22.273 Einw. (Schätzung 2004)
Grundfläche: 25.422,2 km²
Klima: Tropisch, regnerisch und feucht.
Mittlere Temperatur: 28,5°C.
Informationen für Touristen: Bürgermeisteramt, Bundesstraße BR-174, km 107, ohne Hausnummer, Tel. (92) 3324-1174.

BADEORTE UND STROMSCHNELLEN DES PARKS URUBUÍ

Er befindet sich am wichtigsten Fluss, der die Stadt durchströmt, 1 km vom Stadtzentrum entfernt. Mit guter Infrastruktur für Besucher (Läden, Restaurants, Imbissstuben u. Amphitheater), befindet er sich in einem Naturschutzgebiet mit 366 km².

BIO-RESERVAT VON UATUMÃ

Zufahrt über km 104 der Bundesstrasse BR-174.

Das Gebiet erstreckt sich über 940.358 Hektar und wurde mit dem Ziel geschaffen das Ökosystem des Urwalds im Flussbecken des Rio Uatumã zu erhalten. Der Zugang ist nur für Forscher erlaubt.

SEE VON BALBINA

Zufahrt auf dem Landweg, bei km 72 der AM-240. Durch den Stau gebildet, hat dieser künstliche See eine Oberfläche von fast 1.580 km² und etwa 3.500 kleine Inseln.

Der Stausee wird für sportliche Tätigkeiten genutzt und zum Fischen des Tucunaré. Im WasserKraftwerk gibt es ein ForschungsZentrum für Wassersäugetiere, und auch ein Museum für ausgestopfte Tiere und Ausstellung von IndianerKeramik, Fotos und Gegenständen.

ZENTRUM FÜR DEN SCHUTZ UND DIE ERFORSCHUNG VON SÜSSWASSER-SCHILDKRÖTEN

Das Zentrum beschäftigt sich mit der Handhabung und Erhaltung von Schildkröten. Das Projekt wird in Partnerschaft mit dem INPA (Forschungszentrum) durchgeführt.

WASSERFÄLLE UND STROMSCHNELLEN

Araras: Zufahrt auf dem Landweg über Bundesstraße BR-174, km 115. Er befindet sich 1.500 Meter hinter dem Iracema-Wasserfall, mit Zugang über einen Fußpfad. Seine Höhe beträgt 6 m und seine Breite 12 m und hat Grotten.

Arco: Zufahrt auf dem Landweg über Bundesstraße BR-174, km 110. Er befindet sich innerhalb der Natur-Schutzeinheit RPPN Sítio Bela Vista, die ein Gebiet von 63 Hektar umfasst. Um den Wasserfall zu besuchen, benötigt man eine Genehmigung, die beim Sekretariat für Tourismus des Bezirks beantragt werden muss.

Wasserschrei: Zufahrt über die AM-240, km 12. Der Wasserfall hat 4 m Höhe. 📖

ⓘ INFORMATIONEN

Zentrum für den Schutz und die Erforschung von Wasser-Säugetieren (CPPMA)
Rua Jaú, Nr. 19, in der Vila von Balbina.
Tel. (92) 3312-1202.

ABSOLUT SEHENSWERT

ZENTRUM FÜR DEN SCHUTZ UND DIE ERFORSCHUNG VON WASSER-SÄUGETIEREN (CPPMA)

Hier werden Forschungen zum Erhalt und zur Fortpflanzung von Wasser-Säugetieren durchgeführt. Es gibt drei Becken für Peixe-Boi, acht Becken für Jungtiere und drei Räume für Ariranhas oder Fischottern). Außerdem gibt es noch einen Ausstellungsraum für Besucher. ⏎

WASSERFÄLLE

Brilhante: Zufahrt über die AM-240, km 8. Der Wasserfall hat etwa 3 m Höhe.

Cacau: Der Wasserfall hat 6 m Höhe und 2 m Breite, SchwimmBecken und Grotten. Er befindet sich etwa 20 Min. mit dem Boot ab dem Naturkanal des Uruбuí und eine weitere Stunde zu Fuß.

Dos Lajes: Der Wasserfall befindet sich in einem privaten Reservat, der RPPN Estância Rivas, von 100 Hektar. Insgesamt sind 4 Stromschnellen. Zufahrt auf dem Landweg über die Bundesstraße BR-174, 3 km vom Stadtzentrum entfernt.

Indiana Jones: Nebenstraße des Urubuí, km 4. Der Wasserfall hat 5 m Höhe und 2 m Breite.

Iracema: Der Wasserfall befindet sich in einem privaten Gelände mit guter Infrastruktur. Zufahrt über die Bundesstraße BR-174, km 115. Danach läuft man 400 m auf einem Fußpfad im Urwald und kommt zum ersten Fall. Der dritte und schönste, hat 17 m Höhe.

Jardim: Zufahrt über km 52 der AM-240. Der Wasserfall hat etwa 3 m Höhe.

Mutum: Zufahrt über km 54 der AM-240.

Natal: Der Wasser-Fall hat 5 m Höhe u. 30 m Breite. Die Zufahrt erfolgt über den Rio Urubu mit dem Boot in 45 Min.

Neblina: Einer der schönsten Wasser-Fälle der Gegend mit seinen 22 m Höhe und 26 m Breite. Zufahrt über km 52 der AM-240 und weitere 2 Stunden auf einem schwierigen Fußpfad im dichten Urwald. Es ist notwendig im Vorhinein eine Genehmigung beim Bezirks-Sekretariat für Tourismus zu beantragen. Der Wasserfall befindet sich in einem privaten Naturschutzgebiet (RPPN).

Onça: Mit 5 m Höhe und 3 m Breite erfolgt die Zufahrt auf der Nebenstraße, km 1. Danach auf einem Fußweg im Urwald.

Orquídea: Der Wasserfall hat 6 m Höhe. Er ist einer der meistbesuchten, vor allem wegen seiner natürlichen Schwimmbecken. Lassen Sie den Wagen an der Straße stehen und laufen Sie 2 km auf einem Fußpfad im Urwald.

Pedra da Lua Branca: Der Wasserfall befindet sich am Urubu-Fluss und der Zugang ist schwierig. Am km 240 der Bundesstraße BR-174 nehmen Sie ein Motorboot und fahren 2 Stunden auf dem Rio Urubu. Danach weitere 15 Min. Fußwanderung auf einem schmalen Pfad im Wald. Der Wasserfall hat 15 m Höhe und 5 m Breite.

Pedra Furada: Der Wasserfall mit 10 m Höhe fällt durch ein Loch im Fels und bildet ein Schwimmbecken. Zufahrt über die AM-240, km 57. Man lässt den Wagen an der Straße und muss 30 Min. auf einem Urwald-Pfad laufen.

Wasserfall Iracema

Pedra Lascada: Der Wasserfall befindet sich im Gebiet der Lages, an der Bundesstraße BR-174, km 113. Dann läuft man 1.700 m auf einem Fußpfad.

Porteira: Der Wasserfall hat 3 m Höhe. Zufahrt über die AM-240, km 13.

Princesinha do Urubuí: Ramal do Urubuí, km 9. Der Wasserfall hat 5 m Höhe und 4 m Breite.

Rio das Pedras: Stromschnellen mit tausend Metern Ausdehnung. Zufahrt über km 22 der AM-240.

Santa Cláudia: Zwei Wasserfälle mit 3 m Höhe. Der erste bildet ein natürliches Schwimmbecken. Zufahrt über km 107 der Bundesstraße BR-174.

Santuário: Der Wasserfall befindet sich auf Privatgebiet, der Naturschutzeinheit RPPN Cachoeira do Santuário mit 60 Hektar Grundfläche. Seine Infrastruktur hat ein Restaurant, Fußpfade und eine Fischteich. Zufahrt über AM-240, km 12.

Sossego da Pantera: Zufahrt über km 20 der AM-240. Der Wasserfall hat 4 m Höhe.

Suframa: Zufahrt über km 99 der Bundesstraße BR-174. Der Wasserfall befindet sich fast am Straßenrand, etwa 200 m auf einem Urwald-Pfad. 📖

FLÜSSE

Pitinga: Das ist ein Nebenfluss des Rio Uatumã und er bildet Stromschnellen, die sich für Kajakfahrten eigenen.
Santa Bárbara: Die wilden Gewässer dieses Flusses eignen sich zur Ausübung von Rafting.

Uatumã: Dieser Nebenfluss des Amazonasstromes bildet Stromschnellen, die sich für Kajakfahrten eigenen. Er wird auch zum Fischen des Tucunaré aufgesucht.
Urubu: Auf diesem Fluss ist es möglich mit dem Kanu zu fahren um Grotten und Höhlen zu besuchen.

Galo-da-Serra
(*Rupicola rupicola*)

Caverna Refúgio Maruaga: Der Name Maruaga ist eine Ehrung für einen der wichtigsten Führer der Waimiri-Atroari-Indianer. Die Höhle befindet sich in einem Natur-Schutzgebiet und um sie zu besuchen ist es ratsam einen Führer dabei zu haben, wasser-dichtes Schuhwerk zu tragen und eine Taschenlampe mitzunehmen. Der Eingang der Höhle hat 18 m Höhe und in ihrem Innern fließt ein Fluss mit etwa 450 m Länge. Die Zufahrt erfolgt über km 6 der AM-240. Nachdem Sie den Wagen an der Straße stehen lassen, müssen Sie eine 80 m hohe Steintreppe hintersteigen und 700 m bis zum Höhleneingang laufen. Stellen Sie vorher beim Sekretariat für Tourismus fest, ob die Höhle besichtigt werden kann, denn sie befindet sich in einem Naturschutzgebiet. 🅰🅱

HÖHLE

Caverna de Iracema: Die Höhle befindet sich an der linken Seite de Bundesstraße BR-174, bei km 115, dann weitere 4 km innerhalb des Gebietes des Wasserfalls von Iracema.

Caverna das Araras: Die Höhle befindet sich 1.500 m hinter dem Wasserfall von Iracema und ist erreichbar auf einem Fußpfad am Ufer des Rio Urubuí entlang.

Caverna das Lages: Zugang ab km 113 der Bundesstraße BR-174, linke Seite.

Gruta do Batismo: In der Höhle gibt es Wandmalereien. Der Zugang erfolgt auf einem Urwald-Pfad ab dem Museum von Balbina.

Gruta da Catedral: Der Zugang erfolgt ab km 115 der Bundesstraße BR-174.

Gruta do Raio: Der Zugang erfolgt auf einem Urwald-Pfad von 300 m Länge, ab km 1 der Nebenstraße Ramal do Cemitério, rechte Seite.

Gruta do Palácio do Galo da Serra: Der Zugang erfolgt ab km 115 der Bundesstraße BR-174.

Paredão do Barreto: Die Zufahrt erfolgt auf der AM-240 bis km 65. 🅰🅱🅲

203

RIO PRETO DA EVA

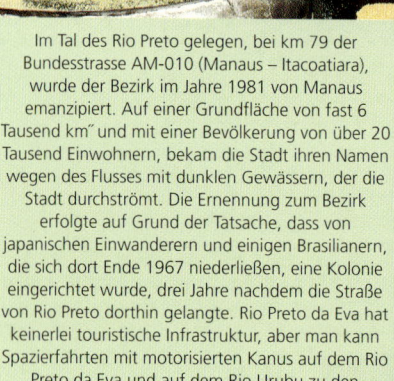

Mehlhaus

Im Tal des Rio Preto gelegen, bei km 79 der Bundesstrasse AM-010 (Manaus – Itacoatiara), wurde der Bezirk im Jahre 1981 von Manaus emanzipiert. Auf einer Grundfläche von fast 6 Tausend km″ und mit einer Bevölkerung von über 20 Tausend Einwohnern, bekam die Stadt ihren Namen wegen des Flusses mit dunklen Gewässern, der die Stadt durchströmt. Die Ernennung zum Bezirk erfolgte auf Grund der Tatsache, dass von japanischen Einwanderern und einigen Brasilianern, die sich dort Ende 1967 niederließen, eine Kolonie eingerichtet wurde, drei Jahre nachdem die Straße von Rio Preto dorthin gelangte. Rio Preto da Eva hat keinerlei touristische Infrastruktur, aber man kann Spazierfahrten mit motorisierten Kanus auf dem Rio Preto da Eva und auf dem Rio Urubu zu den Wasserfällen des Bezirks unternehmen.

Fluss Rio Preto

TECHNISCHE DATEN

Tapioca de tucumã

FLÜSSE

Rio Preto da Eva: Dieser Fluss durchströmt die Stadt und ist in den Trockenzeiten zugänglich und befahrbar. Auf dem linken Ufer gibt es Häuser und landwirtschaftliche Betriebe.

Rio Urubu: Die Zufahrt erfolgt auf dem Landweg über die AM-010, von wo aus man am Flussufer ein Boot nimmt. Der Fluss hat Wasserfälle, Grotten und Stromschnellen.

ZUFAHRT

Die Zufahrt zum Bezirk erfolgt auf dem Landweg, über die Bundesstraße AM-010. Täglich fahren Busse ab Manaus und die Fahrt dauert eine Stunde.

RIO PRETO DA EVA

Entfernung: 80 km Luftlinie von Manaus.
Einwohnerzahl: 22.820 Einw. (Schätzung 2004)
Grundfläche: 5.813,2 km²
Klima: Tropisch, regnerisch und feucht.
Mittlere Temperatur: 28°C.
Informationen für Touristen: Sekretariat für Umwelt und Tourismus, Rua Governador Gregório de Azevedo, Nr. 8, 1. Stock, Tel. (92) 3328 1225.

CACHOEIRA DO SOVAL:

27 km vom Stadtzentrum entfernt befindet sich der Wasserfall in der Nähe des Rio Preto da Eva, etwa 15 Min. zu Fuß. Er ist 4 m hoch und hat eine Breite von 8 m. Am Ort gibt es eine Grotte von 30 m Länge und 7 m Tiefe. In der Nähe gibt es noch andere Wasserfälle, die zu Fuß in etwa 1 Stunde zu erreichen sind: der Wasserfall von Tucumâ und der Cachoeira Nova. Beide besitzen keinerlei Infrastruktur. Da sie sich auf militärischem Gebiet befinden, muss man eine Genehmigung für ihren Besuch beantragen. 📖 🏊

ABSOLUT SEHENSWERT

BADEORTE

Paraíso do Manú: Mit Zufahrt über die AM-010 liegt er etwa 5 Min. vom Stadtzentrum. Er ist der mit der besten Infrastruktur und hat einen Parkplatz und ein Restaurant. Täglich von 8:00 bis 17:00 Uhr in Betrieb.

Gonzagâo: Zufahrt über die AM-010, etwa 3 Min. vom Stadtzentrum. Er ist kleiner als das Paraíso do Manú, besitzt aber Infrastruktur. Täglich geöffnet von 8:00 bis 17:00 Uhr.

Recanto dos Buritis: Gelegen an der Avenida Corado Niemeyer, am Ufer des Rio Preto da Eva, besitzt er einen Parkplatz und Toiletten.

Nova Jerusalém: Zufahrt über die Nebenstraße des Alto Rio der AM-010. Es gibt ein Restaurant.

Água Verde: Zufahrt über Land auf der Nebenstraße des Baixo Rio der AM-010, etwa 15 Min. mit dem Auto. Er besitzt keinerlei Infrastruktur, ist aber einer der schönsten.

Gonzagâo Strand

Umariblatt

207

Santa Isabel do Rio Negro

Das Vorkommen von zahlreichen Keramikfragmenten im Gebiet deutet auf eine vorkolumbianische menschliche Anwesenheit. Vor der Ankunft der Europäer war die Region von verschiedenen Indianerstämmen bevölkert: Maupé, Majurana, Jurupixuna. Die ersten Kontakte zu den Einwohnern des Gebietes wurden von den Jesuiten hergestellt. Nach deren Vertreibung (im Jahre 1661) wurde der Kontakt mit den Bewohnern des Rio Negro erst ab 1695 wieder aufgenommen, mit der Ankunft neuer Kirchenvertreter. Im Jahre 1760 wurde ein militärischer Posten eingerichtet und eine Festung an dem Ort gebaut, wo sich heute die Stadt São Gabriel da Cachoeira befindet. Das gesamte Gebiet wurde alsdann als Capitania von São José do Rio Negro konstituiert, mit Sitz in Barcelos. Auf der Strecke zwischen Barcelos und São Gabriel da Cachoeira gab es nur ein Dorf auf dem rechten Flussufer des Rio Negro, auf der „Ilha Grande", der späteren Santa Isabel, das aber damals zu Barcelos gehörte. Im Jahre 1956 wurde der Bezirk von Ilha Grande geschaffen, der im Jahre 1965 den Namen Santa Isabel do Rio Negro erhielt. Seit 1968 ist der Bezirk als Nationale Sicherheitszone eingestuft. Santa Isabel befindet sich in einer der reichhaltigsten Regionen in Bezug auf indianische Kultur in Brasilien. Im Bezirk gibt es Tanzvorstellungen mit indianischen Tänzen. Der Bezirk weist Gebirgszüge und Gipfel auf, die unter die höchsten des Landes zu rechnen sind. In der Nähe befinden sich der Pico da Neblina und Pico 31. de Março. Aber die touristischen Attraktionen in Santa Isabel do Rio Negro haben keinerlei Infrastruktur.

Wasserfall von Aracu

Zufahrt mit dem Motorboot in 15 Min., auf dem Rio Daraá. Es gibt keinerlei touristische Infrastruktur.

Naturschutzgebiet Tapuruquara

Im Jahre 2001 geschaffen, umfasst dieses Naturschutzgebiet eine Grundfläche von 2,9 Millionen Hektar und erlaubt den integralen Umweltschutz im Bezirk, da der Rest seines Territoriums durch den Nationalpark des Pico da Neblina und Indianer-Reservate gebildet wird, in denen spezielle Schutz-Vorschriften gelten. Innerhalb der APA wurden die Flüsse Rio Daraá und Rio Urubaxi als zu besuchende Gebiete definiert und der Rio Aiuanã, der Naturkanal Tibaha und der Gebirgszug Serra do Jacamim. Man kann das Gebiet mit dem Außenbord-Motorboot über die Flüsse Ienuxi, Jurubaixi, Téa und Aiuanã erreichen.

ZUFAHRT

Die Zufahrt kann nur auf dem Wasser- oder Luftweg erfolgen. Auf dem Luftweg gibt es dreimal wöchentlich Flüge von Manaus, mit Zwischenlandung in Barcelos und etwa 2 1/2 Stunden Flugzeit. Auf dem Wasserweg gibt es vier regionale Schifffahrtslinien ab Manaus. Jeden Freitag kann man das Schiff an der Treppe von São Raimundo nehmen. Die Fahrt dauert etwa drei Tage. Es gibt keine Straße zum Bezirk Santa Isabel do Rio Negro, nur Wege, die von den Einwohnern gebaut wurden.

INDIANISCHE LÄNDEREIEN

Es gibt vier im Bezirk befindliche Indianergebiete. Indianisches Land des Rio Negro I und II, Indianisches Land des Rio Téa und das Land der Yanomami, die etwa 30 % des Territoriums von Santa Isabel ausmachen. Das Einzige, das sich gänzlich in Bezirk von Santa Isabel befindet ist das der Yanomami. Die anderen befinden sich im Bezirk von São Gabriel da Cachoeira und im Bezirk Santa Isabel do Rio Negro. Es gibt NGOs wie die SECOYA und die FOIRN, die mit den Indianervölkern arbeiten und versuchen deren Identität und Unabhängigkeit zu wahren. Informationen bei der FUNAI (Nationale Behörde zum Schutz der Indianer).

Yanomamiindianer

KUNSTGEWERBE

Die Anwesenheit von Indianernationen verursacht, dass das KunstHandwerk, wie die Körbe der Yanomamis sehr von den Touristen begehrt wird. Es gibt keinen Verkaufsplatz dafür. Das Kunsthandwerk kann in der Stadt, oder in der Ausstellung der Salesianischen Mission gefunden werden.

TECHNISCHE DATEN

SANTA ISABEL DO RIO NEGRO

Entfernung: 620 km Luftlinie von Manaus und 772 km Wasserweg.
Einwohnerzahl: 8.260 Einw. (Schätzung 2004)
Grundfläche: 62.846,2 km²
Klima: Tropisch, regnerisch und feucht.
Mittlere Temperatur: 27,5°C.
Informationen für Touristen:
Bürgermeisteramt, Avenida Danilo Correia, ohne Hausnummer, Tel. (97) 3441 1020.

INFORMATIONEN

Indianische Ländereien, Funai Manaus, Tel. (92) 3633-3132.
Salesianischen Mission (Kunstgewerbe) – Rua Danilo Corrêa, ohne Hausnummer (Zentrum), Tel. (97) 3441 1209.

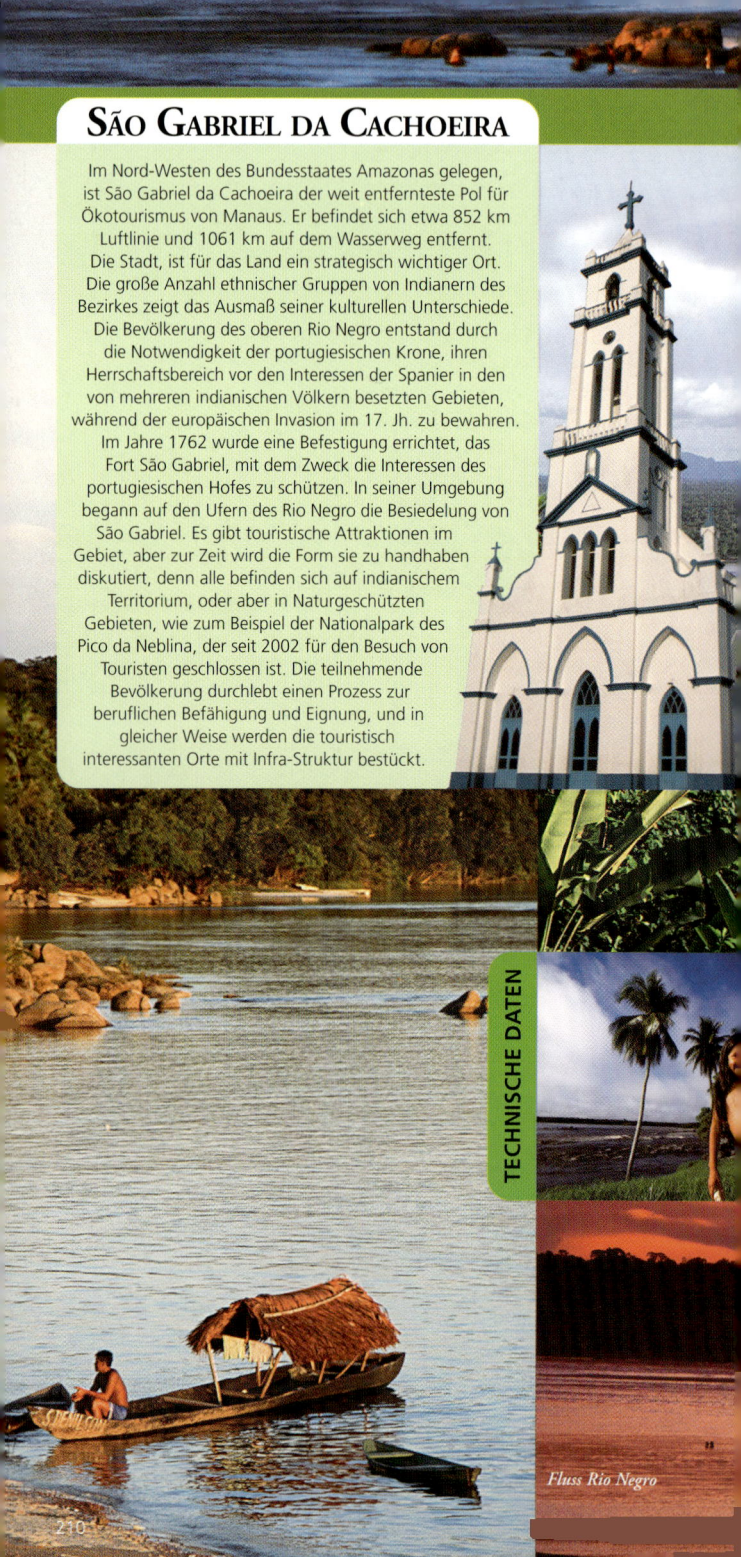

SÃO GABRIEL DA CACHOEIRA

Im Nord-Westen des Bundesstaates Amazonas gelegen, ist São Gabriel da Cachoeira der weit entfernteste Pol für Ökotourismus von Manaus. Er befindet sich etwa 852 km Luftlinie und 1061 km auf dem Wasserweg entfernt. Die Stadt, ist für das Land ein strategisch wichtiger Ort. Die große Anzahl ethnischer Gruppen von Indianern des Bezirkes zeigt das Ausmaß seiner kulturellen Unterschiede. Die Bevölkerung des oberen Rio Negro entstand durch die Notwendigkeit der portugiesischen Krone, ihren Herrschaftsbereich vor den Interessen der Spanier in den von mehreren indianischen Völkern besetzten Gebieten, während der europäischen Invasion im 17. Jh. zu bewahren. Im Jahre 1762 wurde eine Befestigung errichtet, das Fort São Gabriel, mit dem Zweck die Interessen des portugiesischen Hofes zu schützen. In seiner Umgebung begann auf den Ufern des Rio Negro die Besiedelung von São Gabriel. Es gibt touristische Attraktionen im Gebiet, aber zur Zeit wird die Form sie zu handhaben diskutiert, denn alle befinden sich auf indianischem Territorium, oder aber in Naturgeschützten Gebieten, wie zum Beispiel der Nationalpark des Pico da Neblina, der seit 2002 für den Besuch von Touristen geschlossen ist. Die teilnehmende Bevölkerung durchlebt einen Prozess zur beruflichen Befähigung und Eignung, und in gleicher Weise werden die touristisch interessanten Orte mit Infra-Struktur bestückt.

TECHNISCHE DATEN

Fluss Rio Negro

INSELN

Acarabu: Liegt im Rio Negro am Zusammenfluss mit dem Rio Marie.
Tucunaré: Liegt im Rio Uaupés, an der Grenze zu Kolumbien.
Uaiaru: Liegt im Rio Negro, etwa 33 km vom Zusammenfluss mit dem Rio Papuri, an der Grenze zu Venezuela.
Uarima: Liegt im Rio Uaupés, 45 km vom Zusammenfluss mit dem Rio Papuri entfernt, an der Grenze zu Kolumbien.

ZUFAHRT
Die Zufahrt erfolgt auf dem Luft- oder Wasserweg. Es gibt nur eine Fluggesellschaft, die Flüge ab Manaus anbietet (von Montags bis Samstags) und der Flug dauert etwa eine Stunde und 50 Min. Für Passagier-Schiffe gibt es reguläre Linien mit Abfahrt von Manaus und vom Hafen von Camanaus in São Gabriel da Cachoeira, jeden Freitag. Die Reise auf der Strecke zwischen Manaus und São Gabriel da Cachoeira kann bis zu 7 Tage dauern, je nach der Jahreszeit. Wegen der Schwierigkeiten für die Schifffahrt auf bestimmten Strecken des Rio Negro (Sandbänke, Stromschnellen und Wasserfälle) gibt es keine Sicherheit auf der Strecke zwischen Barcelos und São Gabriel da Cachoeira. In der Niedrigwasserperiode des Rio Negro können die Schiffe nicht bis zur Stadt gelangen und der Transport wird auf Booten und Motorbooten durchgeführt.

SÃO GABRIEL DA CACHOEIRA
Entfernung: 858 km Luftlinie von Manaus und 1064 km Wasserweg.
Einwohnerzahl: 33.170 Einw. (Schätzung 2004)
Grundfläche: 109.185 km²
Klima: Tropisch, regnerisch und feucht.
Mittlere Temperatur: 27,5°C.
Informationen für Touristen: Tourismusamt, Av. Álvaro Maia, 569, Tel. (97) 3471-1139.

BERGE UND GEBIRGE

*Rio Negro und
Serra do Curicuriari*

Serra do Curicuriari: Die Form des Gebirgszuges erinnert an das Profil der Märchenprinzessin. Er befindet sich
30 km von der Stadt entfernt; der Zugang ist schwierig und es gibt keinerlei Infrastruktur.

Morro da Boa Esperança: Mit 230 m Höhe befindet sich der Berg 10 Min. vom Stadtzentrum entfernt. Der Zugang erfolgt auf einem leicht zu begehenden Fußweg mit etwa 15 Min. Laufzeit bis zu seinem höchsten Punkt, von wo man eine Sicht auf die Stadt und auf den Rio Negro und seine Umgebung hat. Während der Osterwoche ist es üblich, dass die Einwohner den Berg für eine Wallfahrt benutzen. Kleine Denkmäler am Weg stehen für die 14 Stationen der Via Sakra. Auf dem Gipfel gibt es eine Kapelle zu Ehren der Heiligen Auxiliadora.

Morro da Fortaleza: Der Berg ist 111 m hoch, hat einen leicht zu begehenden Fußweg und bietet eine Panoramasicht auf die Stadt, die Berge und Wasserfälle des Rio Negro Beckens. An dem strategischsten Platz befinden sich die Ruinen einer Befestigung, von großer historischer Wichtigkeit. Sie wurde im Jahre 1763 von den Portugiesen erbaut und ist

Zeuge des portugiesischen Widerstandes gegen die spanische Invasion der Gegend. Es gibt keinerlei Infrastruktur am Ort.

Pedra de Cucuí: Obwohl der Felsen von Cucuí 206 km von São Gabriel da Cachoeira entfernt ist er eine Attraktion in der Umgebung des Bezirks. Es handelt sich um eine Erhebung von 462 m Höhe mit relativ leichtem Zugang. Von der Höhe des Felsens kann man verschiedene touristische Orte der Gegend sehen, wie den Pico da Neblina, das Gebirge von Imeri und die Urwälder beider Länder. Um zu dem Felsen zu gelangen braucht man 4 Stunden auf der Straße bis zur Grenze mit Venezuela. Dann nimmt man ein Boot und danach läuft man noch 3 Stunden auf einem Urwald-Pfad. Es ist notwendig, eine Genehmigung beim Fort Chaparro auf der Venezuelanischen Seite zu beantragen.

Das Reservat befindet sich am oberen Rio Negro und erstreckt sich auf 36.900 Hektar. Es beinhaltet das Becken des Rio Lá, ein Nebenfluss auf der linken Seite des Rio Negro. Es weist sechs Seen und eine Felsplattenformation auf. Das Vorkommen von radioaktiven Mineralien in seinem Boden bewirkt, dass jeder der Seen eine andere bläulich-grüne Färbung aufweist. In diesem Reservat ist der öffentliche Besuch verboten, außer zu Studienzwecken und mit spezifischen Regeln.

FLUSS-STRÄNDE

Die Strände von Mussum, Cagara und Jaú liegen in der Stadt und werden von den Einwohnern in der Freizeit genutzt.

Flüsse

Keiner der Ausflüge hat jegliche Infrastruktur
und um die Flussbecken kennen zu lernen ist es
notwendig, sich beim Sekretariat für Tourismus
zu erkundigen. Alle Flüsse weisen Inseln und
Wasserfälle in ihren Wasserläufen auf.

Curicuriari: Dies ist ein Nebenfluss am rechten Ufer
des Rio Negro.

Içana: Dies ist ein Nebenfluss am rechten Ufer des
Rio Negro. In seinem Lauf gibt es mehrere Wasser-
Fälle: Acutiaranga, 92 km von der Mündung, Aracu,
an der Grenze zu Kolumbien, Malacaheta, Tunuí, Lui-
Luitera, Popunha-Rupitá, Uapuí, in der Nähe des
Zusammenflusses mit dem Rio Surubim und Landu.

Negro: Der wichtigste Fluss im Gebiet weist ebenfalls
Wasserfälle in seinem Wasserlauf auf, wie den
Wasserfall von Acuari, den von Carapanã und den von
Aru, 30 km vom Zusammenfluss mit dem Rio Içana.

Papuri: Dieser Nebenfluss des Rio Uaupés hat 59
Wasserfälle auf seinen 280 km Länge, wie den
Wasserfall von Uacara.

Tiquié: Seine Quelle ist in Kolumbien und er mündet
auf der rechten Seite des Rio Uaupés.

Traíra: Seine Quelle ist in Kolumbien und er mündet
auf der linken Seite des Rio Apopolis. Er bildet den
Wasserfall von Urumutum, 8 km von seiner
Mündung an der Grenze zu Kolumbien.

Uaupés: Ein Nebenfluss des rechten Ufers des Rio Negro, wird er auf einigen Strecken bis zu 2 km breit. Entlang seines Laufes gibt es mehrere Wasserfälle wie Acarauca, Araripirá, Ipanoré, Lauretê, Caruru, u. a. und die Fälle von Cemitério, Cumá, Jacaré, Jacamin, Pacu, Tamanduá, Piranhas, Tucano und Tucunaré. In der Trockenzeit erscheinen die Strände.
Urabasci: Ein Nebenfluss des Rio Negro.
Xié: Ein weiterer Nebenfluss am rechten Ufer des Rio Negro, der klares Wasser führt. Er ist fast 300 km lang und es gibt Wasserfälle in seinem Lauf. Die bekanntesten sind Cumati, Pamá, Malacenha und Aro. 📖 🗎

Jede ethnische Gruppe ist auf die Produktion bestimmter Kunstobjekte oder Nutzobjekte spezialisiert. Die Holzbänke sind für die Kunst der Tucano-Indianer typisch, die Körbe und Maniok-Raspeln für die der Dessana und Baniwa. Die Kunst der Kubeo sind die Totenmasken und die der Wanana sind ihre Tipitis. Die Aku machen ihre Pan-Flöten, die Aturas benutzen Lianen und die Arumã stellen Haushaltsgegenstände her. Am Rio Tiquié sind die Tuyuka und die Baré als die besten Hersteller von wichtigen Nutzgegenständen bekannt. In der lokalen Produktion gibt es Objekte wie Strohkörbe, Halsketten und Armbänder aus Samen und bunten Vogelfedern, Siebe aus Lianen, Stößel, Kanus, Aschenbecher, Paddel, Strohfächer, Keramikgegen-Stände, Taschen aus Lianen und Stroh, mit speziellen Eigenheiten jedes Stammes. Außerdem noch Pfeile und Bögen und Tipitis aus Stroh (um Maniok zu pressen). 🔷

SÃO SEBASTIÃO DO UATUMÃ

Die Ursprünge des Bezirks sind mit Urucará verknüpft, dessen Geschichte auf die Gründung des Dorfes Santana da Capela, im Jahre 1814 zurückführt. Im Jahre 1880 entstand die Gemeinde mit Sitz in Santana da Capela, während der Entwicklung dieser Ufergegend des Amazonasstromes. Im Jahre 1887 wurde im Gebiet dieser Gemeinde der Bezirk Urucará gegründet, der jedoch im Jahre 1930 wieder aufgelöst wurde, indem seine Grundfläche der des Bezirks Itacoatiara zugefügt wurde, um dann im Jahre 1935 endgültig wiederhergestellt zu werden. Ende des Jahres 1981 waren folgende Unterbezirke Teil der VerwaltungsStruktur von Urucará: Urucará, Santa Maria, Capucapu, Alto Uatumã und São Sebastião. Im Jahre 1981 wurden São Sebastião und die angrenzenden Gebiete auf dem linken Ufer des Rio Uatumã von Urucará abgegliedert und bilden nun den autonomen Bezirk von São Sebastião do Uatumã.

In Zusammenarbeit mit der Amazonastur und dem Bürgermeisteramt von São Sebastião do Uatumã hat das PNDPA (Programm für die Amateurfischerei) des IBAMA (Umweltschutzbehörde) im Jahre 2004 eine Arbeit am unteren Rio Uatumã begonnen für die **Amateurfischerei**. Der Rio Uatumã ist bekannt für das Auftreten von Tucunarés. Aus diesem Grunde gibt es dort bereits viel Sportfischerei, aber die Idee ist, die Gemeinden mit einzubeziehen und so Arbeitsplätze und Einkommen für den Bezirk zu schaffen.

SÃO SEBASTIÃO DO UATUMÃ

Entfernung: 247 km Luftlinie von Manaus und 255 km Wasserweg.
Einwohnerzahl: 8.401 Einw. (Schätzung 2004)
Grundfläche: 10.741 km²
Klima: Tropisch, regnerisch und feucht.
Mittlere Temperatur: 27,3°C.
Informationen für Touristen:
Bürgermeisteramt, Rua Justino de Melo, ohner Hausnr. Tel. (92) 3572-1109.

TECHNISCHE DATEN

FLÜSSE

Rio Uatumã: Der Uatumã-Fluss bildet mehrere Wasserfälle entlang seines Wasserlaufs.

Rio Maripá: Während des Sommers bilden sich Fluss-Strände am Rio Maripá.

Rio Jatapú: Sehr beliebt für Sportfischerei.

BIORESERVAT VON UATUMÃ

Die Zufahrt erfolgt über die Bundesstraße BR-174, ab Manaus in Richtung Boa Vista. Am km 104 biegt man rechts ab in die Zufahrtsstraße zum Wasserkraftwerk von Balbina und fährt 80 km bis dorthin. Es gibt Zufahrtsmöglichkeiten auf dem Wasserweg. Die dem Naturschutzgebiet nächst gelegene Stadt ist Vila de Balbina. Die Reserve beinhaltet die Bezirke von Presidente Figueiredo, São Sebastião do Uatumã und Urucará. Das Gebiet, das durch das System des Dichten Tropischen Urwalds gekennzeichnet ist, weist eine gleichmäßige Vegetation auf, mit wenigen herausragenden Arten.

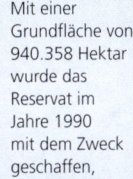

Mit einer Grundfläche von 940.358 Hektar wurde das Reservat im Jahre 1990 mit dem Zweck geschaffen, die biologische Vielheit des Ökosystems des Dichten Tropischen Urwalds der Flussbecken des Rio Uatumã und des Rio Jatapu zu erhalten, sowie die Ökosysteme der Seen und Inseln, die durch die Stauung des Rio Uatumã entstanden, und auch um gebietsbeschränkte, seltene, verletzliche oder vom Aussterben bedrohte Arten zu schützen. Außerdem noch um die durch den Bau des Wasserkraftwerks von Balbina verursachten Auswirkungen auf die Umwelt auszugleichen. Das gesamte Gebiet gilt als Kerngebiet zur Erhaltung der Biosphäre Amazoniens.

Außerdem gibt es Formationen aus offenem Wald mit Palmen und Lianen. Die Fauna des Gebietes weist vornehmlich typische und ausschließliche Arten verschiedener Gattungen auf, wie den Sauim-mão-dourada (Goldhand-Sauim) und den Parauacu. Insgesamt sind es 400 Arten von Vögeln, über 70 Arten von Säugetieren und etwa 170 Arten von Reptilien und Landwassertieren. Laut einer örtlichen Auflistung gibt es etwa 14 Tierarten, die vom Aussterben bedroht sind. Die Fischerei, sowohl die berufliche, wie auch die Sportfischerei, ist eines der hauptsächlichsten negativen Druckmittel auf die Naturreserven der Ökoeinheit.

> ### ℹ INFORMATIONEN
> **Bioreservat von Uatumã**, rua Rio Negro, 1, CPA, Vila de Balbina.

ZUFAHRT
Die Zufahrt erfolgt auf dem Wasserweg. Der Bezirk befindet sich auf dem linken Ufer des Rio Uatumã, 255 km von Manaus entfernt.

217

SILVES

Die Gründung der Heiligen Mission von Saracá im Jahre 1660 durch Frei Raimundo gab der Besiedelung den Anfang. Im Jahre 1663 fanden Kämpfe zwischen den Urwaldbewohnern und den portugiesischen Kolonisatoren statt. Im Jahre 1759 wurde das Dorf Saracá zur Kategorie einer Vila erhoben, mit dem Namen Silves. Im Jahre 1892 wurde der Bezirk Silves geschaffen. Mit einer Grundfläche von 3.747 km² und einer Bevölkerung von 8 tausend Einwohnern, wird das Kulturerbe der Stadt durch die alten Bauwerke und archäologischen Fundstellen vertreten. Obwohl der Ursprung der Bevölkerung indianisch war, ist nur sehr wenig von der Kultur der Stämme, dem Massaker entgangen. Unter den Gebäuden zeichnet sich die Kirche Nossa Senhora da Conceição aus. Sie befindet sich im Stadtzentrum.

Die Zufahrt nach Silves erfolgt auf dem Land- und auf dem Wasserweg. Auf dem Landweg über die Bundesstraße AM-010, die Manaus mit Itacoatiara verbindet. Es sind 226 km Asphalt und weitere 127 km Erdstraße. Die letzte Überfahrt erfolgt auf einer Fähre oder auf Kanus oder Motor-Booten. Die Dauer der Reise beträgt etwa 6 Std. Auf dem Wasserweg ändert sich die Entfernung in Abhängigkeit der Hoch- oder Niedrigwasserperioden. Auf den Vergnügungsschiffen dauert die Reise von Silves nach Manaus im Mittel 20 Std. und von Manaus nach Silves etwa 15 Std. Es gibt ein Expressboot, das die Strecke Silves-Itacoatiara-Silves in 1 1/2 Std. zurücklegt.

SILVES
Entfernung: 283 km Luftlinie von Manaus und 212 km auf dem Wasserweg.
Einwohnerzahl: 8.771 Einw. (Schätzung 2004)
Grundfläche: 3.749 km²
Klima: Tropisch, regnerisch und feucht.
Mittlere Temperatur: 29,5°C.
Informationen für Touristen: Tourismusamit, Rua Coronel Eduardo Garcia, ohne Hausnummer, Tel. (92) 3528-2114.

STRÄND AN FLÜSSEN UND SEEN

Strand von Napoleon dem Dritten: Gilt als der wichtigste der Stadt und ist das Ergebnis einer Aufschüttung mit weißem Sand.

Strand von Mucajatuba: Sein Name kommt von der Frucht Mucujá. Er liegt am Canaçari-See, in der Nähe des Hotels Guanavenas.

Strand von Mirazal: Sein Name kommt von der Frucht Miri und er befindet sich in der Nähe des Hotels Guanavenas, am Rio Urubu. Zufahrt mit dem Motorboot in 15 Min.

FLÜSSE

Anebá: Westlich der Insel Silves.

Itabaní: In der Nähe der Stadt, 10 Min. mit dem Motorboot über die Seen Canaçarí und Sacará und den Rio Urubu.

Sanabani: Ebenfalls westlich der Insel Silves gelegen.

Urubu: An ihm befinden sich mehrere Bezirksgemeinden. Zufahrt über den Saracá- oder Canaçarisee, in 5 Min. mit dem Motorboot.

Faultier

TECHNISCHE DATEN

Das Kunstgewerbe des Bezirks wird aus Lianen, Stroh, Wurzeln, und Samenkörnern hergestellt. Außerdem muss die Herstellung von Seife aus regionalen Essenzen durch den Frauen-Verein Viva Verde da Amazônia erwähnt werden. Der vom Verein organisierte Kunstgewerbeladen, produziert ebenfalls Kosmetik und Kunstgewerbe. 🏛

Marimari-Schote

SEEN

Die Hauptattraktion des Bezirks ist das Seengebiet, gebildet durch den Canaçari-See (fünf Minuten mit dem Motorboot) im Süden und den Sacará-See (vor der Stadt), westlich der Insel Silves. In diesen Seen wird die Sportfischerei betrieben und die beste Zeit sie zu besuchen ist während der Hochwasserperiode. Die Seen Purema und Piramiri sind wegen der Anzahl und Verschiedenheit der Fischarten, die dort leben, eine Attraktion. Diese Seen sind geschützte Brutstätten. Es gibt vor Ort eine schwimmende Wache mit drei Gemeindeaufsehern, wo auch Touristen übernachten können, wodurch die Wildfischerei verhindert werden soll. Die Zufahrt zu den Seen erfolgt in kleinen Booten und die Seen Purema und Piramiri können nur mit Genehmigung besucht werden. 🏍🛶

Abiurana

VOGELINSEL

Der Name rührt von der
großen Vielzahl von
Vogelarten her wie Reihern,
Iraúnas, Tangarás, Papageien
u. a., die sich dort zur
Übernachtung zurückziehen,
um den Raubtieren zu
entgehen. In der Hoch-
Wasserperiode steht die Insel
bis zu 5 m unter Wasser und
dann ist der Zugang nur mit
kleinen Booten möglich.

TEFÉ

Tefé war nur von Indianern bewohnt, unter Her-Vorhebung der Stämme der Tupebas und Tapibas, woher der Name Tefé abzuleiten ist. Der Spanier Francisco Orellana begann seine Expedition im Jahre 1539. Als er von indianischen Kriegerinnen angegriffen wurde, welche an die berühmten Amazonen der griechischen Mythologie erinnerten, taufte er den Strom mit dem Namen Amazonas. Später befuhr Pedro Ursua die gleiche Strecke. Diese Expeditionen bewirkten eine konfliktgeladene Periode zwischen Portugiesen und Spaniern. Die Kämpfe endeten mit der Unterzeichnung des Vertrags von Tordesilhas, der Brasilien in zwei Teile spaltete, einen portugiesischen und einen spanischen. Der heutige Bundesstaat Amazonas und Tefé fielen der spanischen Seite zu. Die Portugiesen, die von Grão-Pará kamen und Amazonien begehrten, missachteten den Vertrag und fuhren den Rio Solimões Strom aufwärts, um den Spaniern die Ländereien weg zu nehmen. Im Jahre 1709 erhob Portugal Tefé zur Kategorie einer Vila. Im Jahre 1833, bei der Landaufteilung, bekam Pará die Kontrolle über Ega und gab ihr wieder den Namen Tefé. Im Jahre 1686 gegründet, ist Tefé einer der ältesten Bezirke des Bundesstaates Amazonas. Es befindet sich im Gebiet des mittleren Rio Solimões und ist eine Zwischenstation zur Versorgung aller Bezirke der Region.

Tips für Ausrüstung und Kleidung: Fernglas, komfortable lange Hose, Hemd mit langen Ärmeln, Komfortable Schuhe oder Tennisschuhe, Mütze oder Hut, Insektenschutzmittel, Regencape und Sonnenschutzmittel.

Mamirauá-See

TEFÉ
Entfernung: 525 km Luftlinie von Manaus und 672 km Wasserweg.
Einwohnerzahl: 64.423 Einw.(Schätzung 2004)
Grundfläche: 23.704,4 km²
Klima: Tropisch, regnerisch und feucht.
Mittlere Temperatur: 29°C.
Informationen für Touristen:
Bürgermeisteramt, Rua Olavo Bilac, 406, Tel. (97) 3343 2678.

TECHNISCHE DATEN

FLUSS-STRÄNDE

Im Sommer, wenn es weniger regnet, erscheinen die Strände. Die wichtigsten sind: Praia da Ponta Branca, Praia da Juliana, Praia de Itapuã und Praia de Nogueira, dieser auf dem gegenüber gelegenen Ufer des Tefé-Sees.

NATURSCHUTZGEBIET MIT TRAGBARER ENTWICKLUNG RDS MAMIRAUÁ

Die Zufahrt zum Reservat erfolgt auf dem Wasserweg, mit dem Schiff oder mit Motorbooten. Die Dauer der Fahrt beträgt 1 1/2 Std.

Der RDS Mamirauá war die erste Naturschutzeinheit dieser Kategorie, die in Brasilien eingerichtet wurde. Ihre Zweckbestimmung ergab sich aus der Suche nach einem Naturschutzgebiet für den Primaten Uacari branco, der vom Aussterben bedroht ist. Der Besuch des Mamirauá bietet Tätigkeiten, wie Ausflüge mit Führern auf Fußpfaden und mit Kanus auf Seen, zur Beobachtung der amazonischen Flora und Fauna; außerdem Besuche bei lokalen Gemeinden. Es wurde ein Netz von Pfaden gebaut, um den Zugang zum Urwald zu erlauben, aber nur in der Trockenperiode ist es möglich diese Pfade zu begehen. In der Hochwasserperiode (Januar bis Juli) muss man Kanus benutzen.

ZUFAHRT

Der Bezirk von Tefé befindet sich im Inneren des Bundesstaates Amazonas, 516 km Luftlinie von Manaus entfernt und 633 km auf dem Wasser-Weg. Die Flugzeit von Manaus nach Tefé dauert etwa 50 Min. Der Flusstransport ist ein wichtiges Mittel zur Ausfuhr der landwirtschaftlichen Produkte. In Manaus erfolgt die Einschiffung im Hafen und die Reise dauert 36 Std. Die Motorboote für den Transport von Passagieren brauchen etwa 12 Std. für die Strecke.

FISCHEREI IN AMAZONIEN

Wenige Bundesstaaten Brasiliens bieten so viele Auswahl-Möglichkeiten für die Anhänger der Sport-Fischerei wie der Staat Amazonas. Dieser größte Staat des Landes wird von großen Flüssen durchströmt, wie dem Rio Negro, Madeira, Roosevelt, Tapajós, Trombetas, Xingu und es gibt auch noch eine Menge von Seen, Stromschnellen, Wasserkanälen, Wasserlöchern und überschwemmten Niederungen. In einem Universum von fast 3 Tausend Fisch-Arten im Amazonas-Becken, gibt es einige die sich nicht ergeben, ohne vorher einen harten Kampf auszufechten.

In dieser Welt der Kämpfer ist der große Star der Tucunaré (*Cichla spp.*). Im Amazonasbecken können fünf verschiedene Arten angetroffen werden, wobei der größte und begehrteste der sogenannte Açu (*Cichla temensis*) ist, der vorzugsweise die Gegend des unteren Rio Negro bewohnt, in der Nähe der Stadt Barcelos, und vielmals mehr als 10 kg Gewicht erreicht. Aber die Flüsse bereiten noch andere angenehme Überraschungen – weitere 20 Fischarten können nicht einfach als kleine Mitläufer eingestuft werden. Fische wie der Aruanã (*Osteoglossum bicirrhosum*), Apapá (*Pellona castelnaena*), Tambaqui (*colossoma macropomum*), Surubim (*Sorubimichthys planiceps*), Matrinxã (*Brycon sp.*), Dourada (*Brachyplathystoma flavicans*),

Bicuda (*Boulengerella spp.*), Cachorra (*Hydrolycus scomberoides*) stellen ebenfalls große Heraus-Forderungen an den Fischer. Außer diesen Schuppenfischen, die alle sehr bei der lokalen Küche beliebt sind, kann man in den Flüssen die „peixes de couro" antreffen, wie die Piraíba (*Brachyplathystoma filamentosum*),

50 Kilo wiegen. Die für den Fischfang günstigste Zeit erstreckt sich von September bis März. Während dieser Periode ist es das Beste, sich an die Touristenbüros für Fischerei zu wenden, um an die besten Flüsse zu gelangen. Diese bieten Hotelschiffe oder Urwaldunterkünfte an. Fast alle benutzen als Startpunkt für ihre Touren Manaus, von wo die Schiffe ihre Fahrt auf den großen Flüssen beginnen, bis sie die als Fischereiplätze bekannten Orte erreichen. Eine Ausnahme ist Presidente Figueiredo. Mit Zufahrt auf dem Landweg, bietet dieser Bezirk Optionen, wie den Rio Uatumã und den Balbina-Stausee, wo vor allem große Tucunarés angetroffen werden können. Aber auch andere Städte wie Autazes, Careiro, Castanho, Maués, Parintins, São Sebastião do Uatumã und Silves bieten Flüsse oder Seen, die Fischer anlocken. Von Manaus 113 km entfernt, gibt es im Bezirk Autazes viele Betreiber von Fischerei-Booten. Dort kann man auf Flüssen wie dem Rio Mutuca fahren, wo neben dem Tucunaré (*Cichla sp*) weitere 11 Fischarten geangelt werden können. Ein

Surubim (*Sorubimichthys planiceps*) und die Pirara (*Practocephalus hemiliopterus*); diese letzteren können bis zu 1,5 m Länge erreichen und bis zu

ⓘ INFORMATIONEN

Santana Turismo Ecológico Fishing Safaris, r. dos Andradas, 106, Tels. (92) 3234-9815 e 3294-7127.

Swallows and Amazons, Rua Ramos Ferreira, 922, Tel. (92) 3622-1246, www.swallowsandamazonstour.com

Selvatur, Av. Djalma Batista, 276, lj. 9, Tels. (92) 3642-8777 e 3646-3646, www.selvatur.com.br

Selenetur, av. Djalma Batista, 385, São Geraldo, Tel. (92) 3233-7588, www.selenetur.com.br

Tucuna Adventure (Betrieb in Presidente Figueiredo), rua Padre Monteiro de Noronha, 852, Pq. das Nações, casa 28, Alto de Flores, Manaus, Tel. (92) 2101-6205, www.tucunaadventure.com.br

anderes Beispiel ist die Stadt Careiro, 88 km von Manaus entfernt. Dort befindet sich der Mamori-See, der von den Gewässern des Rio Castanho gebildet wird und im Gebiet für seinen Reichtum an Vögeln und Fischen berühmt ist. In dieser Stadt kann man außer einem Urwald-Hotel auch die Dienste von auf Fischerei spezialisierten Unternehmen in Anspruch nehmen. Ein weiteres Ziel ist der Rio Juma und der gleichnamige See, wo die Fischerei sehr ergiebig sein kann. In Coari beginnt der Fischfang, der die Haupt-Grundlage der lokalen Kochkunst bildet, die Sportfischer anzulocken.

Dort beherbergen große Seen und der Rio Solimões Fischarten wie den Aruanã, Curimatá, Jaraqui, Matrinxã, Pirapitinga, Pirarucu, Pacu u. a. In der kleinen Stadt Iranduba wird die Fischerei von 9 im Bezirk befindlichen

Urwald-Hotels organisiert, während in Itacoatiara der Rio Arari, der in etwa 30 Min. mit dem Motorboot zu erreichen ist, eine gute Option darstellt, sowohl für die Sportfischerei als auch zur Beobachtung der Fauna. Ein wenig

ℹ INFORMATIONEN

Amazônia Ecolazer Turismo, rua Massaran-dubas, 53, conj. Kyssia, D. Pedro I, tels. (92) 3238-6189, www.amazoniaecolazer.com.br

Santana Turismo Ecológico, Rua dos Andradas, 106, Tels. (92) 3234-9814/7127, www.santanaecologica.com.br

Pescaventura (Betrieb in Barcelos), Av. Brig. Faria Lima, 1690, conj. 112, 11° andar, São Paulo, Tels. (11) 3816-1110 e 3037-7445, www.pescaventura.com.br

O Pescador da Amazônia, av. Joaquim Cruz Pontes, q. 30, casa 2, Planalto, Tel. (92) 3658-5557.

weiter entfernt befindet sich der Rio Madeira, der klares Wasser führt und fischreich ist. In Manacapuru gibt es über 100 Seen, wo man für gewöhnlich Fischarten wie den Bodó, die Piranha, den Aruanã, Tucunarés und

Tambaquis angelt. Eine weitere für ihre Seen bekannte Stadt ist Silves. Die wichtigsten Seen sind der von Canaçari (5 Min. mit dem Motorboot) im Süden und der Saracá, vor der Stadt. Die schöne Stadt São Sebastião do Uatumã hat den Rio Uatumã, wo es sehr viele Tucunarés gibt.

Es gibt andere Fischereigelegenheiten, die bereits in Bezug auf Infrastruktur einen Schritt weiter sind. Wer gern große Tucunaré-Açu fangen möchte, kann direkt zum mittleren Rio Negro und seinen Nebenflüssen, wie dem Aracá, Branco, Caurês, u. a. fahren. In diesem Falle ist die Basis in der Stadt Barcelos wo der große Star der Tucunaré-Açu ist, aber auch andere Arten anzutreffen sind, wie der Aruanã,

Matrinxã, Tambaqui, Cachorra, u. a. Wie andere Flüsse mit dunklen Gewässern, hat auch der Rio Negro einen ph-Wert, der die Vermehrung der Insekten beschränkt und deshalb sehr gute Bedingungen für eine angenehme Fischerei in der Periode von November bis März bietet. Im Süden des Bundesstaates befindet sich der Bezirk von Manicoré, wo der Rio Roosevelt als ausgezeichnete Option erscheint. Die Zufahrt erfolgt ausschließlich mit dem Wasserflugzeug und die beste Möglichkeit zur Unterkunft ist die Pousada Rio Roosevelt. In diesem fast unbewohnten Gebiet, einem wahrhaften Heiligtum des Urwaldlebens, zeigt sich die Natur in all ihrer Pracht. Dort kann man neben den großen Tucunarés während des ganzen Jahres weitere 15 Fischarten fangen.

Wer die Emotion einen Fisch zu angeln, verspüren will, hat in der Piranhafischerei, die von den Betreibern organisiert wird, eine gute Vergnügungs-Option. In fast allen Flüssen des Amazonasgebietes vorhanden, hat diese Fischart den Ruf, eine ständige Bedrohung für andere Tiere darzustellen. Aber sie verdient diesen Ruf nicht, denn einen Menschen anzugreifen, wäre es notwendig, große Mengen von ihnen zusammen zu bringen, was in der Natur nur selten vorkommt.

Die grösste Länge Flüsse der Welt, der Rio Amazonas, hat mit 7.025 km von seiner Quelle beim Vulkan Misti im Süden Perus bis zur Mündung in den atlantischen Ozean an der Grenze der brasilianischen Staaten Pará und Amapá.

Einige der größten und schönsten Flüsse der Welt befinden sich in diesem Gebiet Brasiliens und bilden zwei hydrographische Becken mit größtmöglicher Biodiversität: das des Amazonasstroms und das des Rio Tocantins. Das erste bedeckt eine Gesamtgrundfläche von 6.925.674 km², erstreckt sich von den peruanischen Anden bis an die Atlantik-Küste und bildet dabei das größte Drainagebecken des Planeten, dessen größter Fluss, der Amazonasstrom auch die größte Wassermenge führt (209.000 m²/s). Das zweite Becken ist das des Rio Tocantins und, obgleich dieser nicht ein Nebenfluss des Amazonas ist, ist er dem großen Strom durch seine Bio-Geographie und Ökologie zu-

gegliedert und außerdem äusserst wichtig bei der Bildung des Mündungsdeltas des Amazonas. Die verfügbare Literatur erwähnt bis heute etwa 3000 Fischarten und kann bis zu 5.000 Arten der Fischfauna erreichen, die in diesen hydrographischen Vernetzungen leben. Außer der komerziellen- und Freizeitfischerei weist das Amazonasgebiet eine weitere Aktivität auf, die auf der Fischfauna Amazoniens gründet, die sogenannte Zierfischerei. Die Liebhaber von Aquarien zeigen großes

Interesse für verschiedene Fischarten des Amazonasgebietes, sei es wegen ihrer Seltenheit, oder wegen ihres Endemismus oder aber wegen ihrer Farbenpracht, die sie aufweisen. Unter diesen zeichnen sich aus die Acarás, Acaris, Aruanás, Bacuzinhos, Bagres, Cardinais, Ituís, Lambaris, u. a. Die Nebenflüsse des Rio Negro beherbergen viele dieser Arten, weshalb der Bezirk von Barcelos den Export dieser Zierfische zu einer seiner Hauptaktivitäten gemacht hat.

Fischspezien

Aruanã

Ein Schuppenfisch mit sehr länglichem und schmalem Körper, einem enormen Maul, knöcheriger, rauher Zunge, Bartfäden an der Kinnspitze, grossen Schuppen weisser Färbung, die aber während der Laichzeit rötlich werden. Er erreicht bis zu 1 m Gesamtlänge und mehr als 2,5 kg Gewicht. Im Rio Negro kommt auch eine andere Art vor, der *Osteoglossum ferreirai* mit dunklerer Färbung.

Der Aruanã lebt an den Ufern der Seen, in den überschwemmten Gebieten oder zwischen den Wassergräsern, immer auf der Lauer nach Insekten und Spinnen, die ins Wasser fallen. Wahrscheinlich der grösste Fisch der Welt, dessen Ernährung hauptsächlich aus Insekten und Spinnen besteht. Er schwimmt direkt unter der Oberfläche, mit seinen Bartfäden nach vorn gerichtet. In wenig sauerstoffhaltigen Gewässern, können die Bartfäden dazu benutzt werden, auf der Wasser-Oberfläche Sauerstoff zu bekommen. Die markanteste Eigenschaft der Ernährungsgewohnheiten des Aruanã ist die Fähigkeit, aus dem Wasser zu springen und die Beute noch auf den Stämmen, Zweigen und Lianen zu fangen.

Informationsquelle: *Pesca Amadora – Brasil*. Nobel/Empresa das Artes, São Paulo, 2001.

PIRARARA
Phractocephalus hemioliopterus

PIRARUCU
Arapaima gigas

TAMBAQUI
Colossoma macropomum

TRAÍRA
Hoplias malabaricus

TUCUNARÉ-AÇU
Cichla ocellaris

Andere Spezien:

Barbado (*Pinirampus pirinampu*)
Bicuda (*Boulengerella spp.*)
Cachara (*Pseudoplatystoma sp.*)
Cachorra (*Hydrolycus scomberoides*)
Curimatá (*Prochilodus spp.*)
Dourada (*Brachyplathystoma flavicans*)
Jacundá (*Crenicichla spp.*)
Jatuarana (*Brycon sp.*)
Jurupensém (*Sorubim cf. lima*)
Jurupoca (*Hemisorubim platyrhynchos*)

ARUANÃ
Osteoglossum bicirrhossum

CACHARA
Pseudoplatystoma sp.

DOURADA
Brachyplathystoma flavicans

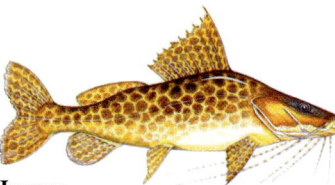

JUNDIA
Rhamdia quelen

PIRAÍBA
Brachyplathystoma filamentosum

Andere Spezien:

Mandi (*Pimelodus spp.*)
Matrinxã (*Brycon sp.*)
Pacus (*Mylossoma spp.*)
Piraíba (*Brachyplatistoma filamentosun*)
Piau-três-pintas (*Leporinus friderici*)
Pirapitinga (*Piaractus brachypomus*)
Pirapara (*Phractocephalus hemiliopterus*)
Surubim-chicote (*Sorubimchthys planiceps*)
Tambaqui (*Colossoma macropomum*)
Traíra (*Hoplias malabaricus*)

Ein erwachsener Fisch kann mehr als 1 m hoch aus dem Wasser springen. Diese Fischart pflanzt sich während der Hochwasserperiode fort und die Männchen bewahren die Eier und Larven im Maul auf.

Piranhas

Ein Schuppenfisch mit einem rautenförmigen etwas schmalen Körper, hervorstehender Kinnlade und scharfen Zähnen. Die Färbung ist gleichmässig und wechselt von grau bis braun bei erwachsenen Exemplaren. Jungtiere sind heller und haben dunkle Flecken. Sie werden bis zu 40 cm lang und sind die grössten Piranhas des Amazonasgebietes.

Die Piranha-preta kommt in Flüssen mit klarem oder dunklem Wasser vor und die Tiere sind Einzelgänger. Als fleischfressende Fischart, ernähren sie sich von Fischen und wirbellosen Tieren.

Rote Piranha

Anderer Name: Piranha-caju. Ein Schuppenfisch mit rautenförmigem, schmalem Körper, kurzem, rundem Maul, hervorstehender Kinnlade und scharfen Zähnen. Unter allen Piranhas ist sie die mit dem rautenförmigsten Maul. Die Färbung ist grau auf dem Rücken und rötlich am Bauch und auf der Unterseite des Kopfes und die Schwimmflossen auf Brust, Bauch und am After sind orangefarben. Er erreicht bis zu 30 cm Gesamtlänge.

Die Pirnha-vermelha ist sehr verbreitet. Sie kommt in Seen und Teichen mit schlammigen Gewässern vor und lebt in kleinen Schwärmen oder grösseren mit mehr als hundert Individuen. Es ist eine fisch-fressende Fischart und, da sie manchmal in grossen Schwärmen auftritt, kann sie unter Umständen gefährlich sein. In einigen Gegenden ist die Piranha-vermelha sehr begehrt, vor allem um die berühmte Piranhasuppe zu kochen, die als Aphrodisiakum gilt.

Tambaqui

Ein Schuppenfisch mit rautenförmigem Körper, kurzer Fleischflosse mit Rippen an der Aussenkante, Backenzähnen und zahlreichen, langen Kiemenspuren. Die Färbung ist meist braun auf der Oberseite und schwarz auf der Unterseite des Körpers, kann aber, in Abhängigkeit der Farbe des Wassers, heller oder dunkler sein. Die Fischbrut ist hellgrau, mit dunklen Flecken auf der Oberseite des Körpers. Der Tambaqui erreicht etwa 90 cm Gesamtlänge. Früher wurden Exemplare mit bis zu 45 kg Gewicht gefangen. Heute gibt es wegen der übermässigen Fischerei praktisch keine Exemplare dieser Grösse mehr. Als Wanderfisch nimmt er Wanderungen zu seiner Fortpflanzung, Ernährung und Verbreitung vor. Während der Hochwasserperiode dringt er in die überschwemmten Wälder ein, wo er sich von Früchten oder Samen ernährt. Während der Trockenzeit bleiben die Jungfische in den Niederungsseen, wo sie sich von Zooplankton ernähren und die Erwachsenen wandern zu den Flüssen mit schlammigen Gewässern zum laichen. In dieser Zeit ernähren sie sich nicht, sondern leben von den Fettablagerungen, die sie während der Hochwasserperiode angesammelt haben.

Tucunaré

Ein Schuppenfisch mit länglichem, etwas schmalem Körper. Es gibt mindestens 14 Tucunaréarten im Amazonasgebiet, mit Beschreibungen von fünf Arten: *Cichla ocellaria, Cichla temensis, Cichla monoculus, Cichla orinocensis und Cichla intermedia*. Von Art zu Art wechseln sehr die Grösse (erwachsene Exemplare können eine Gesamtlänge von 30 cm bis mehr als 1 m erreichen), die Färbung (sie kann gelblich, grünlich, rötlich, bläulich, fast schwarz usw. sein) und die Form und Anzahl der Flecken (sie können gross, schwarz und vertikal sein, oder als weisse Tupfer regelmässig auf dem Körper, den Schwimmflossen usw. verteilt sein). Alle Tucunarés weisen einen runden Fleck auf der Schwanzflosse auf.

Es sind sesshafte Arten, die in Seen und Teichen leben (sie dringen während der Hochwasserperiode in die Überschwemmten Wälder vor) und an den Flussmündungen und in Ufernähe. Sie leben paarweise und pflanzen sich in Sumpfgebieten fort, wo sie Nester bauen und auf die Brut aufpassen. Sie haben Tagesgewohnheiten und ernähren sich von Fischen und Krabben. Es sind die einzigen Fische Amazoniens, die ihre Beute nach dem Angriff verfolgen und nicht aufgeben, bis es ihnen gelingt sie zu fangen, was aus ihnen sehr „sportliche" Fische macht. Alle Arten sind wichtig für den Handel und auch für die Amateurfischerei.

Flussschifffahrt

Es gibt verschiedene Arten das Amazonasgebiet kennen zu lernen – eine der interessantesten ist, in Ruhe auf der unermesslichen Weite seiner Gewässer zu fahren und die Ausdehnung der großen Flüsse zu bewundern oder durch die schmalen Wasserkanäle in das Innere vorzudringen, wo man das Privileg genießt, jedem Detail der Flora, den Häusern der Ufer-Bewohner, den Vögeln, Fluss-Delphinen und Fischen seine Aufmerksamkeit widmen zu können. Auf solcherart Ausflügen kann man ein unvergleichliches Mosaik sehen, das aus Hunderten von Inseln, Flussstränden und überfluteten Urwäldern besteht. Man kann wahrhafte Beschaulichkeit erfahren. Es handelt sich um eine Welt mit 3 Tausend km schiffbarer Flüsse. Der Knotenpunkt dieses Flussnetzes ist die Hauptstadt Manaus. Von hier starten fast alle wichtigeren Reise-Programme. In der Nähe der Hauptstadt kann man die Spazierfahrt bis zum Treffpunkt der Gewässer der Flüsse Rio Negro und Rio Solimões unternehmen. Die beiden verschiedenfarbigen Ströme fließen auf einer Strecke von etwa 6 km Länge neben einander her, ohne sich zu vermischen. Ein sehr gesuchtes Ziel ist das Archipel von Anavilhanas. Dort kann man im Kanu die überschwemmten und von Urwald umgebenen Niederungen hunderter Inseln befahren, oder aber in den Rio Cueiras hinauffahren und auf dem weißen Sand der Praia Grande laufen. Noch bevor diese Inselgruppe erreicht wird, kann man auch den Rio Pagodão kennen lernen, wo sich einer der schönsten natürlichen Kanäle der Gegend befindet und ein Urwald aus riesigen Bäumen wie dem Caranapaúba. In entgegengesetzter Richtung zum Rio Negro, dem Rio Solimões in Richtung der Stadt Tefé folgend, hat der Besucher die Gelegenheit, die gigantischen Viktoria Regias zu sehen. Diese und noch viele andere Flussrouten ermöglichen dem Reisenden, Ufer-Gemeinden kennen zu lernen und zu

Es gibt Boote verschiedener Arten, Größen und Zweckbestimmungen, deshalb ist es für sichere touristische Ausflugsfahrten angebracht, die offiziellen Boote zu bevorzugen, die von den zuständigen Behörden eine Genehmigung haben auf diesem Sektor zu arbeiten. Weiter unten folgt eine Liste. Man kann nicht vorsichtig genug sein bei der Beobachtung einiger der Wunderwerke der Natur und der unermesslichen Weite dieser WasserWelt. Schließlich erreicht der AmazonasStrom während der Hochwasserperiode an einigen Stellen bis zu 50 km Breite und Tiefen von bis zu 120 m.

sehen, wie diese sich der einzigartigen Umwelt anpassen. Aber dies ist noch nicht alles. Man kann öko-touristische Tätigkeiten ausüben, verschiedene Tier-Arten sehen und die örtliche Flora, mit großen Bäumen und schönen Palmen.

Während dieser Touren werden alle Sinne des Besuchers herausgefordert, denn nicht nur für das Auge gibt es etwas zu sehen, sondern die Urwälder und Flüsse sind auch voller Geräusche und man kann die angenehmen Düfte der Pflanzen riechen. Es ist ratsam die Gewässer in den Monaten von Januar bis Juli zu befahren, wenn die kurzen Regenfälle am späten Nachmittag die Menge der Insekten verringern. Der Rest des Jahres ist meist trocken und heiß, aber dafür kann man Fluss-Strände mit weißem Sand und lauem Wasser aufsuchen.

ℹ INFORMATIONEN

Amazon Clipper Cruises, rua Sucupira 249, conj. Kyssia, D. Pedro I, Manaus, Tel. (92) 3656-1246, www.amazonclipper.com.br

Iberostar Grand Amazon, Rua Marques de Santa Cruz, 25, Manaus, Tels. (92) 2126-9927/ 9929,www.iberostar.com reservas@iberostar.com.be

Amazônia Expedition, rua Afonso Pena, 39, sl. 3, Centro, Manaus, Tels. (92) 3633-8644 e 3233-5519

Capitão Peacocq, Rua Nova Prata, 95, Manaus, Tel. (92) 3584-4670.

Santana Turismo Ecológico, Rua dos Andradas, 106, Centro, Tels. (92) 3234-9815 e 3294-7127, www. santanaecologia.com.br.

Selenetur, av. Djalma Batista, 385, São Geraldo, Manaus, Tel. (92) 3233-7588, www.selenetur.com.br

Urwaldhotels

Acajatuba Jungle Lodge

Rio Negro, Km 75, Vila de Acajatuba, Iranduba, tels.
(92) 3642-0358 e 9152-1248, www.acajatuba.com.br.
Lokalisierung: Das Hotel befindet sich 60 km von
Manaus entfernt, am Acajatuba-See, in der Nähe der
Inselgruppe von Anavilhanas.
Zufahrt: auf dem Wasserweg über den Rio Negro bis
zum Acajatuba-See. Die Fahrt dauert im
Mittel 5 Stunden.
Infrastruktur: 40 Appartements mit
eigenem Bad und Varanda, Bar, Bootssteg,
Restaurant, Rezeptionsraum und Ausguck.
Tätigkeiten für die Gäste: Kaiman-
Scheinwerfer-Safari, Flora und Fauna,
Bootsfahrten auf den Naturkanälen,
Piranhafischen, Besuch des Mestizenhaus
und einer Indianergemeinde.

Aldeia dos Lagos

Strasse 4, Ponta do Macário, ohne
Hausnummer, Silves, tel. (92) 3528-2045
Lokalisierung: Befindet sich 280 km
von Manaus entfernt, auf der Insel Silves.
Zufahrt: von Manaus auf dem Landweg
bis zum Danaçari-See, dann mit dem
Motorboot bis zum Hotel.
Infrastruktur: 12 Appartements mit
Klima-Anlage, Frigobar, Varanda,
Ventilator, Bar, Bootssteg und Restaurant.
Tätigkeiten für die Gäste: Kaiman-Scheinwerfer-
Safari, Beobachtung von Flora und Fauna,
Bootsfahrten auf den Naturkanälen, Piranhafischen,
Fusspfade, Besuch
des Mestizenhaus.

Amazon Ecopark

Rio Tarumã-Açu, ohne Hausnummer, Manaus, Tel. (92)
3622-1950, res. (21) 2547-7742/3977,
www.amazonecopark.com.br
Lokalisierung: Befindet sich am Ufer des Rio Turumã,
einem Nebenfluss des Rio Negro, etwa 5 km von
Manaus entfernt.
Zufahrt: mit dem Boot von Manaus aus.

Infrastruktur: 60
Appartements mit Klima-
Anlage, Bar, Bootssteg,
Restaurant, u. a.
Tätigkeiten für Gäste:
Überlebenskurs, Kaiman-
Scheinwerfer-Safari,
Beobachtung von Flora
und Fauna, Bootsfahrten,
Fischerei, u. a.

AMAZON LODGE

Lokalisierung: Das Hotel befindet sich am Ufer des Rio Turumã, einem Nebenfluss des Rio Negro, etwa 5 km von Manaus entfernt.

Zufahrt: mit dem Boot von Manaus über den Rio Tarumã (die Fahrt dauert 30 Minuten).

Infrastruktur: 60 Appartements mit Klima-Anlage, eigenem Bad, Varanda, Bar, Bootssteg, Restaurant, Rezeptionsraum, Spielsalon und Terrasse.

Tätigkeiten für Gäste: Überlebenskurs, Kaiman-Scheinwerfer-Safari, Beobachtung von Flora und Fauna, Bootsfahrten auf den Igarapés (Naturkanälen), Fischerei, Fusspfade, Besuch des Mestizenhaus.

AMAZON RIVERSIDE HOTEL

Rio Amazonas, Lago Jacinto (Jacinto-See), Gleba 1, Lote 5, Manaus, Tel. (92) 3622-2788, www.amazonriversidehotel.com.

Lokalisierung: Das Hotel befindet sich am linken Ufer des Amazonasstromes, 30 km von Manaus entfernt.

Zufahrt: Auf dem Landweg bis zum Hafen des CEASA über die Bundesstrasse BR-319, dann auf dem Wasserweg mit dem Boot auf dem Amazonas.

Infrastruktur: 11 Appartements mit eigenem Bad, Frigobar, Varanda und Ventilator, Bar, Bootssteg, Restaurant.

Tätigkeiten für Gäste: Kanufahrten, Kaiman-Scheinwerfer-Safari, Beobachtung der Flora und Fauna, Ausguck, Bootsfahrten auf den Naturkanälen, Piranhafischen, Fusspfade, u. a.

Amazon Village

Igarapé do Rabicho,
ohne Hausnummer,
lago Puraquequara,
Rio Preto da Eva, Tel. (92)
3633-1444 und (21)
3852-4564, www.amazon-
village.com.br.

Lokalisierung: Das Hotel befindet sich etwa 30 km
von Manaus entfernt, am Ufer des Puraquequara-Sees.
Zufahrt: auf dem Landweg von Manaus bis zum
CEASA-Hafen über die Bundesstrasse BR-319, dann
auf dem Wasserweg (2 1/2 Std. Bootsfahrt).
Infrastruktur: 45 Chalés mit eigenem Bad, Varanda,
Bar, Bootssteg, Restaurant, Rezeptionsraum.
Tätigkeiten für Gäste: Kaiman-Scheinwerfer-Safari,
Flora und Fauna, Bootsfahrten, Fischerei, Fusspfade,
Besuche bei Indianergruppen.

Amazonat Jungle Lodge

Rod. AM-010, km 160, Itacoatiara, Tel. (92) 3328-1183
u. 9966-2876, www.amazonat.org.
Lokalisierung: Das Hotel befindet sich 160 km von
Manaus entfernt, im Bezirk von Itacoatiara, an der
Bundesstrasse AM-010.
Zufahrt: Auf dem Landweg von Manaus auf der
Bundesstrasse AM-010. Es sind 2 Std. Fahrt.
Infrastruktur: 18 Appartements, Frigobar, Bootssteg,
Restaurant, TV-Raum, Spielsalon und Terrasse.
Tätigkeiten für Gäste: Kaiman-Scheinwerfer-Safari,
Flora und Fauna, Bootsfahrten, Fusspfade, u. a.

APURISSAWA LODGE

Rio Cuieiras, Novo Airão, tel. (92) 3234-5860,
www.amazonnut.com.
Lokalisierung: Das Hotel befindet sich am Rio
Cuieiras, Nebenfluss des Rio Negro, etwa 80 km von
Manaus entfernt.
Zufahrt: Auf dem Wasserweg, mit dem Boot vom
Hafen von Ponta Negra aus. Die Fahrt dauert 5 Std.
Infrastruktur: 6 Appartements mit eigenem Bad,
Varanda, Bootssteg, Restaurant.
Tätigkeiten für Gäste: Kanus, Kaiman-Scheinwerfer-
Safari, Flora und Fauna, Bootsfahrten, Sportfischerei,
Piranhafischen, Fusspfade, Besuch des Mestizenhaus.

ARIAÚ AMAZON TOWERS

Rio Ariaú, ohne Hausnummer, Iranduba, Tel. (92)
2121-5075/5000, www.ariautowers.com.br.
Lokalisierung: Das Hotel befindet sich 60 km von
Manaus entfernt, am rechten Ufer des Rio Negro.
Zufahrt: Auf dem Wasserweg von Manaus sind es
etwa 2 Std. mit dem gewöhnlichen Boot oder 1 1/2
Std. mit dem schnellen Motorboot und nur 15 Min.
mit dem Hubschrauber.
Infrastruktur: 310 Appartements mit eigenem Bad,
Varanda, Bar, Bootssteg, Schwimmbad, u. a.
Tätigkeiten für Gäste: Kaiman-Scheinwerfer-Safari,
Flora und Fauna, Bootsfahrten auf den Naturkanälen,
Piranhafischen, Fusswege, Besuch des Mestizenhaus.

SCHWIMMENDES HOTEL ANACONDA

Jacareubal, rechtes Ufer des Rio Negro, Iranduba,
Tel. (92) 3232-1398, www.planettours.com.br.
Lokalisierung: Das Hotel befindet sich 80 km
westlich von Manaus, am rechten Ufer des Rio Negro.
Zufahrt: Vom Hafen von Manaus auf dem Wasserweg
mit dem Motorboot (4 1/2 Std. Fahrt).
Infrastruktur: 8 Appartements, Bar, Bootssteg,
Restaurant.
Tätigkeiten für Gäste: Kaiman-Scheinwerfer-Safari,
Flora und Fauna, Bootsfahrten auf den Naturkanälen,
Piranhafischen, Fusspfade, Besuch des Mestizenhaus.

ANAVILHANAS LODGE

Rio Negro, Novo Airão, Tel. (92) 3622-8996,
www.anavilhanaslodge.com
Lage: 180 km von Manaus entfernt, am rechten Ufer
des Rio Regro, in der Nähe des Archipels Anavilhanas.
Zufahrt über die Staatsstraße AM-352, km 1.
Zufahrt: über unbefestigte Straße bis nach Novo Airão.
Von dort aus 15 Minuten mit dem Boot, insgesamt
3,5 Stunden.
Struktur: 16 klimatisierte Apartments mit eigenem Bad,
Warmwasserdusche, Minibar, Veranda, Schwimmbad,
Spielsalon.
Aktivitäten für Gäste: Wanderung im Regenwald,
Beobachtung von Kaimanen, Fang von Piranhas,
Kunsthandwerk-Ateliers in Novo Airão, Kanufahren,
Besuch von Stränden am Flussufer.

JUMA LODGE

Lago do Juma (Juma-See), linke Seite, Careiro, Tel. (92) 3245-1177 und 3232-2707, www.jumalodge.com.br.
Lokalisierung: Das Hotel befindet sich 100 km von Manaus entfernt, am Ufer des Puraquera-Sees.
Zufahrt: Auf dem Wasserweg vom CEASA-Hafen in Manaus bis zur Vila do Careiro, mit dem Motorboot (20 Min.), dann auf dem Landweg bis zum Rio Araçá auf der Bundesstrasse BR-319 (40 Min.), dann wieder auf dem Wasserweg bis zum Hotel (1 1/2 Std.).
Infrastruktur: 11 Chalés mit eigenem Bad, Frigobar, Varanda und Ventilator, Restaurant.
Tätigkeiten für Gäste: Kaiman-Scheinwerfer-Safari, Flora und Fauna, Bootsfahrten auf den Naturkanäle, Fischerei, Fusspfade, Besuch einer Mestizengemeinde.

JUNGLE OTHON PALACE

Baía (Bucht) do rio Negro, linkes Ufer, Lago do Tatu (Gürteltier-See), Manaus, Tel. (92) 3245-1381 und 3212-5409, www.junglepalace.com.br.
Lokalisierung: Das Hotel befindet sich 50 km von Manaus entfernt, am linken Ufer des Rio Negro.
Zufahrt: Vom Bootssteg des Tropical Hotel auf dem Wasserweg.
Infrastruktur: 24 Appartements mit Klima-Anlage, Frigobar, Telefon, TV und Varanda, Bar, Restaurant.
Tätigkeiten für Gäste: Kaiman-Scheinwerfer-Safari, Fauna und Flora, Bootsfahrten, Piranhafischen.

MALOCAS JUNGLE LODGE

Baixo Rio Preto da Eva, ohne Hausnummer, Rio Preto da Eva, Tel. (92) 3233-4746, www.malocas.com.
Lokalisierung: Das Hotel befindet sich am linken Ufer des Rio Preto da Eva, Nebenfluss des Rio Amazonas, 130 km von Manaus entfernt.
Zufahrt: Von Manaus auf dem Landweg sind es 80 km auf der Bundesstrasse Am-010 bis Rio Preto da Eva, dann auf dem Wasserweg 1 1/2 Std. Bootsfahrt.
Infrastruktur: 15 Appartements mit eigenem Bad, Bar, Restaurant Rezeptionsraum.
Tätigkeiten für Gäste: Überlebenskurs im Urwald, Kaiman-Scheinwerfer-Safari, Flora und Fauna, Bootsfahrt, Sportfischerei, Piranhafischen, u. a.

Amazonien-Herberge

Estrada Manoel Urbano (AM-070), km 34, Ponte do Rio Ariaú (Brücke über den Rio Ariaú), Iranduba, Tel. (92) 3245-1236, 3231-1021 und 3234-3660, www.pousadaamazonia.com.br.

Lokalisierung: Das Hotel befindet sich am linken Ufer des Rio Ariaú, 34 km von Manaus, zwischen dem Rio Negro und dem Rio Solimões.

Zufahrt: Auf dem Wasserweg mit der Fähre auf dem Rio Negro, vom Hafen von São Raimundo aus bis zum Hafen der Ortschat Cacau Pirêra, dann auf dem Landweg weitere 34 km.

Infrastruktur: 31 Appartements mit eigenem Bad, Klima-Anlage, Ventilator, Bar, Bootssteg, Restaurant, TV-Raum, Spielsalon.

Tätigkeiten für Gäste: Kaiman-Scheinwerfer-Safari, Flora und Fauna, Bootsfahrten, Piranhafischen, Fusspfade, Besuch einer Mestizengemeinde.

Guanavenas-Herberge

Rua Floriano Almeida, 1.180, Mocajatuba, ohne Hausnr., Silves, Tel. (92) 3656-3656/ 1500 www.guanavenas.com.br.

Lokalisierung: Befindet sich am Canaçari-See, auf der Insel Silves.

Zufahrt: Auf dem Landweg von Manaus auf der Bundesstrasse AM-010 in Richtung Itacoatiara, bis zur zweiten Brücke des Rio Urubu, am km 245, dann 1 1/2 Std. mit dem Motorboot bis zum Hotel.

Infrastruktur: 70 Appartements, Klima-Anlage, Restaurant, Spielsalon, Terrasse.

Tätigkeiten für Gäste: Kaiman-Scheinwerfer-Safari, Flora und Fauna, Bootsfahrten, Piranhafischen u. a.

SCHWIMMENDE HERBERGE UACARI

Kanal de Mamirauá-Sees, rechtes Ufer, RDS
Mamirauá, Uarini, mit Zugang über Tefé, Tel. (97)
3343-4160 / 8116-1349, www.pousadauacari.com.br
Lokalisierung: Befindet sich im Resevat Mamirauá,
450 km von Manaus in Luftlinie, am rechten Ufer des
Rio Japurá.
Zufahrt: Von Manaus auf dem Wasser- oder Luftwege
nach Tefé. Auf dem Wasserweg 2 Tage mit dem Boot
auf dem Rio Solimões. Auf dem Luftweg 1 1/2 Std.
Von Tefé bis zum Hotel 1 1/2 Std. mit dem Boot.
Infrastruktur: 10 Appartements, Bar, Bootssteg und
Restaurant.
Tätigkeiten für Gäste: Kaiman-Scheinwerfer-Safari,
Bootsfahrten, Fischerei und Besuch der
schwimmenden Forschungsstationen.

TIWA AMAZONE ECORESORT

Rechtes Ufer des Rio Negro, Iranduba, Tel. (92)
9995-7891/7892, www.tiwaamazone.com.
Lokalisierung: Befindet sich im Bezirk Iranduba, am
See von Ponta Negra, in der Nähe des rechten Ufers
des Rio Negro, etwa 10 km von Manaus entfernt.
Zufahrt: Auf dem Wasserweg sind es etwa 30
Minuten vom Bootssteg des Tropical Hotel.
Infrastruktur: 62 Appartements mit Klima-Anlage,
eigenem Bad, Varanda, Bar, Bootssteg, Restaurant,
Spielsalon und TV-Raum.
Tätigkeiten für Gäste: Kaiman-Scheinwerfer-Safari,
Fauna und Flora, Bootsfahrten auf den Naturkanälen,
Fischerei, Strand, Fusspfade, Besuch des Mestizenhaus
und der Idianergemeinde.

Praktische Informationen

Ein Katalog der Hotels und Restaurants der Städte mit Infrastruktur in den Gebieten des Amazonas, mit wesentlichen Informationen zu den Dienstleistungen. Außerdem werden Sie einen Kalender der ofiziellen Ereignisse in den Städten des Amazonas vorfinden, swie eine Liste der Reisebüros und Betreuer mit denen Sie rechnen können, um Ihre Reise sicherer und unterhaltsamer zu gestalten.

HOTELS – Mittlere Tagessätze für 2 Personen (in R$):

Bis 100 = $
Von 101 bis 200 = $$
Von 201 bis 300 = $$$
Von 301 bis 400 = $$$$
Über 401 = $$$$$

KREDITKARTEN:

Ae – Amex
D – Diners
Me – Mastercard
V – Visa

EMPFEHLUNG

Es empfiehlt sich vor Reisebeginn per Telefon, Brief oder e-mail, Erkundigungen über die Verfügbarkeit von Platz, Preise und Öffnungszeiten der Betriebe und Dienstleistungen einzuholen.

Veranstaltungs Kalender

Januar

Dia de Reis

Parintins
Datum: 6.
Ort: auf den Strassen
des Bezirks.
Informationen: Bezirks-
Sekretariat für Umwelt,
Kultur und Turismus,
Tel. (92) 3533-4400.

Geburtstag der Stadt

Silves
Datum: 21. bis 23.
Ort: Tourismuszentrum,
Stadion, Strand.
Informationen: Bezirks-
Sekretariat für Tourismus
und Umwelt,
Tel. (92) 3528-2114.

Zierfisch-Festspiele

Barcelos
Datum: am letzten
Wochenende des
Monats.
Ort: Piabódromo
Barcelos.
Informationen: Bezirks-
Sekretariat für Tourismus,
Tel. (97) 3321-1489.

Februar

Karneval von Manaus – Aufmarsch der Samba-Schulen

Manaus
Datum: beweglich
Ort: Sambódromo.
Informationen: Staats-
Sekretariat für Kultur,
Tel. (92) 3633-2850.

Carnaboi

Manaus
Datum: 7. und 8.
Ort: Sambódromo.
Informationen: Staats-
Sekretariat für Kultur,
Tel. (92) 3633-2850.

März

Befreiung der Süsswasserschildkröten

Parintins
Datum: 6.
Ort: An den Seen
Aningá, Paranarema,
Macurany, Valéria,
Laguinho u. Murituba.
Informationen: Bezirks-
Sekretariat für Umwelt,
Kultur und Turismus,
Tel. (92) 3533-4400.

Pfingstfest

Manacapuru
Datum: 15.
Ort: Parque do Ingá
Informationen:
Kirchengemeinde von
N. S. de Nazaré,
Tel. (92) 3361-1178.

Leiden Christi

Parintins
Datum: 25.
Ort: Kulturzentrum
Amazonino Mendes.
Informationen: Bezirks-
Sekretariat für Umwelt,
Kultur und Tourismus,
Tel. (92) 3533-4400.

Lieder-Festspiele von Rio Preto da Eva

Rio Preto da Eva
Datum: 27.
Ort: Ereignisfläche.
Informationen:
Bezirksbürgermeisteramt
von Rio Preto da Eva,
Tel. (92) 3328-1108.

Geburtstag der Stadt Rio Preto da Eva

Rio Preto da Eva
Datum: 31.
Ort: Ereignisfläche.
Informationen:
Bezirksbürgermeisteramt,
Tel. (92) 3328-1108.

April

Indianerwoche

Rio Preto da Eva
Datum: 18. bis 22.
Ort: Indianergemeinde
Beija-Flor.
Informationen:
Bezirksbürgermeisteramt,
Tel. (92) 3328-1108.

Geburtstag der Stadt

Itacoatiara
Datum: 20. bis 25.
Ort: Ereigniszentrum
von Itacoatiara.
Informationen:
Bezirksbürgermeisteramt,
Tel. (92) 3521-1748.

Fest des roten Flussdelphins

Novo Airão
Datum: 21. bis 24.
Ort: Bezirkssportfläche.
Informationen: Bezirks-
Sekretariat für Tourismus,
Tel. (92) 3365-1604.

Mai

Festlichkeiten der Heiligen Fátima

Manacapuru
Datum: 5. bis 13.
Ort: Stadtviertel
Liberdade und
Fischereigemeinde.
Informationen: Bezirks-
Sekretariat für Tourismus,
Tel. (92) 3361-2280.

Fest des Heiligen Geistes

Maués
Datum: 5. bis 8.
Ort: Praça Cel. João
Verçosa.
Informationen:
Mauéstur,
Tel. (92) 3542-1161.

Volksfest der Schutzheiligen Fátima

Careiro
Datum: 13. bis 15.
Ort: Praça Três Poderes.
Informationen:
Bezirksbürgermeisteramt,
Tel. (92) 3362-1427.

Viehtreiben

Rio Preto da Eva
Datum: 27. bis 29.
Ort: beweglich.
Informationen: Bezirks-
Sekretariat für Handel
und Turismus,
Tel. (92) 3328-1225.

JUNI

Folklorefestspiele

Barcelos
Datum: beweglich.
Ort: in der ganzen Stadt.
Informationen: Bezirks-
Sekretariat für Turismus,
Tel. (97) 3321-1201.

Folklorefestspiele Amazoniens

Manaus
Datum: beweglich.
Ort: beweglich.
Informationen: Bezirks-
Sekretariat für Kultur,
Tel. (92) 3633-2850.

Fest für Sankt Peter

Itacoatiara
Datum: 20 bis 29.
Ort: Amazonasstrom.
Informationen:
Bürgermeisteramt, Tel.
(92) 3521-1748.

Folklorefestspiele

Autazes
Datum: 23. bis 25.
Ort: Ausstellungspark
Jair de Menezes
Tupinambá.
Informationen: Bezirks-
Sekretariat für Tourismus,
Tel. (92) 3317-1347.

Folklorefestspiele von Parintins

Parintins
Datum: 24. bis 26.
Ort: Bumbódromo.
Informationen: Bezirks-
Sekretariat für Umwelt,
Kultur und Tourismus,
Tel. (92) 3533-4400.

Volksfest für Sankt Peter

Rio Preto da Eva
Datum: 26. bis 30.
Ort: Kirchengemeinde
von Sankt Peter/Platz
der Hauptkirche.
Informationen:
Bürgermeisteramt,
Tel. (92) 3328-1255.

JULI

Festlichkeiten des Heiligen Albert

Barcelos
Datum: 28.7. bis 7.8.
Ort: Vila do Carvoeiro.
Informationen: Bezirks-
Sekretariat für Tourismus,
Tel. (97) 3321-1201.

Folklorefestspiele der Insel Vera Cruz

Maués
Datum: 29. und 30.
Ort: Insel Vera Cruz.
Informationen: Mauéstur,
Tel. (92) 3542-1161.

Apfelsinenmarkt

Rio Preto da Eva
Datum: 29. bis 31.
Ort: Ereignisfläche.
Informationen:
Bürgermeisteramt,
Tel. (92) 3328-1225.

AUGUST

Geburtstag der Stadt

Coari
Datum: 1. und 2.

Ort: Schule Dom Mário.
Informationen: Bezirks-
Sekretariat für Kultur,
Tel. (97) 3561-3300.

Fischereiwettbewerb des Tucunaré

Presidente Figueiredo
Datum: 5. bis 7.
Ort: beweglich.
Informationen:
Bürgermeisteramt,
Tel. (92) 3324-1231.

Fest der Schutzheiligen Sankt Joachim und Santa Anna

Autazes
Datum: 6.bis 16.
Ort: Praça Otaviano
de Melo.
Informationen:
Bürgermeisteramt,
Tel. (92) 3317-1347.

Volkstanzfestspiele

Manacapuru
Datum: 26. bis 28.
Ort: Parque do Ingá.
Informationen: Bezirks-
Sekretariat für Tourismus,
Tel. (92) 3361-2280.

Volksmusikfestspiele von Airão

Novo Airão
Datum: am 3.
Wochenende des
Monats.
Ort:
Bezirksereignisfläche.
Informationen:
Bürgermeisteramt von
Novo Airão,
Tel. (92) 3365-1604.

SEPTEMBER

Liederfestspiele von Itacoatiara

Itacoatiara
Datum: beweglich.
Ort: Ereigniszentrum

von Itacoatiara.
Informationen: Verein
der in Manaus lebenden
Itacoatiarenser,
Tel. (92) 9983-7699.

Sonnenfest

Presidente Figueiredo
Datum: 3. bis 7.
Ort: beweglich.
Informationen:
Bürgermeisteramt,
Tel. (92) 3324-1231.

Fest des Schutzheiligen

São Gabriel da
Cachoeira
Datum: 20. bis 29.
Ort: Platz der Schule
São Gabriel.
Informationen:
Bürgermeisteramt,
Tel. (97) 3471-1139.

Fest des Heiligen Franziskus

Itacoatiara
Datum: 25.9. bis 4.10.
Ort: Praça de São
Francisco.
Informationen:
Bürgermeisteramt,
Tel. (92) 3521-1748.

OKTOBER

Tururí-Markt

Manaus
Datum: beweglich.
Ort: Parkplatz neben dem
Stadion Vivaldo Lima.
Informationen: Staats-
Sekretariat für Kultur,
Tel. (92) 3633-2850.

Markt der Heiligen Märtyrer

Presidente Figueiredo
Datum: 7. bis 12.
Ort: beweglich.
Informationen:
Bürgermeisteramt,
Tel. (92) 3324-1231.

Festspiele für Kunst und Kultur

Maués
Datum: beweglich.
Ort: Praça Cel. João
Verçosa.
Informationen:
Mauéstur, Tel. (92)
3542-1161.

Fest der Urwaldkultur

Silves
Datum: 21. bis 23.
Ort: Strand beim dritten
Turistenzentrum.
Informationen: Bezirks-
Sekretariat für Turismus
und Umwelt,
Tel. (92) 3528-2114.

Religiöses Fest

Itacoatiara
Datum: 24.10. bis 1.11.
Ort: Platz der
Hauptkirche.
Informationen:
Bürgermeisteramt,
Tel. (92) 3521-1748.

Boi Manaus und Geburtstag der Stadt

Manaus
Datum: 24. bis 26.
Ort: Tagungszentrum –
Sambadrom.
Informationen: Staats-
Sekretariat für Kultur,
Tel. (92) 3633-2850.

Sommerfestspiele 2005

Rio Preto da Eva
Datum: 27.
Ort: beweglich.
Informationen:
Bürgermeisteramt,
Tel. (92) 3328-1225.

Ökofest des Peixe Boi – Ochsenfisch

Novo Airão
Datum: 28. bis 31.
Ort:

Bezirksereignisfläche.
Informationen:
Bürgermeisteramt von
Novo Airão,
Tel. (92) 3365-1604.

NOVEMBER

Festspiele des Ochsenfisches

Novo Airão
Datum: 2. Wochenende
des Monats.
Ort: Bzirksereignisfläche
Informationen:
Bürgermeisteramt,
Tel. (92) 3365-1700.

Messe für Landwirtschaft und Viehzucht

Parintins
Datum: beweglich.
Ort: Ausstellungspark
Luiz Lourenço de Souza.
Informationen: Bezirks-
Sekretariat für Umwelt,
Kultur und Tourismus,
Tel. (92) 3533-4400.

DEZEMBER

Guaranáfest

Maués
Datum: 1. bis 3.
Ort: Praia da Ponta da
Maresia (Strand).
Informationen:
Mauéstur,
Tel. (92) 3542-1161.

Folklorefestspiele

Novo Airão
Datum: am 3.
Wochenende des
Monats.
Ort:
Bezirksereignisfläche.
Informationen:
Bürgermeisteramt,
Tel. (92) 3365-1700.

STÄDTE MIT INFRASTRUKTUR

DIENSTLEISTUNGEN

 **HOTELS**

 TOURISMUS UND TRANSPORT

 RESTAURANTS

 INFORMATIONEN

STÄDTE

TROPICAL MANAUS

Av. Coronel Teixeira, 1320, Ponta Negra, Manaus. Tel: (92) 2123-5000.
www.tropicalhotel.com.br
Ortsbestimmung: Strand von Ponta Negra, 16 km.
Struktur: 594 Appartemets, Klimaanlage, Safe, Black-out-Gardinen, Feuerschutzanlage, Frigobar, Haartrockner, Direkttelefon, Kabel-TV.

Tätigkeiten für Gäste: Ereignisfläche, Bars, Grill, Coffee Shop, Freizeit-Team, Apotheke, Juweliergeschäft, Geschäfte, Room-service 24 Stunden, Friseursalon, fünf Bars und zwei Restaurants mit regionaler und internationaler Küche.

AUTAZES

www.autazes.kit.net
Vorwahl: 92
Postleitzahl: 69.240-000
Höhe: 50 m
Geburtstag der Stadt: 3. März.
Ortsbestimmung: Gebiet der Flüsse Rio Negro und Rio Solimões.

HOTELS

Bahia
Rua do Engenho, ohne Hausnr.,
Tel. 3317-1423; 15 Apartments mit Klimaanlage und Fernseher. $

Eldorado
Avenida 20 de Dezembro, 900,
Tel. 3317-1884; 10 Apartments mit Klimaanlage, Kühlschrank, Fernseher, Veranda. $

Ellen Palace
Rua Marechal Castelo Branco, 89,
Tel. 3317-1604; 17 Apartments mit Klimaanlage, Kühlschrank, Fernseher, Veranda. $

Mizael Monteiro
Avenida 20 de Dezembro, 582,
Tel. 3317-1330; 9 Apartments mit Klimaanlage und Fernseher. $

Tâmara
Avenida Autazes, 785,
Tel. 3317-1240; 7 Apartments mit Klimaanlage, Fernseher, Veranda. $

RESTAURANTS

Bom Prato (*regional*)
Avenida 20 de Dezembro, 755,
Tel. 3317-1657.

INFORMATIONEN

Bezirkssekretariat für Tourismus
Avenida Autazes, 491,
Tel. 3317-1347.

Bürgermeisteramt
Rua Francisco Barroncas, 245,
Tel. 3317-1247.

Erste Hilfe
Rua Francisco Barronca, ohne Hausnr.
Tel. 3317-1194.

Flughafen
Estrada AZ1, km 2,
Tel. 3317-2028.

Krankenhaus
Rua Francisco Barroncas, 66, Tel. 3317-1335.

Pedreira-Hafen
Bundesstrasse AM-254, km 94,
Tel. 3317-1628.

BARCELOS

Vorwahl: 97
Postleitzahl: 69.700-000
Höhe: 40 m
Geburtstag der Stadt: 6. Mai.
Ortsbestimmung: Auf dem rechten Ufer des Rio Negro.

HOTELS

Macedo
Avenida Ajuricaba, 766,
Tel. 3321-1133;
10 Apartments mit Klimaanlage, Fernseher. $

Ornamental
Avenida Ajuricaba, 134,
Tel. 3321-1281;
12 Apartments mit Klimaanlage, Fernseher, Veranda. $

Rio Negro
Avenida Ajuricaba, 97,
Tel. 3321-1260; 13 Apartments mit Klimaanlage, Kühlschrank, Fernseher, Aufenthaltsraum, Veranda. $

RESTAURANTS

Angelita (*mannigfaltig*)
Rua Mendonça Furtado, ohne Hausnummer, Tel. 3321-1180.

Julianas (*mannigfaltig*)
Estrada de Nazaré, 382, Nazaré, Tel. 3321-1324.

Sabor na Brasa (*mannigfaltig*)
Rua Coronel Salgado, 85, Tel. 3321-1832.

INFORMATIONEN

Bürgermeisteramt
Rua Tenreiro Aranha, 204,
Tel. 3321-1201.

Flughafen
Estrada do Aeroporto, ohne Hausnummer,
Tel. 3321-1484/1620.

Krankenhaus
Rua Dorval Porto, 1.136,
Tel. 3321-1841/1122.

Post und Postbank
Rua Dorval Porto, ohne Hausnr., Tel. 3321-1190.

Zivil-Polizei
Rua Efigênio de Sales,

ohne Hausnr.,
São Sebastião,
Tel. 3321-1056/1061.

TOURISMUS UND TRANSPORT

Amazon Price
Avenida Ajuricaba, 720,
Tel. 3321-1137.

CAREIRO CASTANHO

Vorwahl: 92
Postleitzahl: 69.250-000
Höhe: 30 m
Geburtstag der Stadt:
19. Dezember.
Ortsbestimmung:
Gegend der Flüsse Rio
Negro und Rio
Solimões.

HOTEL

Privé
Rua Manaquiri, 1,
Tel. 3362-1243;
40 Apartments mit
Klimaanlage, Fernseher,
Schwimmbad. $

RESTAURANTS

Aracati (*pizza*)
Avenida Adail de Sá,
ohne Hausnummer,
Tel. 3362-1284.

Três Irmãos
(*mannigfaltig*)
Avenida Adail de Sá,
ohne Hausnummer.

INFORMATIONEN

Bürgermeisteramt
Avenida Mário Jorge
Guedes da Silva, 391,
Tel. 3362-1427.

Krankenhaus
Bundesstraße BR-319,
km 110, Vista Alegre,
Tel. 3362-1283/1606.

Post und Postbank
Avenida Terra Nova,
287, Vista Alegre,
Tel. 3362-1276.

CAREIRO DA VÁRZEA

Vorwahl: 92
Postleitzahl: 69.255-000
Höhe: 30 m
Geburtstag der Stadt:
1. Dezember.
Ortsbestimmung:
Gegend der Flüsse
Rio Negro und Rio
Solimões.

RESTAURANTS

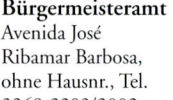

Bem viver
(*mannigfaltig*)
Avenida José Ribamar
Barbosa, ohne
Hausnummer.

Encontro das Águas
(*regional*)
Avenida José Ribamar
Barbosa, ohne Hausnr.

INFORMATIONEN

Bürgermeisteramt
Avenida José
Ribamar Barbosa,
ohne Hausnr., Tel.
3369-2203/2002.

**Caixa Econômica
Federal**
(*Landesbank*)
Rua Miracauera, 12,
Tel. 3369-2044.

Krankenhaus
Rua Valmir Bezerra,
ohne Hausnr.,
Tel. 3369-2161.

COARI

Vorwahl: 97
Postleitzahl: 69.460-000
Höhe: 40 m
Geburtstag der Stadt:
2. August.
Ortsbestimmung:
Rechtes Ufer des Rio
Solimões.

HOTELS

Alex Flat
Rua 15 de Novembro,
225, Tel. 3561-3434;
20 Apartments mit
Klimaanlage, Telefon,
Fernseher, Fitness-
Raum, Parkplatz,
Versammlungsraum. $

Regional I
Travessa Raimundo
Mota, 119,
Tel. 3561-2200;
17 Apartments mit
Kühlschrank und
Fernseher. $

Regional II
Rua Independência, 168,
Tel. 3561-4654/4159;
30 Apartments mit
Klimaanlage,
Kühlschrank, Telefon,
Fernseher,
Versammlungsraum. $

RESTAURANTS

Bela Vista
(*mannigfaltig*)
Rua Gonçalves Ledo,
427, Tel. 3561-2923.

INFORMATIONEN

Amazonien
Rua 15 de
Novembro, 81,
Tel. 3561-2403.

Bürgermeisteramt
Rua 5 de Setembro,
1.000, Tel. 3561-3300.

Flughafen
Estrada do Aeroporto,
ohne Hausnummer,
Ricco, Tel. 3652-1164
und 0300 789 83 83.

Krankenhaus
Estrada Coari-Mamiá,
490, Espírito Santo,
Tel. 3561-4141.

Post
Rua 5 de Setembro,
323, Tel. 3561-2442.

IRANDUBA

Vorwahl: 092
Postleitzahl: 69.405-000
Höhe: 140 m
Geburtstag der Stadt:
24. Juni.
Ortsbestimmung: am
linken Ufer des
Amazonasstromes
gelegen.

HOTELS

Pousada Aconchego
Avenida Amazonino
Mendes, 400,
Tel. 3367-1365 und
91299-5336;
8 Apartments mit
Klimaanlage, Fernseher. $

São Francisco
Avenida Amazonas,
1.065, Tel. 3367-1394;
20 Apartments mit
Klimaanlage,
Kühlschrank,
Fernsehraum. $

RESTAURANTS

Adozina
(*mannigfaltig*)
Praça dos Três Poderes,
03, Tel. 3367-1161.

Três Irmãos (*fisch*)
Rodovia Manoel

Urbano, km 21,
Tel. 3245-1226.

Vino (*mannigfaltig*)
Avenida Amazonino
Mendes, 90,
Tel. 9115-7531.

INFORMATIONEN

Bürgermeisteramt
Praça dos Três Poderes,
ohne Hausnummer,
Tel. 3367-1188.

Krankenhaus
Avenida Pôr da Lua,
ohne Hausnummer,
Novo Amanhecer,
Tel. 3367-1106.

Post und Postbank
Avenida Rio Madeira,
ohne Hausnr.,
Tel. 3367-1062.

ITACOATIARA

www.proamazon.com.br
Vorwahl: 92
Postleitzahl: 69.100-000
Höhe: 18 m
Geburtstag der Stadt:
25. April.
Ortsbestimmung: am
linken Ufer des
Amazonasstromes.

HOTELS

Líder
Avenida Parque, 2.279,
Tel. 3521-3030/2977;
44 Apartments mit
Kühlschrank, Fernseher,
Parkplatz, Schwimmbad.
$

Serpa
Rua Floriano Peixoto,
223, Colônia,
Tel. 3521-1121; 22
Apartments mit
Kühlschrank, Fernseher,

Schwimmbad,
Restaurant,
Versammlungsraum. $

RESTAURANTS

Bela Vista
(*mannigfaltig*)
Rua Quintino
Bocaiúva, 2206,
Tel. 3521-1395.

INFORMATIONEN

Banco do Brasil
Avenida Parque, 533,
Tel. 3521-2717.

Bürgermeisteramt
Rua Dr. Luzardo
Ferreira de Melo, 2.220,
Tel. 3521-1748.

Busbahnhof
Avenida Parque, ohne
Hausnr., Pedreiras,
Tel. 521-1021.

**Caixa Econômica
Federal**
(*Landesbank*)
Avenida Parque, 520,
Tel. 3521-3510.

**Capitania dos
Portos**
(*Hafenbehörde*)
Avenida Parque, 262,
Tel. 3521-1131.

Flughafen
Estrada do Aeroporto,
km 10,
Tel. 3521-2753.

Krankenhaus
Rua Afonso de
Carvalho, ohne Hausnr.,
Colônia,
Tel. 3521-3094.

**Sekretariat für
Umwelt u.
Tourismus**
Rua Quintino Bocaiúva,
2.189,
Tel. 3521-6000.

MANACAPURU

www.manacapuru.am.gov.br
Vorwahl: 92
Postleitzahl: 69.400-000
Höhe: 34 m
Geburtstag der Stadt:
16. Juli.
Ortsbestimmung: am
linken Ufer des Rio
Solimões gelegen.

HOTELS

Grande Manacapuru
Avenida Eduardo
Ribeiro, 835,
Tel. 3361-1260;
16 Apartments mit
Klimaanlage, Fernseher. $

Maranata
Avenida Boulevard
Pedro Ratts, 1.046,
Tel. 3361-1990/1888;
33 Apartments mit
Klimaanlage,
Kühlschrank, Fernseher,
Parkplatz. $

RESTAURANTS

Big Mix
(*mannigfaltig*)
Avenida Boulevard
Pedro Ratts, 1.222,
Tel. 3361-1517.

**O Canto do
Rochinho**
(*mannigfaltig*)
Avenida Ribeiro Júnior,
770, Tel. 3361-3318.

INFORMATIONEN

Banco do Brasil
Avenida Ribeiro Júnior,
155, Tel. 3361-1405.

**Bezirkssekretariat
für Tourismus**
Avenida Boulevard
Pedro Ratts,
ohne Hausnr.,
Tel. 3361-2280.

Busbahnhof
Avenida Boulevard
Pedro Ratts, ohne
Hausnr., Tel. 3361-3301.

Krankenhaus
Estrada Manoel Urbano,
ohne Hausnr.,
Tel. 3361-1907.

MANAUS

www.pmm.am.gov.br
Vorwahl: 92
Postleitzahl: 69.000-000
Höhe: 21 m
Geburtstag der Stadt:
24. Oktober.
Ortsbestimmung: ein
Teil der Stadt befindet
sich auf dem linken Ufer
des Rio Negro.

HOTELS

Ana Cássia
Rua dos Andradas, 14,
Tel. 3622-3637; 90
Apartments mit
Klimaanlage,
Kühlschrank, Telefon,
Fernseher, Schwimmbad,
Kinderspielplatz,
Restaurant. Cc alle. $

Best Western Lord
Rua Marcílio Dias, 217,
Tel. 3622-2844.
103 Apartments mit
Klimaanlage,
Kühlschrank, Telefon,
Fernseher, Bar,
Restaurant, Business
Center. $$

Da Vinci
Rua Belo Horizonte,
240 A, Tel. 3663-1213,
156 Apartments mit
Klimaanlage,
Kühlschrank, Telefon,
Fernseher, Bar, Business
Center, Schwimmbäder,
Tennisplatz, Restaurant,

Tagungsraum,
Fitnessraum, Presseraum,
Spielsalon. Cc alle. $

Krystal
Rua Barroso, 54,
Tel. 3233-7535,
40 Apartments mit
Klimaanlage,
Kühlschrank, Telefon,
Fernseher, Restaurant.
Cc: Ae, Mc, V. $$

Líder
Av. Sete de Setembro,
827, Tel. 3621-9700,
60 Apartments mit
Klimaanlage,
Kühlschrank, Telefon,
Fernseher, Restaurant.
Cc: alle. $

Manaós
Avenida Eduardo
Ribeiro, 881,
Tel. 3633-5744;
39 Apartments mit
Klimaanlage,
Kühlschrank, Telefon,
Fernseher, Restaurant,
Versammlungsraum. Cc:
alle. $

Manaus
Rua Marcílio Dias, 217,
Tel. 3622-2844;
103 Apartmentes mit
Klimaanlage,
Kühlschrank, Telefon,
Fernseher, Bar, Tresor,
Restaurant,
Versammlungsraum. $$$

Mango Guesthouse
Rua Flávio Espírito
Santo, 1, Conj. Kissia 2,
Tel. 3656-6033,
www.naturesafaris.com;
14 Apartments mit
Klimaanlage; Grünfläche,
Bar, Schwimmbad,
Restaurant. $$

Novotel
Avenida Mandii, 4,
Tel. 2123-1211,
166 apartments mit
Klimaanlage,

Kühlschrank, Fernseher, Touristenbüro, Fitness-Fläche, business Center, Schwimmbad, Tennisplatz, Restaurant, Ereignissaal. Cc: alle. $$$

Taj Mahal
Avenida Getúlio vargas, 741, Tel. 3627-3737, 170 Apartments mit Klimaanlage, Kühlschrank, Fernseher, Bar, business Center, Schwimmbad, Versammlungsraum, Sauna. Cc: alle. $$$

Tropical Manaus
Avenida Coronel Teixeira, 1.320, Tel. 2123-5000, www.tropicalhotel.com.br, 594 Apartments mit Klimaanlage, Kühlschrank, Pfeil u. Bogen, Fahrräder, Wanderungen, Massage, Schwimmbäder, Spielsalon, Lesesaal, Saunas. Cc: alle. $$$$

Tropical Manaus Business
Avenida Coronel Teixeira, 1.320, Tel. 2123-3000, www.tropicalhotel.com.br, 370 Apartments mit Klimaanlage, Kühlschrank, Fahrräder, Wanderungen. Cc: alle. $$$$

São Pedro Palace
Rua Rui Barbosa, 166, Tel. 3232-8664; 25 Apartments mit Klimaanlage, Telefon, Fernseher. $

RESTAURANTS

Búfalo
(*fleisch vom grill*)
Avenida Joaquim

Nabuco, 628 A, Tel. 3633-3773.Cc: alle.

Canto da Peixada
(*mannigfaltig*)
Rua Emílio Moreira, 1.677, Tel. 3234-3021.

Casa do Bacalhau
(*fish*)
Rua Paraíba, 1.587 A, Adrianópolis, Tel. 3642-1222. Cc: alle.

Coqueiro Verde
(*regional*)
Rua Ramos Ferreira, 1.920, Tel. 3633-2151.

Galo Carijó (*fish*)
Rua das Andradas, 536, Tel. 3233-0044.

Loppiano (*pizza*)
Rua Major Gabriel, 1.080, Tel. 3622-4000.

Miako (*japanisch*)
Rua São Luiz, 230, Adrianópolis, Tel. 3234-4837.

Moranguetá (*fish*)
Rua Jaich Chaves, 30, Hafen des Ceasa, Vila da Felicidade, Tel. 3615-3362. Cc: alle.

Moranguetá Flutuante (*fish*)
Zufahrt über den Hafen des Ceasa, am Rio Negro (10 Min. Bootsfahrt), in der Nähe des Zusammenflusses des Rio Negro mit dem Rio Solimões, Tel. 3615-3362. Cc: alle.

Panela Cheia (*fish*)
Rua Washington Luís, 292, Dom Pedro I, Tel. 3238-4234. Cc: alle.

INFORMATIONEN

Amazonastur
Rua Saldanha Marinho, 321, Tel. 2123-3800.

Bürgermeisteramt
Avenida Brasil, 2.971, Tel. 3672-1505/1506.

Busbahnhof
Rua Recife, ohne Hausnr., Tel. 3642-5805.

Flughafen
Avenida Santos Dumont, 1.350, Tel. 3652-1212/1210.

Hafen von Manaus
Rua Marquês de Santa Cruz, 25, Tel. 3621-4300.

Manaustur
Avenida Sete de Setembro, 157, Tel. 3215-3458.

Krankenhaus
Avenida Joaquim Nabuco, 1.359, Tel. 3622-3943.

TOURISMUS UND TRANSPORT

Amazon Nut Safári (*kaiman-scheinwerfer-safari, piranhafischen, trekking*)
Travessa dos Cristais, quadra G, 1, Conj. Manauense, N. Senhora das Graças, Tel. (92) 3234-5860

Amazônia Ecolazer
(*baum klettern, kanufahrten, schiffahrt, Abseilen, trekking*)
Rua Maçaramdubas, 53, Conj. Kyssia, Tels. (92) 3642-9145 e 3648-1219.

Fontur (*kanufahrten, kaiman-scheinwerfer-safari, piranhafischen*)
Av. Coronel Teixeira, 1.320, Ponta Negra, Tropical Hotel, Tel. 3658-3052/3438.

**Natureza Amazônica
(*kaiman-scheinwerfer-safari, piranhafischen, trekking*)**
Av. Sete de Setembro, 188, Tel. (92) 3622-8597.

**Nature Safáris
(*kaiman-scheinwerfer-safari, piranhafischen, trekking*)**
Rua Flávio Espírito Santo, 1, Conj. Kyssia, 2, Planalto, Tel. (92) 3656-6033.

Selvatur (*kaiman-scheinwerfer-safari, schiffahrt, überlebenskurs im urwald*)
Av. Floriano Peixoto, 17, Tel. (92) 3622-2577.

MAUÉS

Vorwahl: 92
Postleitzahl: 69.190-000
Höhe: 18 m
Geburtstag der Stadt: 25. Juni.
Ortsbestimmung: im Gebiet des mittleren Amazonas gelegen.

HOTELS

Dorzane Palace
Rua Rui Barbosa, 120, Tel. 3542-1954. 22 Apartments und 2 Suiten mit Klimaanlage, Fernseher. $

Maués Praia
Avenida Dr. Pereira Barreto, 594, Tel. 3542-1240; 18 Apartments mit Klimaanlage, Parkplatz, Restaurant, Fernsehraum. $

Miramar
Largo Marechal Deodoro, 351, Tel. 3542-1309; 18 Apartments mit Klimaanlage, Fernseher. $

RESTAURANTS

Do Helber (*mannigfaltig*)
Rua Quintino Bocaiúva, 10, Tel. 3542-1061.

INFORMATIONEN

Banco do Brasil
Avenida Dr. Pereira Barreto, 79, Tel. 542-1340/1024.

Flughafen
Estrada do Aeroporto, ohne Hausnr., Eden.

Krankenhaus
Estrada dos Moraes, 859, Tel. 3542-1282.

Sekretariat für Kultur und Tourismus
Rua Rui Barbosa, 294, Tel. 3542-1161.

NOVO AIRÃO

Vorwahl: 92
Postleitzahl: 69.730-000
Höhe: 41 m
Geburtstag der Stadt: 19. Dezember.
Ortsbestimmung: am rechten Ufer des Rio Negro gelegen.

HOTELS

Pousada Águas Negras
Avenida Presidente Vargas, 161, Tel. 3365-1176;

12 Apartments mit Klimaanlage, Fernseher, Parkplatz, Restaurant, Aufenthaltsraum. $

Rio Negro
Rua Castelo Branco, 47, Tel. 3365-1504; 14 Apartments mit Klimaanlage, Parkplatz, Fernsehraum. $

RESTAURANTS

Águas Negras (*mannigfaltig*)
Avenida Presidente Vargas, 161, Tel. 3365-1176.

INFORMATIONEN

Bezirkssekretariat für Tourismus
Avenida João Paulo II, 22, Tel. 3365-1604.

Krankenhaus Novo Airão
Rua João Tiburtino, ohne Hausnummer, Tel. 3365-1514.

Post
Rua João Paulo II, 32, Tel. 3365-1179.

PARINTINS

www.parintinsnet.com
Vorwahl: 92
Postleitzahl: 69.150-000
Höhe: 50 m
Geburtstag der Stadt: 15. Oktober.
Ortsbestimmung: Gebiet des unteren Amazonas.

HOTELS

Amazon River Resort
Lagoa da Francesa, 697, Tel. 3533-1342; 61 Apartments mit

Klimaanlage,
Kühlschrank, Fernseher,
Parkplatz, Restaurant,
Bar, Schwimmbad. Cc:
Ae, Mc, V. $$

Avenida
Avenida Amazonas,
2416, Tel. 3533-1158;
26 Apartments mit
Klimaanlage, Parkplatz,
Schwimmbad. $

Pousada Ilha Bela
Rua Agostinho Cunha,
2.052, Tel. 3533-6414;
10 Apartments, Kanu,
Fischerei, Restaurant. $

RESTAURANTS
Da Gabi
(*mannigfaltig*)
Rua Padre Jorge Frezini,
926, Tel. 3533-3816.

Flutuante da Soraya
(*regional*)
Rua Agostinho Cunha,
2.052, Tel. 3533-6414.

Tucano
(*mannigfaltig*)
Lagoa da Francesa, 697,
Tel. 3533-1342. Cc: Ae,
Mc, V.

INFORMATIONEN
Banco do Brasil
Praça Eduardo Ribeiro,
331,
Tel. 3533-1289/2021.

Behörde für Tourismus
Rua Jonatas Pedrosa,
247 A,
Tel. 3533-4400.

Caixa Econômica Federal (*Landesbank*)
Rua Benjamin Silva,
1.874, Tel. 3533-1333.

Flughafen
Estrada Odovaldo
Novo, ohne Hausnr.,
Tel. 3533-2700.

Krankenhaus
Rua Oneldes Martins,
3.515, Tel. 3533-2631

TOURISMUS UND TRANSPORT

Tupinambarana
(*schiffahrten, vorführung von Boi-Bumbás*)
Rua Armando Prado,
3.408, São Benedito,
Tel.: 9907-8444

PRESIDENTE FIGUEIREDO

Vorwahl: 92
Postleitzahl: 68.735-000
Höhe: 40 m
Geburtstag der Stadt:
10. Dezember.
Ortsbestimmung: Im
Gebiet des mittleren
Amazonas gelegen.

HOTELS
Iracema Falls
Bundesstraße BR-174,
km 115, Tel. 3234-5500,
92 Chalés mit
Klimaanlage, Fernseher,
Bar, Wasserfall,
Sandfußballplatz,
Parkplatz, Grotten,
Schwimmbad,
Tennisplatz, Volleyball-
Platz, Restaurant,
Spielsalon, Wanderwege.
Cc: Mc, V. $$

Pousada Cuca Legal
Rua Manaus, 01,
Tel. 3324-1138, 29
Apartments mit
Klimaanlage, Fernseher,
Parkplatz, Ereignisplatz,
Natur-Schwimmbad,
Sportplatz. Cc: Ae, V. $

Pousada da Jibóia
Rua Copaíba, 69,
Honório Roldão,
Tel. 3324-1228;
22 Apartments mit
Klimaanlage,
Fernseher, Schwimmbad,
Parkplatz. Cc: V. $

Pousada da Wal
Rua Maués, 4,
Tel. 3324-1267;
10 Apartments mit
Klimaanlage,
Kühlschrank,
Fernseher, Wasserfälle.
Cc: V. $

RESTAURANTS
Galo da Serra
(*mannigfaltig*)
Bundesstraße BR-174,
km 115, Tel. 3234-5500.
Cc: Mc, V.

INFORMATIONEN
Krankenhaus
Bundesstraße BR-174,
km 107, ohne Hausnr.,
Tel. 3324-10005.

Bürgermeisteramt
Bundesstrasse BR-174,
km 107, ohne Hausnr.,
Tel. 3324-1158.

Busbahnhof
Bundesstrasse BR-174,
km 107, ohne Hausnr.,
tel. 3324-1231.

RIO PRETO DA EVA

Vorwahl: 092
Postleitzahl: 69.115-000
Höhe: 40 m
Geburtstag der Stadt:
31. März.
Ortsbestimmung:
Gebiet des mittleren
Amazonas.

HOTELS

Apart Rios
Avenida Conrado
Niemayer, 13,
Tel. 3328-1300; 10
Apartments mit
Klimaanlage, Fernseher,
Restaurant, Parkplatz. $

Pousada da Sereia
Avenida Governador
Joaquim Machado, 39,
Tel. 3238-1336;
11 Apartments mit
Parkplatz. $

RESTAURANTS

Varandas
(*mannigfaltig*)
Rua Adolfo Lisboa, 12,
Monte Castelo I,
Tel. 3328-1301.

INFORMATIONEN

Post
Governador José Lindoso,
5, Tel. 3328-1262.

Krankenhaus
Rua Governador Ângelo
do Amaral, ohne
Hausnr., Tel. 3328-1063.

Busbahnhof
Avenida Conrado
Niemayer, 29,
Tel. 3328-1435

**Bezirkssekretariat für
Umwelt und
Tourismus**
Rua Governador
Gregório de Azevedo, 8,
1. Stock, Tel. 3328-1225.

SANTA ISABEL
DO RIO NEGRO

Vorwahl: 097
Postleitzahl: 69.740-000

Höhe: 21 m
Geburtstag der Stadt:
29. Dezember.
Ortsbestimmung: Im
Gebiet des oberen Rio
Negro gelegen.

HOTELS

Maicon
Rua Padre Clemente,
21, tel. 3441-1028;
11 Apartments mit
Klimaanlage,
Fernseher.
Parkplatz. Cc: V. $

RESTAURANTS

Ganso's
(*mannigfaltig*)
Rua Danilo Corrêa, 3,
tel. 3441-1124.

INFORMATIONEN

Postbank
Avenida Dom Pedro
Massa, ohne Hausnr.,
Tel. 3441-1254.

Krankenhaus
Avenida Danilo Correia,
ohne Hausnummer,
Tel. 3441-1090.

**Bezirkssekretariat für
Tourismus**
Avenida Danilo
Corrêa, ohne
Hausnummer,
Tel. 3441-1130.

SÃO GABRIEL
DA CACHOEIRA

www.poranganet.com.br
Vorwahl: 97
Postleitzahl: 69.750-000
Höhe: 90 m
Geburtstag der Stadt:
03. September.
Ortsbestimmung: im
Gebiet des oberen
Rio Negro gelegen.

HOTELS

Deus Me Deu
Avenida Castelo Branco,
313, Fortaleza,
Tel. 3471-1395;
20 Apartments mit
Klimaanlage, Fernseher. $

Waupés
Avenida Sete de
Setembro, 709,
Tel. 3471-2794; 13
Apartments mit
Klimaanlage, Fernseher,
Fernsehraum. $

RESTAURANTS

Íris (*mannigfaltig*)
Avenida Sete de
Setembro, 477,
Tel. 3471-1288.

La Cave du Conde
(*international mit
regionalen produkten*)
Rua Brigadeiro Eduardo
Gomes, 444, Tel.
3471-1738. Cc: V.

INFORMATIONEN

Flughafen
Estrada do Aeroporto,
km 15, ohne Hausnr.,
Tel. 3471-1559.

Banco do Brasil
Avenida Castelo Branco,
ohne Hausnr.,
Tel. 3471-1200.

**Bezirkssekretariat für
Tourismus**
Avenida Álvaro Maia,
569, Tel. 3471-1139.

SÃO SEBASTIÃO
DO UATUMÁ

Vorwahl: 92
Postleitzahl: 69.135-000

Höhe: 18 m
Geburtstag der Stadt:
8. Dezember.
Ortsbestimmung: am
linken Ufer des Rio
Uatumã.

HOTELS

Hospedaria da Vovó Deolinda
Rua Álvaro Maia, ohne
Hausnr., Tel. 3572-1291;
2 Apartaments. $

RESTAURANTS

Netinho
(*mannigfaltig*)
Travessa Francisca
Xavier, 283,
Tel. 3572-1321.

Simões
(*mannigfaltig*)
Rua Justino de Melo,
225, Tel. 3572-1169.

INFORMATIONEN

Caixa Econômica federal (*Landesbank*)
Avenida Uatumã, ohne
Hausnr., Tel. 3572-1128.

Post
Avenida Uatumã, 186,
Tel. 3572-1162.

Krankenhaus
Travessa Álvearo Maia,
ohne Hausnummer, tel.
3572-1207.

Bürgermeisteramt
Rua Justino de Melo,
ohne Hausnr.,
Tel. 3572-1109.

SILVES

Vorwahl: 92
Postleitzahl: 69.110-000
Höhe: 18 m

Geburtstag der Stadt:
23. Januar.
Ortsbestimmung: im
Gebiet des mittleren
Amazonas gelegen.

HOTELS

Shalon
Rua Raymundo
Cordeiro de Assis, 211,
Tel. 3528-2106; 10
Apartments mit
Klimaanlage, Fernseher,
Parkplatz, Restaurant,
Fernsehraum. $

RESTAURANTS

Shalon
Rua Raymundo
Cordeiro de Assis, 211,
Tel. 3528-2106.

INFORMATIONEN

Postbank
Rua Coronel Garcia,
243, Tel. 3528-2162.

Krankenhaus
Rua Coronel Eduardo
Garcia, 26,
Tel. 3528-2259.

Sekretariat für Tourismus
Rua Coronel Garcia,
ohne Hausnr.,
Tel. 3528-2114.

TEFÉ

www.portaltefe.com.br
Vorwahl: 97
Postleitzahl: 69.470-000
Höhe: 47 m
Geburtstag der Stadt:
15. Juni.
Ortsbestimmung: im
Gebiet des Flussdreiecks
des Rio Jutaí, Rio
Solimões und Rio Juruá
gelegen.

HOTELS

Anilces
Praça Santa Tereza, 264,
Tel. 3343-2416;
25 Apartments mit
Klimaanlage,
Kühlschrank, Telefon,
Fernseher, Parkplatz. $

Panorama
Rua Floriano Peixoto,
90, Tel. 3343-2517; 27
Apartments mit
Klimaanlage, Telefon,
Fernseher, Fernsehraum. $

RESTAURANTS

Stylos Drinks
(*regional*)
Rua Floriano Peixoto,
190, Tel. 3343-3227.

INFORMATIONEN

Flughafen
Estr. do Aeroporto,
s/no, tel. 3343-2411.

Banco do Brasil
Rua Olavo Bilac, 298,
Tel. 3343-2561.

Krankenhaus
Estrada do Bexiga, ohne
Hausnr., Ponte Boa,
Tel. 3343-6285/2469.

Bürgermeisteramt
Rua Olavo Bilac, 406,
Tel. 3343-2678.

Post
Estrada do Aeroporto,
697, Tel. 3343-2871.

VERWALTUNGSBEZIRKE AMAZONIEN

Der Bundesstaat Amazonas ist der größte brasilianische Staat und hat 62 Bezirke, auf einer Fläche von insgesamt 1,577 Millionen km² verteilt, sowie eine Gesamtbevölkerung von 2,8 Millionen Einwohnern. Davon sind 120.000 Indianer in 66 Volksgruppen.

Intfernungen von Manaus (Km)

BEZIRKE	DIREKT	FLUSSWEG
ALVARÃES	531	644
AMATURÃ	909	1.251
ANAMÃ	165	190
ANORI	195	234
APUÍ	453	772
ATALAIA DO NORTE	1.138	1.623
AUTAZES	110	218
BARCELOS	405	656
BARREIRINHA	331	552
BENJAMIM CONSTANT	1.121	1.575
BERURI	173	231
BOA VISTA DO RAMOS	271	623
BOCA DO ACRE	1.028	2.322
BORBA	151	322
CAAPIRANGA	134	170
CANUTAMA	619	1.274
CARAUARI	788	1.411
CAREIRO CASTANHO	102	168
CAREIRO DA VÁRZEA	29	22
COARI	368	467
CODAJÁS	240	285
EIRUNEPÉ	1.160	2.417
ENVIRA	1.208	2.621
FONTE BOA	678	880
GUAJARÁ	1.476	3.171
HUMAITÁ	590	965
IPIXUNA	1.367	2.936
IRANDUBA	25	32
ITACOATIARA	175	201
ITAMARATI	985	1.930
ITAPIRANGA	227	284
JAPURÁ	744	919
JURUÁ	674	994
JUTAÍ	751	1.001
LÁBREA	702	1.495
MANACAPURU	68	88
MANAQUIRI	60	79
MANICORÉ	332	616
MARAÃ	634	796
MAUÉS	268	356
NHAMUNDÁ	383	660
NOVA OLINDA DO NORTE	135	236
NOVO AIRÃO	115	143
NOVO ARIPUANÃ	227	469
PARINTINS	325	370
PAUINI	923	2.068
PRESIDENTE FIGUEIREDO	107	–
RIO PRETO DA EVA	57	–
SANTA ISABEL DO RIO NEGRO	620	772
SANTO ANTÔNIO DO IÇÁ	880	1.195
SÃO GABRIEL DA CACHOEIRA	858	1.064
SÃO PAULO DE OLIVENÇA	985	1.345
SÃO SEBASTIÃO DO UATUMÃ	247	255
SILVES	283	212
TABATINGA	1.108	1.573
TAPAUÁ	449	769
TEFÉ	525	672
TONANTINS	865	1.164
UARINI	565	687
URUCARÁ	261	344
URUCURITUBA	208	248

BIBLIOGRAPHIE

CONDAMINE, Charles Marie de La. *Viagem pelo Amazonas (1735-1745)*, p. 67; trad. br., 1992

JÚNIOR, Caio Prado. *História Econômica do Brasil*, p. 244, Brasiliense, 6ª edição, São Paulo, 1945

CARVAJAL, Frei Gaspar de. *Relatório do novo descobrimento do famoso rio grande descoberto pelo capitão Francisco de Orellana (1542)*. Edição bilíngüe. São Paulo, Página Aberta, 1992. p. 63 e 65

Pesca Amadora Brasil, Empresa das Artes, São Paulo, 2001

ABBILDUNGSNACHWEISE

a: oben
ac: oben mitte
ad: oben rechts
ae: oben links
c: mitte
ca: mitte oben
ce: mitte unten
cd: mitte rechts
cda: mitte rechts oben
cde: mitte rechts unten
ce: mitte links

cea: mitte links oben
cee: mitte links unten
e: unten
ec: unten mitte
ed: unten rechts
ee: unten links
f: hintergrund
ic: zeichen
pd: doppelseite
pi: ganze seite
t: umrandung

TAUNAY, Afonso de E. Fundação
Biblioteca Nacional. Divisão de
Iconografia (arquivo digital).
18ae

VASQUES, Pedro Karp. Postaes do
Brazil 1893-1930, São Paulo:
Metalivros, 2002.
15cd

WAGNER, Robert. Thomas Ender
no Brasil (1817-1818): Aquarela
pertencentes à Academia de Belas
Artes em Viena. Tradução Edelweiss
Mainhard Viana Bruckner. Àustria:
Akademische Druck-u, 1997, Ed.
Kapa Editorial, 2000
17ed

FERREIRA, Alexandre Rodrigues.
Amazônia, Redescoberta no Século
XVIII. Rio de Janeiro: Biblioteca
Nacional, 1992.
Fotografia Guilherme Fracornel,
Márcia Antabi, Osório Mendes.
16ac, 19ad, 20ee, 24ae, ad, 26ae, ee,
27ed, 29ae, ed

FERREIRA, Alexandre Rodrigues.
Viagem Filosófica pelas Capitanias de
Grão Pará, Rio Negro, Mato Grosso e
Cuiabá (1783-1792). Gravuras – 2
vols., São Paulo, Editora
Monumental, 1971.
14e

MARCOY, Paul. Viagem pelo Rio
Amazonas. Manaus: Ed. da
Universidade do Amazonas, 2001.
14a, 14/15f, 16ee, 18/19e, 20a

McEWAN, Colins, BARRETO,
Cristiana, NEVES, Eduardo Goes.
Unkown Amazon: culture in nature
in ancient Brazil. Londres: British
Museum Press, 2001.
20/21c

RUGENDAS, Johann Moritz. "Índio
Flechando uma Onça", Coleção
Particular, Rio de Janeiro.
17ad

SILVA, Maria Cecília França M. da,
Coleção Particular.
18c

SPIX E MARTIUS. Viagens pelo
Brasil, 1817-1820 Excertos e
Ilustrações. Ed. Melhoramentos,
1968.
16f

Acervo da Comunidade de Rio Preto
da Eva
204/205c, 206/207a, 207ad

Acervo do Instituto de Desenvolvimento Sustentável Mamirauá
58/59a, 60/61e, 84 a 100t, 212/213c,
219cd, 221ed, 222ee, e, 222/223c,
223ed, cd

Adilson Morales
08pd, 40ee, 148ed, 218/219pi, 220a,
e, 221a, ce, 234cde

Alexandre Fonseca (agência Amazônia)
104/105pi, 220ae

Alírio de Castro
111ed

Amazon Village
236ce

Aracá Camp
137ce, 152ee

Divulgação Tora Brasil
109ad, ed

Du Zuppani
180pd, 180/181ca, c, 181ed, 182ce,
182/183c, ad, 184f, 184/185ce, 185c,
ed, 188ae, 224 a 233t

DANKSAGUNG

Fundação de Apoio Institucional MURAKI

IEB (Instituto de Estudos Brasileiros) da Universidade de São Paulo

Prof. Dr. Virgílio Maurício Viana
Secretário de Estado do Meio Ambiente e Desenvolvimento Sustentável do
Estado do Amazonas (SDS)

Dr. Sávio José Barros de Mendonça
Secretário Executivo Adjunto de Recursos Hídricos da SDS

Carlos Roberto Bueno
Chefe de Gabinete da SDS

Paulo Renato M. Lóes

Flávia Skrobot Barbosa Grosso
Superintendente da SUFRAMA – Superintendência da Zona Franca de Manaus
Ministério do Desenvolvimento, Indústria e Comércio Exterior

Dra. Oreni Campelo Braga da Silva
Diretora Presidente da AmazonasTur – Empresa Estadual de Turismo

Jordan Fonseca Gouveia
Diretor de Turismo da AmazonasTur

Nickolas Cabral dos Anjos
Diretor de Marketing da AmazonasTur

João Carvalho de Araújo
Chefe do Depto. de Promoção e Marketing Turístico da AmazonasTur

Dra. Yeda Maria Bezerra de Oliveira
Escritório de Representação do Governo em São Paulo

Reynier Omena Júnior
Amazon Birding Expeditions

Paulo Shuiti Takeuchi
Honda South America Ltda

Hiroshi Miyazono
Moto Honda da Amazônia Ltda

Soraya Cohen

Maria dos Céus Souza Ataíde
Professora de gastronomia da Fundação Rede Amazônica

Joaquim Melo
Pesquisador especialista em história

Tenório Telles
Professor de literatura e coordenador editorial da Valer Editora

Tomaz Barcos

Instituto de Desenvolvimento Sustentável Mamirauá

Native Original

Dados Internacionais de Catalogação na Publicação (CIP)
(Câmara Brasileira do Livro, SP, Brasil)

Brasilien: Amazonas: Tourtistisch, Ökologisch und
Kulturell – São Paulo: Empresa das Artes, 2005. (Série Guias
Empresa das Artes de Turismo Ecológico do Brasil)

ISBN 85-89138-27-5
1. Amazonas – Descrição e viagens   2. Amazonas –
História   3. Cultura – Amazonas   4. Ecoturismo – Amazonas
5. Turismo – Amazonas   6. Turismo – Guias   I. Série

05-4946   CDD-338.47918113

Índices para catálogo sistemático:
1. Amazonas: Estado: Turismo ecológico   338.47918113